JN098137

長谷部由起子
Hasebe Yukiko

基本判例から
民事訴訟法を学ぶ

Basic Cases on
Civil Procedure
An Introduction

有斐閣

は　し　が　き

　法律学の学習の基本は，条文を読んでその趣旨や目的を理解することです。解釈が分かれる問題や明文の規定のない問題について，学説がどのような議論を展開しているのかを検討する必要もあります。そうした問題について判例がどのような見解を採用しているのかも，重要です。判例は，司法権を行使する裁判所としての有権解釈を，具体的な事案について明らかにしたものだからです。学説と判例が対立することも少なくありませんが，相互に影響しあうことで，奥行きのある法理論が形成されていくのです。

　民事訴訟法の教科書も，以上を意識して書かれていますが，まずは，基本的な概念の定義・趣旨や根拠条文を明らかにしたうえで，重要な論点や応用的な問題についての学説・判例の状況を解説するのが標準的なスタイルです。

　これに対して本書では，民事訴訟法の基本判例を素材として，問題になっている論点はなにか，判例はどのような議論を展開し，学説はこれにどのように反応したのか等々について，解説しています。これから民事訴訟法の勉強を始める人も，ひととおり勉強したけれども理解が不十分だと感じている人も，判例の考え方（判旨）を事件の事実関係と対応させながら読み解いていくことで，民事訴訟法の理解を深めることができると思います。

　もっとも，事実関係を読んでも，その法的な意味が分からなければ判旨のいわんとするところを正確に理解することはできません。そこで，判旨を理解するために必要な民事訴訟法の知識を最初に確認してから，事実を読み，判旨とその検討へと進んでいく構成にしました。各講の冒頭にはキーワードを挙げ，末尾には［課題］を付しました。［課題］に取り組む際には，参考文献として掲げた論文や民事訴訟法の教科書を読んでみてください。教科書としては，凡例に掲げたもの（xvi 頁参照）のほか，拙著『民事訴訟法［第 3 版］』（岩波書店，2020 年）もあります。

　民事訴訟の基本的な仕組みや頻繁に出てくる用語については，第 0 講で解説しましたので，適宜参照してください。

—最後になりましたが，本書の執筆にあたっては，有斐閣書籍編集部の藤本依子さん，北口暖さんに大変お世話になりました。心より御礼申し上げます。

2022 年 8 月

長谷部由起子

表紙のひまわりは，ウクライナの国花です。平和な日々が早く戻ることを祈念しています。

目　次

第 3 講　民事訴訟の当事者となることができる者の範囲
──法人でない社団に当事者能力が認められる場合の法律問題──32

第 4 講　遺言者の意思を実現するために民事訴訟の当事者となる者──遺言執行者の当事者適格──────40

第9講　当事者が主張しない事実を裁判所が判決の基礎とすることができないのはどのような場合か

第10講　当事者が主張していない事実または法律関係について，裁判所が当事者にその主張を促すことはどこまで許されるか──釈明権行使の範囲

第11講　裁判所は，当事者間に争いがない事実をそのまま判決の基礎としなければならないか

第 12 講　当事者は，相手方が主張責任・証明責任を負っている事実についても，主張・立証をしなければならないか──原子炉設置許可処分の取消訴訟における当事者の主張・立証のあり方─────134

第 13 講　訴訟の基準時（事実審の口頭弁論終結時）までに行使することができた形成権を基準時後に行使することは可能か──既判力の遮断効との関係─────146

第 19 講　上訴が適法であるためには，どのような要件を満たさなければならないか。上訴裁判所が原判決を変更することができる範囲にはどのような制限があるか

第 20 講　被告あてに補充送達によって送達された訴訟関係書類が被告に交付されなかったために，被告が訴訟に関与する機会を与えられないまま，被告敗訴の判決がされて確定した場合に，被告に認められる救済方法はなにか

第 21 講　通常共同訴訟における処分権主義・弁論主義

第 27 講　独立当事者参加──第 3 の当事者としての訴訟参加-289

第 28 講　訴訟承継──訴訟の係属中に当事者の変更が必要になっ た場合への対応─────────────297

凡　例

1　法令名表記

民事訴訟法については，条数のみを表示し，それ以外の法令については，有斐閣
六法の法令名略語を用いることを原則とした。

会社	会社法	破	破産法
貸金業	貸金業法	不登	不動産登記法
借地借家	借地借家法	弁	弁護士法
消費契約	消費者契約法	民	民法
人訴	人事訴訟法	民執	民事執行法
信託	信託法	民保	民事保全法

2　判例の略語

大　判（決）	大審院判決（決定）	最　判（決）	最高裁判所判決（決定）
最大判（決）	最高裁判所大法廷判決（決定）	高　判（決）	高等裁判所判決（決定）
		地　判（決）	地方裁判所判決（決定）

3　判例集・雑誌の略語

民　集	大審院民事判例集または最高裁判所民事判例集	金　判	金融・商事判例
民　録	大審院民事判決録	ジュリ	ジュリスト
集　民	最高裁判所裁判集民事	判　時	判例時報
高民集	高等裁判所民事判例集	判　タ	判例タイムズ
下民集	下級裁判所民事裁判例集	評　論	法律学説判例評論全集
家　月	家庭裁判月報	法　教	法学教室

4　文献引用の略語

・民事訴訟法の教科書

伊藤	伊藤眞『民事訴訟法〔第7版〕』（有斐閣，2020年）
河野	河野正憲『民事訴訟法』（有斐閣，2009年）
新堂	新堂幸司『新民事訴訟法〔第6版〕』（弘文堂，2019年）
中野ほか・講義	中野貞一郎＝松浦馨＝鈴木正裕編『新民事訴訟法講義〔第3版〕』（有斐閣，2018年）
松本＝上野	松本博之＝上野泰男『民事訴訟法〔第8版〕』（弘文堂，2015年）
三木ほか	三木浩一＝笠井正俊＝垣内秀介＝菱田雄郷『民事訴訟法〔第3版〕』（有斐閣，2018年）

・その他文献

秋山ほかⅠ〔3版〕　　秋山幹男＝伊藤眞＝垣内秀介＝加藤新太郎＝高田裕成＝福田剛久＝山本和彦『コンメンタール民事訴訟法Ⅰ』（日本評論社，2021年）

秋山ほかⅡ〔3版〕　　秋山幹男＝伊藤眞＝垣内秀介＝加藤新太郎＝高田裕成＝福田剛久＝山本和彦『コンメンタール民事訴訟法Ⅱ』（日本評論社，2022年）

兼子　　兼子一『新修民事訴訟法体系〔増訂版〕』（酒井書店，1965年）

基礎演習　　長谷部由起子＝山本弘＝笠井正俊編著『基礎演習民事訴訟法〔第3版〕』（弘文堂，2018年）

小山　　小山昇『民事訴訟法〔5訂版〕』（青林書院，1989年）

実務民訴1　　鈴木忠一＝三ケ月章 監修『実務民事訴訟講座 第1』（日本評論社，1969年）

条解　　兼子一原著／松浦馨＝新堂幸司＝竹下守夫＝高橋宏志＝加藤新太郎＝上原敏夫＝高田裕成『条解民事訴訟法〔第2版〕』（弘文堂，2011年）

新堂・基礎　　新堂幸司『民事訴訟法学の基礎』（有斐閣，1998年）

争点効（上）（下）　　新堂幸司『訴訟物と争点効（上）（下）』（有斐閣，1988，1991年）

高橋（上）（下）　　高橋宏志『重点講義民事訴訟法（上）〔第2版補訂版〕』，（下）〔第2版補訂版〕』（有斐閣，2013，2014年）

田中　　田中豊『民事訴訟判例　読み方の基本』（日本評論社，2017年）

百選〔初版〕　　『民事訴訟法判例百選』（有斐閣，1965年）

百選〔2版〕　　『民事訴訟法判例百選〔第2版〕』（有斐閣，1982年）

百選Ⅰ，Ⅱ〔補正版〕　　『民事訴訟法判例百選Ⅰ，Ⅱ〔新法対応補正版〕』（有斐閣，1998年）

百選〔3版〕　　『民事訴訟法判例百選〔第3版〕』（有斐閣，2003年）

百選〔4版〕　　『民事訴訟法判例百選〔第4版〕』（有斐閣，2010年）

百選〔5版〕　　『民事訴訟法判例百選〔第5版〕』（有斐閣，2015年）

法理　　井上治典『多数当事者訴訟の法理』（弘文堂，1981年）

三ケ月・全集　　三ケ月章『民事訴訟法』（有斐閣，1959年）

民事事実認定　　伊藤眞＝加藤新太郎編『〔判例から学ぶ〕民事事実認定』（有斐閣，2006年）

第0講
民事訴訟法・民事裁判制度の基礎知識

　本講では，民事訴訟法の判例を読むにあたって知っておいたほうがよい基礎知識について，解説します。

民事訴訟法とはどのような法律か
──実体法と手続法の区別

　民事裁判において，裁判官は，事件の事実関係を確定し，これに法律を適用して，当事者の間で争われている権利義務の存否を判断します。ここでいう「法律」は，民法や商法などの私人間の権利義務の内容を定めている法律であり，**実体法**と呼ばれます。

　これに対して民事訴訟法は，裁判を行うための手続の内容を定めている法律であり，**手続法**と呼ばれています。

民事訴訟法はどのような歴史をたどってきたか
──民事訴訟法の沿革

　わが国で最初の民事訴訟法（以下「旧々民事訴訟法」といいます）は，1890（明治23）年に制定・公布され，翌年1月1日から施行されています。そのモデルとなったのは，ドイツ帝国の民事訴訟法典（1877年制定）でした。

　旧々民事訴訟法の判決手続に関する部分は，施行後まもなく規定が精密すぎて運用しにくいなどの批判を受け，大正期にいたって全面的に改正されました。改正法は，1926（大正15）年に制定・公布され，1929（昭和4）年10月1日から施行されています。この法律（以下「旧民事訴訟法」といいます）には，第二次世界大戦後に英米法の影響を受けた改正が加えられました。たとえば，改正前は，証人尋問は裁判官がまず尋問を行う方式でしたが，改正後は，英米のように当事者間で主尋問と反対尋問を行い，最後に裁判官が補充尋問を行う方式（交互尋問方式）に変更されました。

　現行の民事訴訟法が制定・公布されたのは，1996（平成8）年です。改正作

業は，1990（平成2）年から始まり，争点および証拠の整理手続の整備，証拠
収集手続の拡充，少額訴訟手続の創設，最高裁判所に対する上訴制度の改革な
ど，重要な改正が行われました。

　現行民事訴訟法の施行日は，1998（平成10）年1月1日です。それよりも前
に手続が終了した民事訴訟事件に関する判例には，適用される民事訴訟法の規
定として旧民事訴訟法の条文を引用しているものがありますが，本書では，そ
の後に［　］付きで，対応する現行民事訴訟法の条文を表記するようにしてい
ます。

どのような事件について最上級裁判所の判断が示されるのか ——裁判所の審級制度

　裁判に対して不服がある場合に，上級の裁判所にその裁判の取消し・変更を
求める不服申立てのことを**上訴**といいます。わが国の民事裁判制度の下では，
第一審裁判所の判決に対しては控訴裁判所に上訴（**控訴**）することができ，控
訴裁判所の判決に対してはさらに上告裁判所に上訴（**上告**）することができる
というように，原則として3つの審級の裁判を受けられることになっています。
3つの審級のうち，第一審および控訴審は**事実審**と呼ばれ，法の解釈適用のほ
か，事実認定も行います。これに対して上告審は**法律審**と呼ばれ，控訴審まで
に認定された事実に基づいて法の解釈適用を行います。当事者が事実について
の主張や証拠を提出し，裁判所の事実認定を争うことができるのは，事実審の
間に限られることになります。

　民事事件の場合，第一審が簡易裁判所であれば，控訴裁判所は地方裁判所で
あり，上告裁判所は高等裁判所です。最高裁判所に上告することはできません。
他方，第一審が地方裁判所であれば，控訴裁判所は高等裁判所であり，上告裁
判所は最高裁判所です。戦前は，大審院という裁判所が現在の最高裁判所に対
応する最上級裁判所でした。本書で取り上げる判例の中には，大審院のものも
含まれています。

　第一審が簡易裁判所になるのか，地方裁判所になるのかについての定めを**事
物管轄**といい，裁判所法（昭和22年法律第59号）に規定があります。すなわち，
訴訟の目的の価額（これを「**訴額**」といいます）が140万円以下の請求について
は，第一審は簡易裁判所であり，訴額が140万円を超える請求に係る訴訟およ

び訴額が 140 万円以下の不動産に関する訴訟については，第一審は地方裁判所
である，とされています（裁 33 条 1 項 1 号・24 条 1 号）[1]。

　もっとも，第一審が地方裁判所である事件であっても，必ず最高裁判所に上
告できるというわけではありません。最高裁判所に対する上告の理由は，①判
決に憲法違反があること，または②一定の**重大な手続上の過誤**（訴訟法規違反）
があることに限られています（312 条 1 項・2 項）。後者は，重大な手続上の過誤
が判決に影響を及ぼすかどうかにかかわらず上告の理由となることから，**絶対
的上告理由**と呼ばれています。

　判決に影響を及ぼすことが明らかな法令の違反は，高等裁判所に対する上告
の理由にはなりますが，最高裁判所に対する上告の理由にはなりません（312
条 1 項・3 項参照）。判決に影響を及ぼすことが明らかな法令違反を最高裁判所
に対する上告の理由から除外しているのは，最高裁判所が重要な事件の審理に
集中できるように，その事件負担を軽減する必要があるという判断によるもの
です。なお，判決に影響を及ぼすことが明らかな法令違反であっても，最高裁
判所の統一的な判断を必要とするものについては，最高裁判所が当事者の**上告
受理の申立て**に基づいて上告審として事件を受理する決定ができることになっ
ています（318 条 1 項）。

　旧民事訴訟法の下では，判決に影響を及ぼすことが明らかな法令違反も，最
高裁判所に対する上告の理由とされていました（旧民訴 394 条）。本書で取り上
げる判例の中にも，旧民事訴訟法下の判例であるため，現在では上告の理由に
ならない法令違反について判断したものがあります。

弁護士についてはどのような法規制があるのか
──弁護士制度の概要

　わが国では，民事訴訟を追行するためには必ず弁護士を選任しなければなら
ないという考え方（これを**弁護士強制主義**といいます）は採用されていません。当
事者本人がみずから訴訟を追行することもできます（こうした訴訟は，**本人訴訟**
と呼ばれています）。

---

1)　管轄には，事物管轄のほか，**土地管轄**というものもあります。これは，同一審級の
　裁判所（たとえば，第一審である地方裁判所または簡易裁判所）は，全国のどの裁判
　所（例，東京地方裁判所か，横浜地方裁判所か）になるのかに関する定めです。

代理人に訴訟を追行してもらう場合には，その代理人（訴訟代理人といいます）は，地方裁判所以上の裁判所においては，原則として弁護士でなければならないことになっています（54条1項）。これを**弁護士代理の原則**といいます（弁護士代理の原則の趣旨については，第5講を参照してください）。弁護士は，当事者の利益を適切に代理して訴訟を追行することができるように，弁護士法（昭和24年法律第205号）の規律に服することになっています。

(1) 資　格

弁護士の資格は，原則として，司法試験に合格して司法修習生の修習を終えた人に与えられます（弁4条）。「司法修習生の修習を終えた」とは，少なくとも1年間修習をした後に試験に合格したことをいいます（裁67条1項）。修習の後，試験に合格したばかりの人のほか，裁判官や検察官を退官した人たちにも弁護士となる資格があります。このほか，司法試験に合格した後に企業の法務部などで一定期間，勤務した経験のある人も，法務大臣の認定を受けて弁護士となる資格を得ることができます（弁5条2号）。

(2) 弁護士会への所属・弁護士名簿への登録

弁護士は，全国に52ある弁護士会のいずれか一つに所属しています。弁護士会は，地方裁判所の管轄区域ごとに設立されることになっています（弁32条）。北海道には，地方裁判所の管轄区域が4つあるので，4つの弁護士会があり，大阪府，京都府および各県には1つの弁護士会があります。東京都には，地方裁判所の管轄区域としては1つしかありませんが，3つの弁護士会（東京弁護士会，第一東京弁護士会，第二東京弁護士会）があります。

弁護士としての活動を開始するためには，入会しようとする弁護士会を経て，日本弁護士連合会に登録の請求をして，日本弁護士連合会に備えた弁護士名簿に登録されなければなりません（弁8条・9条）。弁護士が業務をやめようとするときは，所属弁護士会を経て日本弁護士連合会に登録の取消しの請求をしなければなりません（弁11条。なお，登録の取消しの請求は，所属弁護士会からされることもあります。弁13条）。弁護士名簿への登録および登録取消しが完了したときは，日本弁護士連合会から所属弁護士会に通知がされ，かつ，官報に公告されることになっています（弁19条）。

(3)　弁護士法上の義務

弁護士は，弁護士法に基づいてさまざまな義務を負っています。たとえば，法律相談や訴訟代理人としての事件の受任を通じて知った依頼者の秘密（職務上知り得た秘密）を他人に漏らしてはいけません（弁23条本文。例外，同条ただし書）。法律相談を受けて助言をしたり，訴訟代理人としての受任の依頼を承諾した事件について，対立当事者の訴訟代理人となることもできません（弁25条1号。⇒第1講）。受任している事件に関して対立当事者から利益を受けることは，汚職行為として禁止されています（弁26条）。また，弁護士でない者から事件の周旋を受けたり，これらの者に弁護士としての自己の名義を利用させることも禁止されています（弁27条）。

(4)　懲　戒

弁護士が，①弁護士法に違反したとき，②所属弁護士会または日本弁護士連合会の会則に違反したとき，③所属弁護士会の秩序または信用を害したとき，④弁護士の品位を失うべき非行があったときには，所属弁護士会から懲戒を受けます（弁56条1項・2項）。懲戒の種類は，戒告，2年以内の業務の停止，退会命令および除名の4種類とされています（弁57条1項）。懲戒の請求は，懲戒の事由の説明を添えればだれでもすることができます（弁58条1項）。過去には，インターネットを通じて懲戒の呼びかけがされた結果，特定の弁護士に対して大量の懲戒請求がされるようなことも起こっています。

 ## 民事訴訟の手続はどのようにして開始されるのか
——訴えの提起

民事訴訟は，私人間の民事上の紛争を解決する裁判所の手続であり，裁判所に対して手続の開始を求める当事者を**原告**，その相手方を**被告**といいます。

手続を開始するためには，原告が**訴えを提起**する必要があります。訴えには，原告が被告に対してどのような主張をし，裁判所に対してどのような判決を求めるかによって，**給付の訴え，確認の訴え，形成の訴え**という3種類が区別されますが[2]，訴えの提起は，いずれについても**訴状**と呼ばれる書面を裁判所に提出することによって行われます（133条1項。ただし，簡易裁判所においては，訴状を提出せず，口頭で訴えを提起することもできるとされています。271条・273条）。

訴状には，**当事者の氏名**（自然人の場合）または**名称**（法人の場合）と，**請求の趣旨および請求の原因**を記載しなければならないことになっています（133条2項）。

　訴状は，当事者の記載や請求の趣旨および請求の原因の記載に不備がないかなどの審査の手続（137条）を経て，被告に**送達**されます（138条1項）。送達とは，当事者や訴訟に関係する人たちに対して，法定の書類を法定の方式にしたがって届ける裁判所の行為です。送達が法定の方式によって行われなかった場合には，その送達は無効となります（送達の効力に関する判例は，第20講で扱います）。訴状が被告に送達されると，その時点で，裁判所は原告・被告間の訴えについて審理・判断する義務を負うことになります。この状態は，**訴訟係属**と呼ばれています。

民事訴訟における当事者の主導権
——処分権主義と弁論主義

　民事訴訟においては，手続の開始，審判の対象の設定，手続の終了について当事者の主導権が認められ，裁判所は当事者の意思に拘束されます。このことは，**処分権主義**と呼ばれています。

　(1)　すでに述べたように，手続は原告が訴えを提起することによって開始されます。裁判所が職権で開始することはできません。

　(2)　民事訴訟における審判の対象は，**訴訟上の請求または訴訟物**と呼ばれ，原告の被告に対する一定の権利義務または法律関係の主張です。訴状に請求の趣旨および請求の原因を記載しなければならないのは，**訴訟上の請求を特定する**ためです。請求の趣旨および請求の原因が実際にはどのように記載されるかについては，次頁の訴状のサンプルをみてください。

---

　2)　**給付の訴え**は，後述する貸金の返済を求める訴えのように，原告が被告に対して特定の給付請求権を主張し，裁判所にその給付を命じる判決（**給付判決**）を求める訴えです。給付請求権の目的としては，金銭の支払や物の引渡し・明渡しのほか，登記申請の意思表示，作為・不作為などがあります。**確認の訴え**は，原告が被告に対して特定の権利関係の存在または不存在を主張し，裁判所にそれを確認する判決（**確認判決**）を求める訴えです。**形成の訴え**は，原告が被告に対して特定の法律要件に基づく権利または法律関係の変動（発生・消滅・変更）を主張し，裁判所にその変動を宣言する判決（**形成判決**）を求める訴えです。

訴状のサンプル

収入
印紙

（17万円）

東京地方裁判所　受付
3. 12. 8
（ワ）第 12345 号

訴　状

令和 3 年 12 月 8 日

東京地方裁判所　御中

　〒 112-0002　東京都文京区桜木 3 - 3 - 8
　　　　　　原　　　　告　　　　　　X
　〒 104-0061　東京都中央区銀座 10 - 8 - 25　西野ビル 103 号（送達場所）
　　　　　上記訴訟代理人弁護士　　　　　A
　　　　　電話　03 - 1234 - 5678
　　　　　FAX　03 - 1234 - 6789
　〒 160-0000　東京都新宿区○○ 1 - 23 - 4
　　　　　　被　　　　告　　　　　　Y

貸金請求事件
　　訴訟物の価額　　　　金 5,000 万円
　　貼用印紙額　　　　　金 170,000 円

第 1　請求の趣旨
　1　被告は原告に対し，金 5000 万円およびこれに対する令和 3 年 10 月 1 日から
　　支払済みまで年 8 分の割合による金員を支払え。
　2　訴訟費用は，被告の負担とする。
　との判決並びに仮執行の宣言を求める。

第 2　請求の原因
　1　原告は，令和元年 7 月 15 日，被告に対し金 5000 万円を次の約定で貸し付け
　　た（甲第 1 号証）。
　⑴　被告は，令和 3 年 9 月 30 日までに元金を返済する。
　⑵　利息は年 8 分とし，上記期日までに元金とともに支払う。
　⑶　遅延損害金は年 8 分の割合とする。
　2　被告は，利息の支払をしたのみで元金の返済をしない（甲第 2 号証）。
　3　よって，原告は被告に対し，上記貸金元金 5000 万円およびこれに対する約定
　　の返済期日の翌日である令和 3 年 10 月 1 日から支払済みまで年 8 分の割合によ
　　る遅延損害金の支払を求め，本訴に及んだ。

証拠方法
1　甲第 1 号証（借用書）　　　　　　　　　1 通
2　甲第 2 号証（内容証明郵便）　　　　　　1 通

付属書類
1　訴状副本　　　　　　　　　　　　　　　1 通
2　訴訟委任状　　　　　　　　　　　　　　1 通
3　甲号証の写し　　　　　　　　　　　　　各 1 通

　裁判所は，原告が特定した訴訟上の請求について審理し，判決をしなければなりません。被告も，原告が特定した訴訟上の請求について防御活動を行うことになります。訴訟上の請求は，裁判所の審理・判断の対象であるとともに，両当事者の攻撃防御の対象でもあるので，原告が訴状においてどのように請求を特定するかは，手続の進行と裁判所の判決の内容にとって重要な意味をもつといえます。

　(3)　手続をどのような方法で終了させるかも，当事者の意思に委ねられています。判決によって終了させることもできますし，訴えの取下げ，請求の放棄・認諾または訴訟上の和解によって終了させることもできます（判決以外の方法による手続の終了については，第18講で扱います）。

　処分権主義は，当事者の意思を訴訟上の請求（訴訟物）のレベルで尊重するものですが，民事訴訟法は，訴訟上の請求の当否の判断に必要な事実およびそれを証明するための証拠の収集についても，当事者に委ねる建前を採っています。これは**弁論主義**と呼ばれています。弁論主義については，第9講および第11講で扱います。

民事訴訟の判決によって，当事者間の紛争はどのように解決されるのか ──判決の効力

　すでに述べたように，判決に対して当事者はその変更・取消しを求めて上訴することができます。上訴することができなくなったときにその判決は**確定**し，当事者は，判決において裁判所が示した訴訟物たる権利義務の存否についての判断に拘束されます。この判断に不服のある当事者が同一の訴訟物について新たな訴え（後訴）を提起したとしても，後訴について審判する裁判所は，前訴裁判所の確定判決における判断と異なる判断をすることができません。このような判決の効力は，**既判力**と呼ばれています（既判力の後訴における作用については，第13講を参照してください）。

　確定判決に既判力が認められているために，当事者間で同一の訴訟物をめぐり紛争が際限なく繰り返されることを防ぐことができます。既判力は，訴訟制度を紛争解決の実効性のあるものにするためには，不可欠の制度ということができます。

　紛争解決の実効性を確保するという目的から，既判力は，当事者以外の者に

も拡張される場合があります（⇒第16講）。また，**前訴と後訴の訴訟物が同一で
ある場合**のほか，**後訴の訴訟物が前訴の訴訟物を前提としている場合**，**後訴の訴
訟物が前訴の訴訟物と矛盾対立する関係にある場合**にも，既判力による拘束が生
じます。

　以上のように，既判力は民事紛争を訴訟制度を通じて解決するうえできわめ
て重要な意義を有していますが，確定判決の成立過程や裁判資料に著しい誤り
がある場合にも当事者は既判力による拘束に服さなければならないとすると，
司法に対する信頼がかえって損なわれてしまいます。そのような場合に当事者
を救済する制度として，非常の不服申立てが認められており，**再審**と呼ばれて
います（再審については，第2講および第20講で扱います）。

　判決の効力には，既判力のほか，執行力および形成力があります。**執行力**は，
給付判決によって認められた被告の給付義務を強制執行手続によって実現する
ことのできる効力です（このほか，たとえば，確定判決に基づいて当事者が戸籍の訂
正を申請することができる効力のように，強制執行以外の方法で判決内容に適合した状
態を実現する効力のことを広義の執行力と呼ぶこともあります。⇒第16講）。**形成力**は，
形成判決によって宣言されたとおりの権利・法律関係の変動を生じさせる効力
のことです。

訴訟物たる権利義務の存否について判断した判決とそう ではない判決　　　　　　　──本案判決と訴訟判決

　既判力は，原則として訴訟物たる権利義務の存否についての裁判所の判断に生
じます（114条1項。例外的に，訴訟物以外の権利の不存在に既判力が認められること
もあります。同条2項。第8講参照）。訴訟物たる権利義務の存否について判断し
た判決を**本案判決**といい，これには，原告の請求に理由があるとする判決（**請
求認容判決**），理由がないとする判決（**請求棄却判決**），一部には理由があるとする
判決（**一部認容判決**）の区別があります。

　本案判決と異なり，訴訟物たる権利義務の存否については判断せず，訴えを
不適法であるとして却下する判決もあります。これを**訴訟判決**といいます。裁
判所が訴えについて本案判決をすることができるのは，**訴訟要件**と呼ばれる要
件が満たされている場合です。言い換えれば，訴訟要件とは，裁判所が本案判
決をするために必要な要件です。訴訟要件にはいろいろなものがあります。そ

のうち，当事者能力を第3講で，当事者適格を第4講および第5講で，訴えの利益を第6講および第7講で扱います。

Part 1
訴訟代理人・当事者

▌第 1 講▐

裁判の「適正・公平」と「迅速・経済」
——弁護士法 25 条 1 号に違反する訴訟行為の効力

最大判昭和 38・10・30 民集 17 巻 9 号 1266 頁［百選〔5 版〕20］

▶キーワード　弁護士法 25 条違反，訴訟手続の安定，訴訟経済，
　　　　　　　責問権，強行規定，任意規定

　民事事件の裁判では，当事者（原告・被告）がそれぞれの主張や証拠を法定
の方式にしたがって提出します。裁判所（裁判官）は，当事者の主張の不明瞭
な部分について質問をしたり，必要な主張や証拠をさらに提出するように促し
たりします。こうして当事者から十分な主張がされ，事実に関する当事者の主
張の対立点が明らかになると，争いのある事実の存否を判断するために証拠調
べが行われます。証拠調べの結果，確定した事実に裁判所は法を適用し，判決
を言い渡します。

　このように，民事訴訟の手続は当事者および裁判所の行為（これを訴訟行為と
呼びます）をいくつも積み重ねて進んでいきます。個々の訴訟行為は，それ以
前の訴訟行為が有効であることを前提としているので，手続が進んだあとに
なって過去の訴訟行為の効力が否定されると，その訴訟行為をやり直すだけで
はなく，それ以後に行われた訴訟行為もすべてやり直さなければならなくなり
ます。手続が適正に行われていた場合と比べて時間・費用・労力がよけいにか
かることになり，非効率・不経済です。

　こういう問題が起きるのは，違法な訴訟行為がなされているにもかかわらず，
それが直ちに是正されることなく，手続が進んでしまった場合です。その原因
はどこにあるのか，対応策として民事訴訟法はどのようなことを規定している
かを考えていきましょう。

◇ 最大判昭和 38 年 10 月 30 日

民集 17 巻 9 号 1266 頁［百選〔5 版〕20］

事実の概要

$$X \xrightarrow{\text{貸金の返還を求める訴え（本件訴訟事件）}} Y$$

A　Xの訴訟代理人

Xから本件訴訟事件を受任する前にYから依頼を受けて承諾？

X（原告・被控訴人・被上告人）は，Y（被告・控訴人・上告人）に対して貸金の返還を求める訴えを提起しました。第一審はX勝訴の判決（Xの請求を認容する判決）をしたので，Yは控訴しましたが，控訴審はYの控訴には理由がないとしました（控訴棄却）。

Yはさらに上告して，次のように主張しました。

Xの代理人弁護士Aは，Yから本件訴訟事件について依頼を受けて承諾しておきながら，その後Xから本件訴訟事件を受任し，訴訟を追行した。これは，弁護士法 25 条 1 号に違反するものであり，Aがした訴訟行為はすべて無効である。Aの訴訟行為を有効なものとした原判決（控訴審判決）には，判決に影響を及ぼすことが明らかな法令違背があるので，破棄されるべきである。

本件のポイント

弁護士法 25 条は，弁護士が職務を行うことができない事件を列挙しています。同条 1 号が規定するのは，「相手方の協議を受けて賛助し，又はその依頼を承諾した事件」です。これは，弁護士がある事件について相手方から相談を受けて助言し，または相手方からの依頼を承諾したあとで，対立当事者からその事件を受任すれば，相手方の信頼を裏切ることになるという趣旨によるものです。YがXよりも先にAに本件訴訟事件を依頼し，Aは受任を承諾していたというのが事実だとすれば，AがXの訴訟代理人となったことは弁護士法 25 条 1 号違反にあたります。しかし，Yの主張が正当かどうかを判断するためには，さらに検討すべき問題が 2 つあります。

　（論点1）本件においてAがXの訴訟代理人となったことが弁護士法25条1号に違反する行為であるとしても，そのことから，AがXのために行った訴訟行為はすべて無効であるというべきか。かりにそうだとすればその理由はなにか，という問題です。

　（論点2）Aが弁護士法25条1号に違反してXから本件訴訟事件を受任したことが事実なら，Yは，第一審や控訴審でもそれを主張することができたはずです。Yが上告理由としてはじめてそうした主張をしたのだとすれば，そのことはどのように評価されるべきか，も問題になります。

　これらの論点について最高裁判所がどのような判断をしているのか，みていきましょう。

判　　旨

上告棄却。

　「弁護士法25条1号において，弁護士は相手方の協議を受けて賛助し，又はその依頼を承諾した事件については，その職務を行ってはならないと規定している所以のものは，弁護士がかかる事件につき弁護士としての職務を行うことは，さきに当該弁護士を信頼して協議又は依頼をした相手方の信頼を裏切ることになり，そして，このような行為は弁護士の品位を失墜せしめるものであるから，かかる事件については弁護士の職務を行うことを禁止したものと解せられる。従って，弁護士が右禁止規定に違反して職務を行ったときは，同法所定の懲戒に服すべきはもちろんであるが（同法56条参照），かかる事件につき当該弁護士のした訴訟行為の効力については，同法又は訴訟法上直接の規定がないので，同条の立法目的に照して解釈により，これを決定しなければならない。

　思うに，前記法条は弁護士の品位の保持と当事者の保護とを目的とするものであることは前述のとおりであるから，弁護士の遵守すべき職務規定に違背した弁護士をして懲戒に服せしめることは，固より当然であるが，単にこれを懲戒の原因とするに止め，その訴訟行為の効力には何らの影響を及ぼさず，完全に有効なものとすることは，同条立法の目的の一である相手方たる一方の当事者の保護に欠くるものと言わなければならない。従って，同条違反の訴訟行為については，相手方たる当事者は，これに異議を述べ，裁判所に対しその行為の排除を求めることができるものと解するのが相当である。

　しかし，他面相手方たる当事者において，これに同意し又はその違背を知り若しくは知り得べかりしにかかわらず，何ら異議を述べない場合には，最早かかる当事者を保護する必要はなく，却って当該訴訟行為を無効とすることは訴訟手続の安定と訴訟経済を著しく害することになるのみならず，当該弁護士を信頼して，これに訴訟行為を委任した他の一方の当事者をして不測の損害を蒙らしめる結果となる。従って，相手方たる当事者が弁護士に前記禁止規定違反のあることを知り又は知り得べかりしにかかわらず何ら異議を述べることなく訴訟手続を進行せしめ，第二審の口頭弁論を終結せしめたときは，当該訴訟行為は完全にその効力を生じ，弁護士法の禁止規定に違反することを理由として，その無効を主張することは許されないものと解するのが相当である。

　本件において，Xの第一，二審の訴訟代理人である弁護士Aの訴訟行為が弁護士法 25 条 1 号に違反するものとしても，記録によれば，A弁護士のXの訴訟代理人としての訴訟行為について，Yから異議を述べた形跡は全然なく，しかも，Y本人はA弁護士の右弁護士法の禁止規定に違背する事実の存在について，これを熟知しているものと認められるから，弁護士Aの訴訟行為が弁護士法 25 条 1 号に違反し無効であるとの論旨は到底採るを得ない。」

弁護士Aがした訴訟行為の効力（論点 1）

(1) 有効説と無効説

　（論点 1）について，判旨（本判決の多数意見）は，弁護士法 25 条 1 号の趣旨を論じるところから始めています。すなわち，弁護士が相手方の協議を受けて賛助し[1]，またはその依頼を承諾した事件について弁護士としての職務を行うことは，当該弁護士を信頼して協議または依頼をした相手方の信頼を裏切ることになり，弁護士の品位を失墜させるものであるから，そうした事件について弁護士の職務を行うことを禁止したものと解せられる，と述べています。そして，弁護士が同号に違反して職務を行ったときは，弁護士法 56 条の定める懲

---

1)　「賛助」するとは，協議を受けた具体的事件について，相談者が希望する一定の結論を擁護するための具体的な見解を示したり，法律的手段を助言したりすることをいいます。日本弁護士連合会調査室編著『条解弁護士法〔第 5 版〕』（弘文堂，2019 年）212 頁。

戒に服すべきことはもちろんであるものの，当該弁護士がした訴訟行為の効力については，弁護士法にも民事訴訟法にも直接の規定がないので，解釈によってこれを決定しなければならないとしています。

　この問題については，本判決以前から判例においても学説においても争いがありました。弁護士法25条1号に違反した弁護士の訴訟行為は有効であるという見解（有効説）は，この規定は弁護士が遵守すべき職務上の規律を定めたものであるから，その違反は懲戒（⇒第0講）の原因となるにとどまり，弁護士がした行為の訴訟法上の効果にはなんの影響も及ぼさないとしていました。他方で，弁護士法25条1号に違反する訴訟行為は絶対に無効であるという見解（無効説）も大審院時代には判例の主流であり，最高裁判所になってからも，最判昭和32・12・24（民集11巻14号2363頁）が絶対無効説を採っていました。本判決に付された意見にも，有効説を正当とするもの（横田正俊裁判官の意見）と無効説に立つもの（山田作之助裁判官の意見，石坂修一裁判官の反対意見）とがありました。

(2)　多数意見の考え方──異議説の採用

　本判決の多数意見は，有効説にも無効説にも問題があるとしています。まず，有効説については，弁護士法25条1号違反を「懲戒の原因とするに止め，〔違反した弁護士〕の訴訟行為の効力には何らの影響を及ぼさず，完全に有効なものとすることは，同条立法の目的の一である相手方たる一方の当事者の保護に欠くるものと言わなければならない」と述べています。無効説に対しても，弁護士法25条1号違反の訴訟行為について相手方当事者が異議を述べていない場合に，「当該訴訟行為を無効とすることは訴訟手続の安定と訴訟経済を著しく害することになるのみならず，当該弁護士を信頼して，これに訴訟行為を委任した他の一方の当事者をして不測の損害を蒙らしめる結果となる」と指摘しています。

　一方では，弁護士を信頼して訴訟事件を依頼した相手方を保護しなければならない。他方では，弁護士が相手方から訴訟事件の依頼を受け承諾していたとは知らずに，当該弁護士に訴訟行為を委任した当事者が不測の損害を蒙ることも，避けなければならない。このような状況で，対立する2つの利益を調整するにはどうしたらよいのでしょうか。

多数意見が採用したのは，以下のような解決でした。

弁護士法25条1号違反の訴訟行為について，相手方は異議を述べ，裁判所に対してその行為の排除を求めることができる。弁護士が行った訴訟行為も，これによって無効となる。しかし，相手方が弁護士に同号違反のあることを知りまたは知ることができたにもかかわらず，何ら異議を述べることなく訴訟手続を進行させ，第二審の口頭弁論を終結させたときは，当該訴訟行為は完全にその効力を生じ，相手方がその無効を主張することは許されない。

この考え方は，**異議説**と呼ばれています。

 ## Yが上告審にいたって弁護士法25条1号違反を主張していることの評価（論点2）

(1)　本件におけるYの態度

多数意見は，上記の規範を本件にあてはめた帰結について以下のように論じています。

A弁護士のXの訴訟代理人としての訴訟行為について，Yが第一，二審において異議を述べた形跡は全然なく，しかも，YはA弁護士が弁護士法25条1号に違反している事実の存在について熟知している（＝十分にわかっている）ものと認められる。したがって，A弁護士の訴訟行為が弁護士法25条1号に違反し無効であるというYの主張を採用することはできない。

本件で，A弁護士が弁護士法25条1号に違反している事実をYはよくわかっていた。そうであるにもかかわらず，Yは第一審でも控訴審でも，A弁護士の訴訟行為について異議を述べていない。このようなYは保護に値しない，というのが，多数意見の判断であると思われます。

(2)　Yが異議を述べるべきであった期限

それでは，Yはいつまでに異議を述べる必要があったのでしょうか。

この問題について多数意見は明確に述べておらず，学説上は見解が分かれています。1つの考え方は，控訴審の口頭弁論終結時までにYが異議を述べれば，A弁護士の訴訟行為は無効とされ，それまでの手続はすべてやり直すことになったというものです。他方で，控訴審までに異議を述べればよいというので

は遅すぎる，弁護士法25条1号違反の事実を知った時から遅滞なく（＝すぐに）異議を述べるべきであるという見解も主張されています。後者は，このように解さないと，相手方当事者が訴訟の成り行きをみて，負けそうだったら異議を述べ，勝ちそうだったら異議を述べないということになりかねず，また，異議が述べられた場合に無効とされる範囲も広くなってしまうことを指摘しています（[**参考文献**]に掲げた青山論文320頁を参照）。

(3) 参考になる民事訴訟法の規律

　当事者が異議事由の存在を知りまたは知ることができた場合には，遅滞なく異議を述べないと異議を述べる権利を失うという規律は，民事訴訟法90条も採用しています。

　90条は，当事者が訴訟手続に関する規定の違反を知り，または知ることができた場合において，遅滞なく異議を述べないときは，違反する訴訟行為の無効を主張する権利（**責問権**，または**訴訟手続に関する異議権**といいます）を失うことを規定しています（これを**責問権の喪失**といいます）。こうした規律がないと，手続が進行した後になって責問権が行使された場合には，それまでの訴訟行為をすべて無効にしなければならず，訴訟手続の安定と訴訟経済が害されることになります。ただし，次に述べるように，責問権の喪失は，訴訟手続に関する規定の違反のすべてについて認められるわけではありません。

(4) 強行規定と任意規定

　訴訟手続に関する規定の中には，その違反を放置すると訴訟制度に対する信頼が揺らいでしまうため，違反する訴訟行為は当事者や裁判所の意思にかかわらず当然に無効となるという規定（**強行規定**といいます）と，当事者の訴訟追行上の利益の保護を目的とした規定であり，その違反によって不利益を受ける当事者が異議を述べて訴訟行為の無効を主張しなければ，その訴訟行為は有効とされるという規定（**任意規定**といいます）があります。責問権の喪失は，強行規定には適用されません（90条ただし書によってこの規律の対象外とされている「放棄することができないもの」とは，強行規定違反についての責問権を指します）。訴訟手続に関する規定が強行規定なのか，任意規定なのかによって，その違反についての当事者の異議権の規律は異なりますので，問題の規定の趣旨がもっぱら

当事者の利益の保護にあるのかどうかを検討する必要があります。

　本判決は，弁護士法 25 条 1 号には，弁護士の品位の保持と相手方当事者の利益保護の両面があることを指摘したうえで，訴訟手続の安定と訴訟経済だけでなく，上告審にいたるまで異議権を行使しなかった相手方当事者の態度にも着眼して結論を導いており，同号を任意規定とみていると考えられます。

◇　関連判例

　最大判昭和 42・9・27 民集 21 巻 7 号 1955 頁［百選〔5 版〕A8］

　被告 Y の訴訟代理人であった弁護士甲が，所属弁護士会から 3 か月の業務停止の懲戒処分を受けていたにもかかわらず，業務停止期間中に訴訟代理人として行った訴訟行為の効力が争われた事件について，最高裁判所は有効説を採用しました。その理由としては，①業務停止の懲戒処分は弁護士の資格そのものを剥奪するものではないこと，②懲戒手続は公開されておらず，処分内容についても一般に周知徹底が図られているわけではないこと，③このような状況で無効説を採れば，依頼者や訴訟の相手方に不測の損害を与え，裁判の安定を害し，訴訟経済に反すること，が挙げられています。なお，本判決後，懲戒処分の内容は弁護士会から裁判所に通知されるようになったので，本件のように，訴訟代理人である弁護士が懲戒処分を受けていることを裁判所が知らないために当該弁護士の関与を排除できないような事態は，防げるようになっています。

　最決平成 29・10・5 民集 71 巻 8 号 1441 頁

　弁護士が弁護士法 25 条 1 号に違反して訴訟代理人として行った訴訟行為の効力について，最大判昭和 38・10・30 と同様に，異議説を採用しました。相手方の異議に基づいて当該弁護士の訴訟行為を排除する旨の裁判所の裁判（決定）に対して，当該弁護士自身は不服申立てをすることができないが，当該弁護士の依頼者である当事者は，除斥・忌避の裁判に関する民事訴訟法 25 条 5 項の類推適用により，即時抗告をすることができるとしています。

──参考文献─────────────────────────

青山善充「弁護士法 25 条違反と訴訟法上の効果」ジュリ 500 号（1972 年）315 頁

---**課　題**---

　強行規定と任意規定のそれぞれに該当する具体例としてはどのようなもの
があるでしょうか。教科書を読んで考えてみましょう。

▌第2講▐

民事訴訟の当事者がだれかは，どのようにして定まるのか

——当事者の確定（氏名冒用訴訟・死者名義訴訟の場合）

[1] 大判昭和 10・10・28 民集 14 巻 1785 頁 [百選〔5 版〕5]
[2] 大判昭和 11・3・11 民集 15 巻 977 頁 [百選〔5 版〕6]

▶キーワード　形式的当事者概念，当事者確定の基準，氏名冒用訴訟，
死者名義訴訟

◁▽┐ 当事者の概念

　民事訴訟の当事者は，第一審手続では原告，被告と呼ばれます（⇒第0講）。原告は，訴訟の審判（＝審理および裁判）の対象となる一定の権利義務または法律関係の主張（これを訴訟上の請求または訴訟物といいます。⇒第0講）を被告に対して提示します。訴訟上の請求の具体例は，たとえば，原告は被告に対して貸金 500 万円の返済を求めるという主張ですが，原告がほんとうに被告に対して貸金返還請求権を有しているかどうかは，訴えが提起された段階ではわかりません。しかし，この段階から原告と被告がだれかが確定していないと，裁判所はさらに手続を進めることができません。たとえば，裁判所が事件について審判を開始するためには，原告が裁判所に訴状を提出するだけでなく，被告に防御の機会を与えるために訴状を被告に送達することが必要とされていますが（⇒第0講），被告がだれなのかがわからなければ，訴状を送達することもできません。

　このように，当事者であるかどうかは，訴訟物たる実体法上の権利義務の帰属主体であるかどうかとは関係がありません。現在の通説もそのことを意識して，当事者とは，訴えまたは訴えられることによって判決の名宛人となる者である，あるいは裁判所の審判の対象である請求を定立する者とその相手方であるといった説明をしています（このような考え方は形式的当事者概念と呼ばれています）。

当事者確定の基準

　形式的当事者概念によれば，訴えを提起した者または請求を定立した者が原告であり，被告はその相手方だということになりますが，そこで話が終わるわけではありません。肝腎なのは，具体的な事件においてだれが原告であり，被告であるのかをどのような基準・資料に基づいて判断するかです。この点については，原告の意思を基準とする**意思説**や当事者らしく行動したのはだれかを問題とする**行動説**も提唱されましたが，どちらも基準としての明確性を欠くといわれています。これらに代わって通説の地位を占めたのは，訴状の記載を基準とする**表示説**と呼ばれる見解でした。表示説によれば，まず，訴状の当事者欄の記載（⇒第0講 訴状のサンプル参照）に基づいてだれが当事者であるかを判断します。それだけでは当事者が明らかにならない場合には，請求の趣旨・原因の記載も判断の資料にするべきだとされています。

　ほとんどの場合は，表示説にしたがって当事者とされた者が，訴訟手続に当事者として関与し，判決の効力を受けることになるのですが，このとおりにはいかない場合もあります。たとえば，だれかが他人になりすまして，訴状の当事者欄にその他人の氏名を記載し，訴訟を追行してしまう場合（これは，**氏名冒用訴訟**と呼ばれています）がそうです。名前を使われた人（被冒用者）は，その訴訟に当事者として関与する機会がなく，自分を当事者とする訴訟が係属していることさえ知らないこともあります。それなのに，当事者として判決の効力を受けるというのは不当です。また，訴状に原告または被告と表示された人が，訴状の送達時にはすでに死亡していたにもかかわらず，そのことに相手方も裁判所も気づかないまま，手続が進んで判決が言い渡されてしまう場合（これは，**死者名義訴訟**と呼ばれています）にも，判決の効力が及ぶのは表示説により当事者とされる死者だとすると，相手方にとっては意味のない判決になってしまいます。

　これらの場合に判例はどのような解決をしてきたのか，検討しましょう。なお，対象となる判例はいずれも大審院時代のものですので，判決文は片仮名書きで，難しい漢字も使われています。それでも日本語ですから読めないことはありませんが，読みやすいようにひらがなに直して句読点と濁点（これらは原文にはありません）を補ってあります。

▽ 氏名冒用訴訟

◇［1］大判昭和 10 年 10 月 28 日

民集 14 巻 1785 頁［百選〔5 版〕5］

事実の概要

　本件は，X ら（原告・控訴人・上告人）が Y（被告・被控訴人・被上告人）に対して提起した**再審の訴え**（以下，「本訴」といいます）に関するものです。再審の訴えは，すでに確定した判決の成立過程や裁判資料に著しい誤りがあることを理由として，事件の再審理と当該判決の取消しを求める訴えです（338 条以下。⇒第 0 講）。

　X らが取消しを求めた確定判決は，破産した A 会社の破産管財人[1]である Y が A 会社の株主である X らに対して提起した株金払込請求の訴え（以下，「前訴」といいます）について言い渡され，確定した Y 勝訴の判決です。Y はこの判決に基づいて X らの所有する動産に対して強制執行をしています。

　X らは，本訴の第一審，控訴審を通じて以下のような主張をしました。

　前訴では X らの訴訟代理人として訴外弁護士 B が選任され，訴訟行為をしているが，X らが B に訴訟委任をしたことはない。B に対する訴訟委任は，訴外 C が，X らの委任状を偽造し X らの名義を冒用して行ったものである。

　しかし控訴審判決は，以下のように述べて本訴は不適法であるとしました。

　X らが主張するように，C が X らの名義を冒用して訴訟代理人を選任し，前訴に応訴させたとしても，X らはこれによって訴訟当事者たる地位を取得するものではないから，前訴確定判決の既判力（⇒第 0 講）は X らに及ばない。X らは前訴確定判決に対して訴訟手続上の救済方法を講ずる必要がなく，また，民事訴訟法には氏名冒用の事実を再審事由とした規定はないから，X らの主張する事実に基づいて再審の訴えを提起することは許されない。

---

1)　破産管財人は，破産者（破産手続開始の決定がされた債務者。破 2 条 4 項）に代わって破産者の財産（破産財団。同条 14 項）を管理・処分する権限を有しており（破 78 条 1 項），破産者の財産に関する訴えの原告または被告になります（破 80 条）。破産管財人は，他人の権利について法律上当然に訴訟追行権を認められているわけで，**法定訴訟担当**（⇒第 4 講）に該当します。

これに対してＸらが上告し，上告理由として以下の主張をしました。

すでに当事者となっている者の名をある者が冒用してみずからその当事者であると称して弁論をし，またはその当事者の名を冒用して訴訟代理人を選任し，その訴訟代理人が弁論をした場合には，裁判所は被冒用者を訴訟当事者として取り扱っているので，その結果言い渡された判決の効力は被冒用者に及ぶというべきである。Ｘらは，前訴において被告として訴状の送達を受けて当事者となっていたので，前訴判決の効力を受ける。これと異なる判断をした原判決は破棄を免れない。

本件のポイント

再審の訴えを提起できる者（再審の訴えの当事者適格〔⇒第３講〕を有する者）は，確定判決の効力を受け，その取消しを求めることに利益を有する者だといわれています。本件における前訴確定判決は，ＹのＸらに対する請求を認める内容であり，これに基づいてＸらはＹから強制執行を受けているので，前訴確定判決の効力がＸらに及ぶとすれば，Ｘらが再審の訴えを提起できることに間違いはありません。原判決は，前訴確定判決の既判力は被冒用者であるＸらには及ばないので，Ｘらはこれに対して訴訟手続上の救済方法を講ずる必要がないといっていますが，Ｘらは，Ｙが行った強制執行の効果を否定するために再審の訴えを提起したのだと思われます。再審の訴えが認められないとすると，ＸらはあらためてＹに対して訴えを提起して，前訴確定判決の効力はＸらには及ばないのにＹは不当にもＸらに対して強制執行を行った，と主張しなければなりません。Ｘらとしては，そんな面倒なことをさせないでほしいと思っていることでしょう。大審院は，そんなＸらの気持ちに応じたかのように，以下のような判断をしています。

判　旨

原判決破棄・差戻し。

「他人の氏名を冒用して訴訟を為す者ある場合に於て，訴訟行為が冒用者の行為として為され，訴訟の判決が其の冒用者に対して言渡されたるときは，其の効力は冒用者のみに及び被冒用者に及ぶことなしと雖も，訴訟当事者の氏名を冒用し当事者名義の委任状を偽造して訴訟代理人を選任し被冒用者名義を以

て訴訟行為を為さしめ，裁判所が之に気付かずして被冒用者に対し判決を言渡したるときは，其の被冒用者は訴訟当事者となりたるものなれば，判決の既判力は冒用者に及ばずして被冒用者に及ぶものと謂はざるを得ず。従て被冒用者は判決の確定前に在ては上訴に依りて之が取消を求むることを得べく，確定後に在ては民事訴訟法第420条第3号［現行338条1項3号］に依り再審の訴を起すことを得べきものとす。」

◤◢ 先例との関係

　本判決以前の大審院判決には，原告側の氏名冒用訴訟の事例について，原告は冒用者であって被冒用者ではないとしたものがありました[2]。本判決も，「他人の」から「雖も」までの部分では判決の効力は冒用者のみに及ぶとしており，先例と同じ考え方を採っているようにみえます。しかし，それに続く部分では，本件では被冒用者が当事者であり，判決の既判力が及ぶのも冒用者ではなく被冒用者であるといっています。

　このように，判例の態度は矛盾しているようにみえますが，それは，原告側の氏名冒用については意思説または行動説の立場にあったが，被告側の氏名冒用については本判決で表示説を採用するにいたったからだとする見解があります[3]。他方で，被冒用者が選んだ救済方法との関係では，判例は一貫しているとみる見解もあります。すなわち，大判昭和2・2・3の事案では，被冒用者は前訴と同一の請求原因に基づく訴えを提起し，前訴において冒用者が受けた敗訴判決の既判力は自分には及ばないと主張していました。原審は，被冒用者にも前訴判決の既判力は及び，氏名冒用の事実は再審事由であるにすぎないとしていましたが，大審院は被冒用者の主張を認めました。本件ではこれとは逆に，被冒用者は前訴判決の既判力が自分に及ぶと主張して再審の訴えを提起しており，大審院はこの訴えを適法と認めました。どちらも，被冒用者保護のために妥当な結果を得ようとしており，こうした方向は評価すべきであるとされています[4]。

　　2）　大判大正4・6・30民録21輯1165頁，大判昭和2・2・3民集6巻13頁。
　　3）　兼子一『判例民事訴訟法』（弘文堂，1950年）11頁以下，中務俊昌・百選〔初版〕23頁。
　　4）　新堂・後掲参考文献180-181頁注2参照。

◢◣ 救済方法は 1 つでなければならないか？

本件の原審の立場は，被冒用者は適切な訴えを選択していないので，このままでは救済を得ることができないというものでした。しかし，被冒用者に前訴判決の既判力が及ばないことを前提とする別訴でも，既判力が及ぶことを前提とする再審の訴えでも，審理の内容はそれほど違わないのです。すなわち，どちらの訴えでも問題になるのは，前訴で氏名冒用の事実があったのかどうか，そして，被冒用者に当事者としての主張・立証の機会を与えることによって，前訴判決では考慮されなかった事実や法的主張が明らかになるのかどうかです。そうだとすると，被冒用者の訴えの選択は正しくないといって新たな訴えの提起を命じるよりも，被冒用者の選択にしたがって手続を進めるほうが親切であり，訴訟経済（⇒第 1 講）にもかなうという考え方は，常識的であるように思われます。

この考え方によれば，被冒用者の救済方法は別訴と再審の訴えのどちらでもよいことになりますが，そうだとすると，本件で X らが前訴の当事者だったかどうかを論じる意義がはたしてあるのだろうかという疑問が浮かびます。この点については，死者名義訴訟の判例を検討したあとでもう一度，考えてみましょう。

◢◣ 死者名義訴訟

◇ [2] 大判昭和 11 年 3 月 11 日

民集 15 巻 977 頁［百選〔5 版〕6］

事実の概要

X（原告・控訴人・上告人）は，訴状に Y を被告と表示して昭和 9 年 3 月 13 日に立替金支払請求の訴えを提起しました。ところが，Y はこれより前の昭和 7 年 4 月 12 日に死亡していて，Z が家督相続をし，訴状は Y の妻であり Z の母（親権者）である A が受領していました。これらの事情は第一審では判明せず，被告欠席のまま X 勝訴の判決が言い渡されました。当該判決を送達するときになってようやく上記の事情が判明したので，X は，Z に対して訴訟手続の受継を求める（[**本件のポイント**] 参照）とともに，控訴を提起して，第一審判決

を取り消して本件を第一審に差し戻すように求めました。しかし控訴審は，以下の理由から第一審判決を取り消して，Ｘの訴えを却下しました。

　死者を相手方とする訴えの提起は不適法であり，たとえ訴状が送達されたかのような外観があっても訴訟関係は成立しない。相手方が死亡している事実が訴訟手続中に判明した場合には，原告が訴状の補正命令（[**本件のポイント**] 参照）にしたがって当事者の記載を補正すれば，補正後の当事者に対して訴状が送達された時から訴訟関係が成立するが，相手方が存在しない事実が判明することなく裁判所が判決を言い渡したときは，もはや補正をすることはできない。第一審判決は無効のものとしてこれを取り消すべきであり，訴訟関係が成立していない訴訟の受継はないから，本件を第一審に差し戻すことはできない。

　これに対してＸは上告し，民事訴訟法389条［現行308条］により，控訴裁判所は本件を第一審に差し戻すべきであったなどと主張しました。

本件のポイント

　実在しない者を当事者とする訴えは，紛争の解決には役立たないので，不適法なものとして却下されます。被告がすでに死亡していることが裁判所に明らかになった場合には，裁判所は，直ちに訴えを却下せずに，原告に対して訴状の被告の記載を訂正するように命じることができます（137条１項。これが「補正命令」です）。原告も，被告が死亡しているならばその相続人に対して訴えを向け変えようとするでしょうから，被告の記載を相続人に訂正し，以後は相続人が当事者として扱われることになります。

　本件の第一審では，裁判所も原告もＹが死亡していることに気づかなかったため，こうした措置がとられることもなく，原告勝訴の判決が言い渡されています。原審は，こういう場合はもはや被告を相続人Ｚに訂正することはできないといっていますが，そうだとすると，ＸはＺを被告としてあらためて訴えを提起しなければなりません。

　Ｘは，Ｚとの間で第一審から手続をやり直すために，Ｚによる訴訟手続の受継と第一審への事件の差戻しを求めています。これは，民事訴訟法上，訴訟手続の途中で当事者が死亡した場合には相続人等を新たな当事者として手続を続けることになっているので（124条１項１号），訴訟手続の途中で被告の死亡が判明した本件でも同様の扱いを認めるべきであるという考え方によるものです。

しかし原審は，死者を被告とする訴えでは訴訟関係が成立していないので，受継はできないとしています。

　Xは，第一審で得た勝訴判決の取消しも求めています。勝訴者が判決の取消しを求めるというのは異例のことですが，この判決は死者を被告とするものですから，Xにとっては意味がありません。Xとしては，Zに対して勝訴判決を得たい，そのために，Zに当事者として手続に関与する機会を与えたうえで第一審手続をやり直したいと考えたのだと思われます。そして大審院は，このXの意向をかなえる解決法を提示しています。

判　旨

原判決破棄・第一審判決取消し・第一審裁判所に差戻し。

　「本訴に於ける実質上の被告は即Zにして，只其の表示を誤りたるに過ぎざるものと解するを相当とす。故に〔第一審〕裁判所は，〔中略〕訴状に於ける被告の表示をZと訂正せしめ，尚同人は未成年者なるを以て其の法定代理人を記載せしめたる上，訴訟手続を進行せしむべきものなるに拘らず，〔中略〕被告をYとして審理判決を為したるは違法たるを免れずと雖，右の如く被告の表示を誤りたるが為本訴は実質上訴訟関係の不成立を来したるものと謂ふべからず。〔中略〕〔原審が〕本訴を実質上訴訟関係の成立せざるものと為し，之が却下の判決を為したるは違法にして論旨理由あり。」

本訴の被告はだれか

　大審院の考え方はこうです。訴状では被告はYと表示されていても，本訴の実質上の被告はZである。第一審裁判所には，訴状における被告の表示をYからZに訂正させず，被告をYとして審理し判決をした違法があるけれども，そのために訴訟関係が不成立であるとはいえない。

　本訴の被告が死者であるYではなく，その相続人であるZであるならば，原審が死者を被告とする本訴は不適法であるとして却下したのは，違法だということになります。大審院によれば，訴訟関係はZとの間で成立しているので，Yを被告と表示した第一審判決を取り消した後は，Zを被告と表示して第一審手続をやり直すことになります。問題は，なぜZが本訴の被告といえるのかです。

　Zは訴状に被告と表示されているわけではないので，表示説によれば当事者ではありません。行動説の立場でも，Zの法定代理人であるAが訴訟を受領したというだけでZを当事者として扱ってよいか，疑問があります。有力な学説は，相続人が訴状を受領し，死者の氏名のままで応訴し，死者敗訴の判決が確定した場合には，相続人が当事者であったとみるべきだとしていますが，それは，相続人が当事者と同様の訴訟追行の機会を現実に与えられ，相続人も自分が当事者であるかのように考えていたならば，相続人に確定判決の効力を及ぼしてよいという議論です[5]。本件では，相続人Zにそうした事情はなく，また，死者敗訴の判決の効力がZに及ぶかどうかが問題になっているわけでもありません。

Zが被告であることの意味

　大審院が，本訴の実質上の被告はZであるといったのは，訴状の表示にしたがって死者が被告だとすると訴えを却下せざるをえず，Xが意図している第一審からの手続のやり直しができなくなるからでした。「Zが当事者である」ことは，Zが当事者として訴訟追行する機会を与えられたことを意味しているわけではなく，Yを被告と表示して開始された手続を無効とせずに，Zとの関係で続けていくことを正当化するためのロジックとして用いられているように思われます。

当事者確定論の意義──判例・学説の傾向

　氏名冒用訴訟と死者名義訴訟に関する大審院の判例は，「訴訟の当事者がだれか」を異なる目的のために論じています。すなわち，被冒用者が提起した別訴または再審の訴えを適法と認めるために，前訴の当事者は冒用者と被冒用者のいずれであったかを論じたり，死者を被告と表示して開始された訴訟手続の効力を維持するために，実質上の被告は相続人であると論じたりしています。その際には，表示説にこだわらずに，落ち着きのよい結論を求めているようにみえます。

　規範分類説と呼ばれる学説も，ある者が訴訟の当事者であることの意味は，

5）　新堂・後掲参考文献175-176頁。

手続が開始された段階と，手続が進行したあとの段階とで異なっているという
理解に基づいて，次のように主張しています。

　これから手続を始めるにあたっての当事者確定論（行為規範としての確定基準）
は，単純明快な基準を提供する表示説が最もすぐれている。簡単明瞭な訴状の
当事者欄の記載にしたがって手続を進めることにすれば，多くの事件の画一迅
速な処理が可能になろう。これに対して，すでに進行した手続をふり返って，
当事者としてその手続の効果を受けるべき者はだれか（評価規範としての確定基
準）を考える場合には，当事者確定のための資料を訴状の記載内容に限定する
必要はない。それまで進行してきた手続全体について，だれが現実に当事者と
して行動し，また当事者のように取り扱われてきたかを考えるべきである[6]。

　規範分類説以後の学説には，表示説に代表される従来の当事者確定論が扱お
うとしてきた問題の範囲は広すぎたとして，当事者確定論の守備範囲を限定す
る見解（確定機能縮小説）もあらわれるようになりました。この見解によれば，
当事者確定論が扱うべきなのは，訴状における当事者の特定が明確でない場合
に，裁判所がこれをどのように判定するかという問題である。それゆえ，当事
者確定論が機能する場面は，第一回口頭弁論期日までに限定される。それ以後
に進行した手続の効力をだれに及ぼすべきかは，当事者変更，判決効の拡張，
信義則などの概念を用いて処理されるべき問題である，とされています[7]。

　本講で考察した大審院判例が扱った問題は，前訴判決の効力は被冒用者に及
ぶのか，及ばないとして，被冒用者が有効な外観のある前訴判決を取り消すた
めに再審の訴えを提起することはできるのか，死者を被告と表示して開始され
た訴訟の第一審判決を取り消したうえで，相続人を被告として第一審手続をや
り直すことはできるのか，でした。当事者確定以外の切り口でこれらを論ずる
ことはできる，という議論はありうるのかもしれません。

---

6)　新堂・後掲参考文献 170 頁以下。

7)　納谷廣美「当事者確定の理論と実務」鈴木忠一＝三ケ月章監修『新・実務民事訴訟
　　講座（1）』（日本評論社，1981 年）239 頁以下，上野泰男「当事者確定基準の機
　　能——死者名義訴訟の場合」名城大学創立三十周年記念論文集法学篇（1978 年）133
　　頁以下，伊藤眞『民事訴訟の当事者』（弘文堂，1978 年）155 頁以下，とくに 195 頁
　　以下。

◇　関連判例

最判昭和 48・10・26 民集 27 巻 9 号 1240 頁［百選〔5 版〕7］

被告とされた会社が，実質的には同一とみられる新旧 2 つの会社のいずれで
あるかが明らかではなく，実体法上の法人格否認の法理が適用されるべき事案
において，当初，旧会社の代表者として原告の主張を認めた（自白した）人物
が，その後，新会社の代表者であると主張して自白の撤回を主張したことは信
義則に反するとしたものです。最高裁は，上告人（＝被告）は新会社であると
していますが，学説上は，新旧両会社のいずれも被告であったとみる見解も有
力です。

─参考文献─

新堂幸司「訴訟当事者の確定基準の再構成」同『民事訴訟法学の基礎』（有斐
閣，1998 年，初出 1974 年）163 頁

─課　題─

訴訟手続を進めるうえで，当事者がだれかが明らかでないと支障が生じる
問題としては，訴状の送達のほかにどのようなものがあるでしょうか。当事
者確定の必要性に関する教科書の記述を読んで，考えてみましょう。

第3講

民事訴訟の当事者となることができる者の範囲
──法人でない社団に当事者能力が認められる場合の法律問題

最判昭和 42・10・19 民集 21 巻 8 号 2078 頁〔百選〔5 版〕8〕
▶キーワード　当事者能力，権利能力，法人でない社団

当事者能力

　形式的当事者概念（⇒第2講）の下で当事者とされた者は，判決の名宛人になりますが，この者が**本案判決**（⇒第0講）を受けるためには，**当事者能力**の存在が必要です。当事者能力とは，教科書の定義によれば，民事訴訟の当事者となることのできる一般的な資格をいいます。これでは抽象的すぎてわかりにくいかもしれませんが，要するに，本案判決を受けるために当事者が備えるべき資格であって，これを欠くと，訴訟上の請求の内容がどのようなものであっても本案判決を受けられないものを，当事者能力と呼んでいるのです。

　当事者能力と区別される概念として，**当事者適格**があります。当事者適格とは，特定の請求との関係で適切な当事者と認められ，本案判決を受けることができる資格をいいます。当事者能力を欠く者は，あらゆる請求との関係で本案判決を受けられないので，当然，当事者適格も認められないのですが，それは，当事者能力と当事者適格が，別々の概念ではあってもその目的を共通にしているためです。すなわち，本案判決をしても有効適切な紛争解決をもたらさないような当事者を選別するという目的です。このことを指して，当事者能力は，すべての訴訟物（訴訟上の請求）に共通する当事者適格の問題であるといわれることもあります[1]。

当事者能力の判断基準

　ある者に当事者能力が認められるか否かは，原則として，民法上，権利能力が認められる者であるか否かによって決定されます（28条が「当事者能力……は，

---

[1]　新堂 144 頁。当事者適格については，第4講と第5講で検討します。

この法律に特別の定めがある場合を除き，民法……その他の法令に従う」と規定しているのは，以上を意味しています）。この原則により，民法上，権利能力を認められる自然人および法人（民 3 条 1 項・34 条）には，当事者能力が認められます。外国人・外国法人や胎児も，民法上，権利能力を認められる限度で，当事者能力を有します（民 3 条 2 項・35 条 2 項・721 条・886 条・965 条）。

　これに対して，いわゆる権利能力なき社団，すなわち，法人格は取得していないものの，法人と同様に社会活動を営み，取引行為をしている社団や法人でない財団は，権利能力がないので上記原則にしたがえば当事者能力がありません。しかし，29 条が「法人でない社団又は財団で代表者又は管理人の定めがあるものは，その名において訴え，又は訴えられることができる」と規定しているので，同条に基づき当事者能力を認められます（29 条は，28 条にいう「〔民事訴訟法の〕特別の定め」ということになります）。

　問題は，29 条にいう「法人でない社団」と認められるためには，どのような要件を満たしている必要があるかです。次の判例を素材として検討していきましょう。

◇ 最判昭和 42 年 10 月 19 日
民集 21 巻 8 号 2078 頁 [百選 〔5 版〕8]

事実の概要

　X（原告・被控訴人・被上告人）は，「A 市 11 番区」という名称の団体であり，A 市 A 11 番区通称新地と称する地域（以下，「11 番区」といいます）に居住する住民（区民）を構成員としています。昭和 15 年に，X は建物（以下，「本件建物」といいます）を買い受け，当時 X の役員をしていた 9 名の共有名義で所有権移転登記をしました。X は，本件建物の一部を Y（被告・控訴人・上告人）の先代 B に賃貸し，B の死亡後は Y に賃貸してきましたが，昭和 29 年に Y の賃料不払いを理由として賃貸借契約を解除しました。その後も Y が占有を続けていたので，X は Y に対し，本件建物の Y 占有部分の明渡しと延滞賃料および明渡しまでの遅延損害金の支払を求める訴えを提起しました。

　Y は，X は民訴法 46 条 [現行 29 条] が定める権利能力なき社団に該当しないから，当事者能力を有しないと主張しました。この点に関する Y の具体的

な主張は，以下のとおりです。

　(1) XはA市に属する最下部の行政区画の1つであり，A市を離れて別個に存在する私法上の団体ではない。Xの財産の管理権限を有するのはA市長であって，Xの代表者である区長ではないから，Xは同条にいう代表者の定めがあるものに該当しない。

　(2) 権利能力なき社団といえるためには，法人と同様の実体を備えた組織体でなければならない。しかしXは，事業を営んでいるわけでもなく，事業活動に必要な程度の資産を有しているわけでもなく，会計帳簿すら備えておらず，独自の組織活動を行うものではない。

　Yはこのほか，Xの請求に理由がないことも主張しましたが，第一審は，Xは民訴法46条に規定する法人でない社団で代表者の定めがあるものに該当するとし，Xの請求のほぼすべてを認容しました。

　控訴審でもYは，第一審と同様の主張をしてXの当事者能力を争いました。これに対してXは，11番区の住民に対してXに加入することを強制してはいないが，ほとんどの住民が加入していること，Xの規約において，Xの構成員（区民）の議決権の行使，代表者（区長）の選任の方法および任期，区長以外の役員，総会および役員会の運営，基金，会計，監査等が定められていること，Xに属する資産の主要なものは本件建物および消防ポンプであること，Xは，A市の市政の足りないところを補うため，防火，防犯，下水掃除，薬剤撒布，道路・橋の整備，子供会の開催等の事業を行っており，これらの経費にあてるために区民から区費を徴収していることを主張しました。

　控訴審も，以下のような理由からXの当事者能力を認めました。

　民訴法46条にいう法人でない社団といいうるためには，団体としての組織を備え，そこには多数決の原則が行われ，構成員の変更にもかかわらず団体そのものが存続し，その組織によって代表の方法，総会の運営，財産の管理その他団体としての主要な点が確定しているものでなければならない。

　Xは，11番区に居住する住民によりその福祉のため各般の事業を営むことを目的として結成された団体であって，規約に基づき代表者その他の役員をその構成員により選出し，資産を有し，現に構成員の福利増進のためA市とは別に独自の諸種の事業活動を行っている。認定された事実によれば，Xは独立の組織を有し，そこには多数決の原則が行われ，構成員の変更にかかわらず存

続し，事業活動をなし，資産を有し，その管理および総会，役員会の運営等団体として主要な点が規約により定められていることが認められる。そうすると，Xは独立の存在を有する権利能力のない社団としての実体を有し，代表者，管理人の定めがあるものと認められ，民訴法46条により当事者能力を有するものというべきである。

　Yは上告し，以下のように主張しました。

　権利能力なき社団といえるためには，構成員から離れた独自の活動を行っていることが必要である。Xは，構成員である住民を離れて独自の権利主体となりうる社団の実体を有していない。

本件のポイント

　Yは，第一審，控訴審を通じて，Xについて（1）A市とは独立の団体ではなく，A市に属する行政区画にすぎない，（2）事業を行っているわけではなく，事業活動に必要な資産も有しておらず，会計帳簿も備えていない，などと主張していました。これに対してXは，XがA市の行政区画ではなく，11番区に居住する住民によって構成される任意団体であること，Xは多岐にわたる事業を行っており，それは，A市の行政とは別にXの経費でXの機関によって決定実施されるものであることなどを主張したので，控訴審は，XがA市とは独立の団体であり，団体としての主要な点が規約により定められているとしました。そのためYは，上告理由では，Xが，構成員である住民から独立した社団としての実体を有していないと主張しています。しかし上告審（最高裁）は，以下のとおり，Yの主張を排斥しています。

判　旨

上告棄却。

　「法人格のない社団すなわち権利能力のない社団が成立するためには，団体としての組織をそなえ，多数決の原理が行なわれ，構成員の変更にかかわらず団体そのものが存続し，その組織において代表の方法，総会の運営，財産の管理等団体としての主要な点が確定していることを要することは，当裁判所の判例とするところである（昭和35年（オ）第1029号，同39年10月15日第一小法廷判決，民集18巻8号1671頁）。

　原判決の確定するところによれば，Ｘは，古くよりＡ市Ａ（市制施行前はＡ町）11 番区通称新地と称する地域に居住する住民により，その福祉のため各般の事業を営むことを目的として結成された任意団体であって，同市Ａに属する最下部の行政区画でも，また財産区でもなく，区長，区長代理者（副区長），評議員，組長等の役員の選出，役員会および区民総会の運営（その議決は多数決による），財産の管理，事業の内容等につき規約を有し，これに基づいて存続・活動しているというのであるから，原審が以上の事実関係のもとにおいて，Ｘをもって権利能力のない社団としての実体を有するものと認め，これにつき民訴法 46 条の適用を肯定した判断は，上記判例に照らして，正当として是認しうる。論旨は採用できない。」

本判決の考え方

　民訴法 29 条に基づいて当事者能力を認められる「法人でない社団」について，かつては，多数人の結合体であって，個々の構成員の生活活動から独立した社会活動を営むもの[2]といった説明がされていました。Ｙが上告理由で，権利能力なき社団といえるためには構成員から離れた独自の活動を行っていることが必要であると述べているのは，この見解を根拠としているように思われます。

　これに対して本判決は，権利能力のない社団の成立要件として，「団体としての組織をそなえ，多数決の原理が行なわれ，構成員の変更にかかわらず団体そのものが存続し，その組織において代表の方法，総会の運営，財産の管理等団体としての主要な点が確定していること」を挙げています。これは，実体法上の権利能力なき社団の要件に関する最判昭和 39・10・15（民集 18 巻 8 号 1671頁）にしたがったものであり，控訴審も同様の判断をしていました。

　Ｙが主張する「構成員〔住民〕から離れた独自の活動」というものがなにを指すのかは，明らかではありません。Ｘの事業の目的が住民から離れた独自のものであることを要求しているのだとすれば，それは認められないようにも思えます。控訴審の認定によれば，Ｘが行っている防火，防犯，下水掃除，子供会の開催等の事業は，住民の福利増進を目的としたものであり，個々の住民か

---

　2)　兼子 110 頁。

ら離れた独自の目的をもって行われているとはいいにくいように思われるからです。

　しかし，Xには住民から選出された代表者その他の役員がおり，総会や役員会における多数決による議決に基づいて事業が行われ，本件不動産その他の財産の管理や事業に必要な経費にあてるための区費の徴収もされています。個々の住民あるいは複数の住民だけではできないような組織的な活動が行われていることはたしかなようです。控訴審はその点をとらえて，Xが，前掲最判昭和39・10・15が示した権利能力なき社団の基準を満たしていると認め，Xには当事者能力があるとしました。本判決も，この判断を支持しています。

法人でない社団が当事者能力を認められるための要件
——学説の展開

　本判決よりも後の学説には，判例が法人でない社団の当事者能力の有無を判断するにあたってどのような要件を考慮しているかを，具体的な事案の内容や社団が原告・被告のいずれであるかに留意しつつ，分析するものがあらわれるようになりました[3]。この見解は，判例・学説が法人でない社団に当事者能力が認められるための要件として挙げてきたものを以下の4つに整理しています。

　①　対内的独立性　　団体の構成員が明確になっており，構成員の脱退・加入に関係なく団体の同一性が保持されていることをいいます。

　②　財産的独立性　　団体が構成員とは独立した財産主体として存在していることをいいます。具体的には，団体に独自の財産があるかどうか，独自の財政が維持されているかどうかが判断の要素になります。

　③　対外的独立性　　代表者が定められ，現実に代表者として行動していること，団体が他の人格から独立していることをいいます。

　④　内部組織性　　組織運営，財産管理などについて規約で定められていること，総会などの手段によって構成員の意思が団体の意思形成に反映されていることをいいます。

　本件のXは，控訴審の認定するところによれば，以上の4つの要件を満たしています（控訴審が認定した事実がそれぞれの要件とどのように対応しているかに

---

　3)　伊藤・後掲参考文献19頁以下。

ついては，各自で確認してください）。もっとも，4つの要件をすべて満たした団体でなければ当事者能力が認められないかについては，議論があります。

たとえば，財産的独立性については，団体が金銭給付訴訟の被告である場合には執行対象財産としての団体の財産の存在が不可欠であるが，その他の場合には，他の要件が認められていれば必要ではないという見解[4]，執行対象財産になるような団体の財産が存在しなければ，団体に対して給付判決（給付の訴えにおける請求認容判決。⇒第0講）を得ても紛争解決の実効性に乏しいけれども，団体に対する給付判決で構成員の固有財産に対する強制執行が可能であるならば（これは，「構成員に対する執行力の拡張」の問題といわれます），紛争解決機能がまったくないわけではないし，法人については執行対象財産となるような財産の存在は要求されないのに，法人でない社団についてこれを要求すべき理由はないという見解[5]，構成員各自の債権者による強制執行の対象にはならないような独立した団体の財産の管理体制の存在は，訴訟の種類や団体が原告か被告かを問わず，不可欠の要件であるとする見解[6]などが主張されています。なお，最判平成 14・6・7（民集 56 巻 5 号 899 頁）は，預託金会員制のゴルフクラブが原告となってゴルフ場を経営する会社に対して書類等の閲覧を求めた訴えにつき，原告の当事者能力を認めるにあたって，団体が固定資産ないし基本的財産を有することは不可欠の要件ではないとしています（団体が対外的に活動するのに必要な収入を得る仕組みが確保され，かつ，その収支を管理する体制が備わっているなど，他の諸事情と併せ，総合的に考察して，民訴法 29 条にいう「法人でない社団」として当事者能力が認められる場合があるとしています）。

法人でない社団に当事者能力が認められることの効果

民訴法 29 条によって当事者能力を認められた団体について，学説は，その訴訟限りで権利能力も認められると解しています[7]。しかし判例は，団体に属する財産は構成員全員に総有的に帰属している（＝団体に属する財産に対しては

---

4) 伊藤・後掲参考文献 67-68 頁，71-72 頁。
5) 長谷部由起子「法人でない団体の当事者能力」成蹊法学 25 号（1987 年）99 頁以下。
6) 山本弘「法人格なき社団をめぐる民事手続法上の諸問題（1）」法教 374 号（2011年）131 頁注 13。
7) 兼子 111 頁，新堂 149 頁，伊藤 125 頁，高橋（上）186-187 頁など。

各構成員が総有権と呼ばれる共同所有権を有している）のであって，団体はその権利主体にはなりえないとしています[8]。判例の考え方によれば，団体は，その財産について当事者として所有権確認の訴えを提起することができても，所有権の主体ではないため，勝訴判決を得ることはできないことになります。

　団体が勝訴判決を得るためには，団体の所有権確認に代えて，構成員全員の権利（総有権）の確認をする必要があります。関連判例はこれを認めていますが，構成員とは独立した主体である団体がなぜ，構成員全員の権利の確認を求めることができるのかの理論的な理由づけは，明らかにされていません。学説上はこれを，団体による訴訟担当（団体が，他人に帰属する権利について当事者適格を認められ，訴訟を追行している）と説明する見解が有力です[9]。**訴訟担当**については，第 4 講，第 5 講で扱います。

◇　関連判例

　　最判平成 6・5・31 民集 48 巻 4 号 1065 頁〔百選〔5 版〕11〕

　権利能力のない団体に，構成員に帰属する権利（入会権）の確認を求める訴えの原告適格を認め，当該団体が受けた判決の効力は構成員全員に対して及ぶとしたものです。本判決の理解としては，訴訟担当ではなく，団体に固有の適格を認めたものとみる見解もありますが，そうだとすると，構成員に対する判決効拡張はなぜ正当化されるかが問題となります。この問題は，その後の判例（最判平成 26・2・27 民集 68 巻 2 号 192 頁〔百選〔5 版〕10〕）によっても解明されてはおらず，今後に残された課題といえます。

─参考文献─

伊藤眞『民事訴訟の当事者』（弘文堂，1978 年）

─課　題─

　29 条の趣旨について，検討しましょう。同条がなく，Ｘのような法人でない社団には当事者能力が認められない場合にどのような不都合が生じるか，考えてみてください。

---

8)　最判昭和 47・6・2 民集 26 巻 5 号 957 頁〔百選〔4 版〕9〕。
9)　髙橋（上）188 頁注（12），山本弘「権利能力なき社団の当事者能力と当事者適格」同『民事訴訟法・倒産法の研究』（有斐閣，2019 年，初出 2001 年）113 頁以下。

遺言者の意思を実現するために民事訴訟の当事者となる者
——遺言執行者の当事者適格

最判昭和 51・7・19 民集 30 巻 7 号 706 頁［百選〔5 版〕12］

▶キーワード　遺言の執行，遺言執行者，第三者の訴訟担当，
法定訴訟担当

遺言執行者は，どのような職務を負っているのか

　遺産をめぐって相続人（配偶者や子）が争うことは珍しくありません。自分
の死後にそのような紛争が起きないように，遺言書を作成しておこうと考える
人も少なくないようです。遺言では，各共同相続人が遺産をどのような割合で
相続するか（相続分），遺産に属する財産を相続人間でどのように分配するか
（遺産分割の方法），遺産の全部または一部を特定の人に譲渡すること（包括遺
贈・特定遺贈）などを定めることができます（民 902 条・908 条・964 条）。

　しかし，自分の死後にこれらの定めが実行されるかどうか不安だということ
もあるでしょう。たとえば，経済的に苦しい時期に支援してくれた人に恩返し
をするつもりで，その人を受遺者（＝遺贈を受ける者）として特定の不動産を遺
贈すると定めても，これに納得しない相続人が相続を原因とする所有権移転登
記をし，当該不動産を占有するかもしれません。それでは遺言者の意思が実現
されないので，受遺者あてに所有権移転登記をし，受遺者に当該不動産を引き
渡す必要があります。遺言の内容を実現するために必要なこうした行為をする
ことを**遺言の執行**といい，遺言者は，遺言で，遺言を執行する**遺言執行者**を指
定することができます（民 1006 条 1 項）。

　遺言執行者は，遺言者の死後に遺言の内容を実現する職務を負う者であり，
遺言の執行に必要な一切の行為をする権利を有し，義務を負っています（民
1012 条 1 項）。ここでいう「一切の行為」には，遺言を執行するために必要な
訴訟の原告または被告になることも含まれます。

　そのような訴訟の原告または被告となった遺言執行者は，みずからの法的利
益を実現するために訴訟を追行するわけではありません。遺言の内容に利害関

係を有する相続人や受遺者に代わって，訴訟追行権，すなわち**当事者適格**（訴
訟物たる権利または法律関係について，当事者として訴訟を追行し，本案判決を受ける
ことができる資格。⇒第３講）を認められています。そして，遺言執行者が当事
者として受けた判決の効力は，遺言執行者とその相手方だけでなく，訴訟に関
与しなかった受遺者や相続人にも及ぶとされています（最判昭和 31・9・18 民集
10 巻 9 号 1160 頁参照）。

🚩 遺言執行者に当事者適格が認められる理由

　遺産をめぐる訴訟の結果に実質的な利害関係を有しているのは，相続人や受
遺者です。当事者適格は，一般には，訴訟物たる権利または法律関係（⇒第 0
講）について法的利益を有する者に認められますから，遺産をめぐる訴訟の当
事者適格を有するのは，相続人や受遺者であるはずです。ところが民法は，遺
言執行者がある場合には，相続財産を管理し処分する権限を有するのは遺言執
行者であり，相続人は相続財産を処分する権限を有しないとしています（民
1012 条・1013 条）。そのため判例は，相続人の 1 人に相続財産のすべてを遺贈
する旨の遺言は無効であると主張する相続人が提起した，法定相続分に基づく
共有持分権の確認の訴えにおいて，遺言執行者に被告適格を認めました（前掲
最判昭和 31・9・18）。受遺者が提起した，遺贈の目的である不動産の所有権移
転登記手続を求める訴えにおいても，被告適格を有するのは遺言執行者であり，
相続登記を経て現在，当該不動産の登記名義人となっている相続人ではないと
しました（最判昭和 43・5・31 民集 22 巻 5 号 1137 頁）。さらに，特定の不動産を
特定の相続人Ａに相続させる趣旨の遺言（いわゆる「**相続させる旨の遺言**[1]）に基
づいてＡが所有権移転登記をする前に，他の相続人Ｂが当該不動産について
所有権移転登記をしてしまった場合には，遺言執行者は，Ａへの真正な登記名
義の回復を原因とする所有権移転登記手続を求める訴えの原告適格を有すると
しています（最判平成 11・12・16 民集 53 巻 9 号 1989 頁）。

---

1) 「相続させる旨の遺言」とは，遺産分割の方法の指定として，特定の財産を特定の
相続人に相続させる趣旨の遺言のことをいいます。特定遺贈と類似しますが，特定遺
贈の場合は，対象財産の登記は登記義務者（相続人または遺言執行者）と登記権利者
（受遺者）が共同で申請する（不登 60 条）のに対し，相続人が単独で登記申請をする
ことができる（不登 63 条 2 項）点で異なります。平成 30 年民法（相続法）改正後は，
「特定財産承継遺言」と呼ばれています（民 1014 条 2 項）。

　遺言執行者は，遺産をめぐる訴訟の訴訟物たる権利または法律関係について法的利益を有しているわけではないので，一般原則にしたがえば当事者適格は認められません。そうであるにもかかわらず，遺言執行者に遺産をめぐる訴訟の当事者適格が認められるのは，遺言執行者に遺言の内容を実現してもらいたいという遺言者の意思は尊重されるべきである，という判断によるものでしょう。

　遺言執行者は，遺言執行者がいないとき，またはいたけれども家庭裁判所によって解任されるなどしていなくなってしまったときに，相続人や受遺者などの利害関係人の請求に基づいて，家庭裁判所によって選任されることもあります（民1010条）。この場合に遺言執行者の当事者適格が認められるのは，遺言執行者が，遺産をめぐる訴訟を適切に追行することができる者として家庭裁判所によって選任されたことによると考えられます。

　一般原則に基づいて当事者適格が認められる者以外の者に当事者適格が認められる場合のことを**第三者の訴訟担当**といいます。第三者（担当者）が当事者となって受けた判決の効力は，本来，当事者適格が認められる者（本人または被担当者）にも及びます（115条1項2号）。第三者の訴訟担当の中でも，本人の意思に基づかずに，法律上当然に担当者に当事者適格が認められる場合は，**法定訴訟担当**と呼ばれています。遺言執行者の当事者適格は，本人（相続人，受遺者）の意思に基づかずに認められるので，法定訴訟担当にあたります。

遺言執行者が当事者適格を認められる訴訟の範囲

　法定訴訟担当の中には，債権者代位権に基づいて債務者の権利を代位行使する債権者（民423条）のように，担当者の利益を保護するために認められるものもありますが，遺言執行者はこれにはあたりません。遺言執行者の地位については議論があり，民法1012条によって相続財産について包括的な管理処分権を認められた財産管理人であるという見解のほか，遺言者の意思を実現する職務上の地位にある者（職務上の当事者）であるという見解もあります。

　以上の見解の違いは，遺言執行者が当事者適格を認められる訴訟の範囲はどこまでか，という問題には影響を及ぼさないように思われます。この問題にとって重要なのは，民法1012条の下で遺言執行者が遺言の内容を実現する職務を負うのはどのような場合か，ということであり，遺言執行者の法的地位の

性質とは直接，関連しないからです。

　次の判例は，この問題を扱ったものです。遺言執行者の職務の範囲に関してどのような考え方が採られているか，検討しましょう。

◇ 最判昭和 51 年 7 月 19 日

　　　　　　　　　民集 30 巻 7 号 706 頁［百選〔5 版〕12］

事実の概要

　昭和 36 年に死亡した A は，次のような内容の公正証書（昭和 34 年作成）による遺言（本件遺言）を残していました。「A の所有する本件土地を B に遺贈する。遺言執行者を Y〔本訴被告＝反訴原告[2]・控訴人・被上告人〕および C とする」。

　A の死亡後，本件遺言に基づいて，Y および C を登記義務者とし，B を登記権利者として遺贈を原因とする所有権移転仮登記がされました。本件土地についてはその後，A の相続人である X（本訴原告＝反訴被告・被控訴人・上告人）を権利者として相続を原因とする所有権移転登記もされています。

　X は，本件遺言は A の意思に基づくものではないから無効であると主張し，Y を被告として，本件遺言の無効確認と B への所有権移転仮登記の抹消登記手続を請求しました（本訴。なお，もう 1 人の遺言執行者である C は，本訴提起の時点ですでに死亡していたので被告とはされていません）。抹消登記手続請求については，請求原因として主位的に遺言の無効が，予備的に X による本件土地の時効取得が主張されています。これに対して Y は，本件遺言は有効であると主張し，反訴[3]として X の所有権移転登記の抹消登記手続を請求しました。

　第一審は，X の本訴請求をいずれも認容し，Y の反訴請求を棄却したので，Y が控訴しました。控訴審は，第一審判決を取り消して，X の本訴請求と Y の反訴請求のいずれも棄却しました。判決理由においては，本件遺言は A の意

　2）　**反訴原告**および**反訴被告**については，次注を参照。

　3）　**反訴**とは，原告の訴え提起によって開始されている手続内で，被告が原告に対して提起する訴えのことをいいます（146 条）。反訴を提起した被告は，**反訴原告**，その相手方である原告は，**反訴被告**と呼ばれます。原告が提起した訴えは，**本訴**と呼ばれ，その請求を**本訴請求**といいます。反訴の請求を**反訴請求**といい，本訴請求と関連するか，または本訴請求に対する防御の方法と関連するものであることが必要とされています（146 条 1 項本文）。

思に基づくものであるから遺言無効確認請求は理由がなく，また，本件土地は
Xが時効取得しているので，Yの反訴請求も理由がないとしたうえで，B名義
の仮登記の抹消登記手続請求については，登記義務者はBであってYではな
いので，Yに対して仮登記の抹消登記手続を求めることはできないとしました。

　これに対してXが上告し，遺言執行者は相続財産に関するあらゆる訴訟に
おいて法定訴訟担当として訴訟追行権を有しているので，YはB名義の仮登
記を抹消する義務があると主張しました。

本件のポイント

　控訴審判決は，Xの遺言無効確認請求については理由がないとして棄却しま
したが，仮登記の抹消登記手続請求については，Yは登記義務者ではないとし
ました。Yに抹消登記手続に応じる義務はないので，請求は棄却されるべきで
あるとしたようにみえますが，この請求についてはYに当事者適格がないので，
訴え却下判決をすべきであったという考え方もありえます。最高裁が後者の見
解を採っていることは，以下の [判旨] から明らかです。

判　旨

上告棄却。

　「遺言執行者は，遺言の執行に必要な一切の行為をする権利義務を有し（民
法1012条），遺贈の目的不動産につき相続人により相続登記が経由されている
場合には，右相続人に対し右登記の抹消登記手続を求める訴を提起することが
できるのであり，また遺言執行者がある場合に，相続人は相続財産についての
処分権を失い，右処分権は遺言執行者に帰属するので（民法1013条，1012条），
受遺者が遺贈義務の履行を求めて訴を提起するときは遺言執行者を相続人の訴
訟担当者として被告とすべきである（最高裁昭和42年（オ）第1023号，同
43年5月31日第二小法廷判決・民集22巻5号1137頁）。更に，相続人は遺
言執行者を被告として，遺言の無効を主張し，相続財産について自己が持分権
を有することの確認を求める訴を提起することができるのである（最高裁昭和
29年（オ）第875号，同31年9月18日第三小法廷判決・民集10巻9号1160
頁）。右のように，遺言執行者は，遺言に関し，受遺者あるいは相続人のため，
自己の名において，原告あるいは被告となるのであるが，以上の各場合と異な

り，遺贈の目的不動産につき遺言の執行としてすでに受遺者宛に遺贈による所有権移転登記あるいは所有権移転仮登記がされているときに相続人が右登記の抹消登記手続を求める場合においては，相続人は，遺言執行者ではなく，受遺者を被告として訴を提起すべきであると解するのが相当である。けだし，かかる場合，遺言執行者において，受遺者のため相続人の抹消登記手続請求を争い，その登記の保持につとめることは，遺言の執行に関係ないことではないが，それ自体遺言の執行ではないし，一旦遺言の執行として受遺者宛に登記が経由された後は，右登記についての権利義務はひとり受遺者に帰属し，遺言執行者が右登記について権利義務を有すると解することはできないからである。右と同旨の原審の判断は正当として是認することができる。そして，右のように受遺者を被告とすべきときに遺言執行者を被告として提起された訴は不適法としてこれを却下すべきであるところ，原判示によれば原判決も右と同旨であることが明らかである。そうすると，原判決主文中Xの本訴請求はこれを棄却するとした部分は，明白な誤記であるから，本訴請求中，遺言無効確認請求はこれを棄却し，所有権移転仮登記抹消登記手続請求については訴を却下することとし，主文二項のとおり，更正する。」

本判決の考え方

1　本判決は，遺言執行者が当事者適格を有する訴訟の範囲について，以下のように判示しています。

①　遺贈の目的不動産について相続人により相続登記が経由されている場合には，遺言執行者は，相続人に対して相続登記の抹消登記手続を求める訴えの原告適格を有します。その根拠としては，民法1012条が，遺言執行者は遺言の執行に必要な一切の行為をする権利義務を有すると定めていることが挙げられています。本判決が，Yの反訴請求（Xの所有権移転登記の抹消登記手続請求）についてYの原告適格を問題にしていないのは，こうした考え方によるものです。なお，本判決は引用していませんが，大審院の判例にも同様の考え方を採ったものがあります（大判明治36・2・25民録9輯190頁，大判昭和15・12・20民集19巻2283頁）。

②　受遺者が遺贈義務の履行を求める訴えを提起する場合には，遺言執行者が相続人の訴訟担当者として被告適格を有します。民法1013条および1012条

によれば，遺言執行者がある場合には，相続人は相続財産についての処分権を失い，当該処分権は遺言執行者に帰属することを根拠とする点も含めて，前掲最判昭和43・5・31にしたがったものです。

③　相続人が遺言の無効を主張し，相続財産について自己が持分権を有することの確認を求める訴えの被告適格も，遺言執行者が有します。先例として，前掲最判昭和31・9・18が引用されています。

2　本判決は，遺贈の目的不動産につき遺言の執行としてすでに受遺者あてに遺贈による所有権移転登記あるいは所有権移転仮登記がされているときに，相続人が提起した，受遺者あての登記の抹消登記手続を求める訴えにおいて被告適格を有するのは，遺言執行者ではなく，受遺者であるとしています。上記の②および③の場合とは結論が異なる理由について，本判決は2点を挙げています。

第1は，上記の場合に遺言執行者が受遺者のために相続人の抹消登記手続請求を争い，受遺者あての登記の保持につとめることは，遺言の執行に関係ないことはないが，それ自体遺言の執行ではない，ということです。

第2は，いったん遺言の執行として受遺者あてに登記がされた後は，その登記についての権利義務は受遺者に帰属し，遺言執行者が受遺者あての登記について権利義務を有するとは解されない，ということです。

本判決の論理は，遺贈の目的不動産につき遺言の執行として受遺者あてに登記がされたときは，当該不動産の遺贈についての遺言執行者の職務は終了する。その後に提起された，受遺者あての登記の抹消登記手続を求める訴えの被告となることは，遺言執行者の職務の範囲外である，というものです。この結論自体は，多くの学説によって支持されています（後掲参考文献①30頁を参照）。

3　他方で，本判決は，Xの本訴請求中の遺言無効確認請求については，請求を棄却した控訴審判決を維持しています。これは，相続人が提起した遺言無効確認の訴えに応訴することは遺言執行者の職務の範囲内であるとして，遺言執行者Yの被告適格を認めたものと考えられます。そうだとすると，遺言執行者は，遺言の執行として受遺者あてに移転登記手続を完了した後も，遺言の効力を争う相続人が遺言無効確認の訴えを提起する可能性がある限り，その職務を終えたことにはならない，ということになります。

遺言の無効を主張する相続人の側からいえば，遺言執行者がある限り，遺言

の効力をめぐって対立する受遺者ではなく，遺言執行者を被告として訴えを提起しなければなりません。しかし，遺言執行者については公示制度がないので，そもそも遺言執行者が存在するのかどうかさえ明らかでないこともあります。そのような場合でも，遺言執行者が存在しないことが確認されない限り，受遺者には被告適格が認められないとすれば，原告は，遺言執行者は現実に存在するのか，だれが遺言執行者なのかを調査しなければなりません。そして，調査の結果，遺言執行者は存在しないと判断して遺言執行者を被告とせずに訴えを提起しても，裁判所が遺言執行者は存在すると認めれば，訴えは却下され，再度，遺言執行者に対して訴えを提起する必要があります。

　これでは不当であるとして，遺言執行者には，相続人が提起する遺言無効確認の訴えの被告適格がないとする見解もあります（後掲参考文献② 161-162 頁参照）。他方で，遺言執行者がある場合に，相続人が遺言執行者を被告とせずに遺言無効確認の訴えを提起することができるとすると，遺言の効力をめぐって紛争が生じることを予期して遺言執行者を指定した遺言者の意思が尊重されないという批判も考えられ（後掲参考文献③ 99 頁参照），議論の結論はでていません。

　4　相続人が提起する遺言無効確認の訴えまたは遺言の無効を前提とする共有持分権確認の訴えについて被告適格を有するのは遺言執行者である，という判例理論を前提とした場合に原告がとりうる方法は，遺言執行者と受遺者を共同被告として訴えを提起することです。一方のみを被告としたために訴えが却下されるリスクを避けるためには，よい方法だと考えられます。手続的には，同時審判申出共同訴訟（41 条）を利用することになります[4]。

4）　**同時審判申出共同訴訟**は，共同被告の一方に対する請求と他方に対する請求が法律上併存しえない関係にある場合に，原告の申出に基づいて，弁論および裁判を分離しないで行われる訴訟手続です（41 条）。「法律上併存し得ない関係」とは，たとえば，売買契約の買主が，売主に対しては契約に基づく請求をし，売主の代理人に対しては無権代理を理由とする請求（民 117 条）をする場合のように，どちらか一方の請求のみが法律上認められる関係をいうとされています。遺言無効確認の訴えにおいて被告適格を有するのは，遺言執行者が存在する場合には遺言執行者のみであり，存在しない場合には受遺者などの利害関係人であるとするならば，遺言執行者の被告適格と受遺者の被告適格が両立することはありえないので，同時審判申出共同訴訟の利用が可能であると考えられます。

48

──**参考文献**──────────────────────────

① 笠井正俊「法定訴訟担当──遺言執行者」百選〔5版〕28頁（本判決解説）

② 山本弘「遺言執行者の当事者適格に関する一考察」同『民事訴訟法・倒産法の研究』（有斐閣，2019年，初出2005年）139頁

③ 高橋宏志「遺言執行者の当事者適格」福永有利先生古稀記念『企業紛争と民事手続法理論』（商事法務，2005年）73頁

┌─**課　題**───────────────────────────
│
│　法定訴訟担当の具体例としてはどのようなものがあるでしょうか。また，それぞれどのような根拠に基づいて当事者適格を認められているのでしょうか。教科書を読んで確認してください。
│
└───────────────────────────────

第5講
第三者が本人の授権に基づいて訴訟を追行できるのは
どのような場合か ──任意的訴訟担当の許容性

最大判昭和45・11・11民集24巻12号1854頁〔百選〔5版〕13〕

▶キーワード　任意的訴訟担当，弁護士代理の原則，訴訟信託の禁止，
　　　　　　　民法上の組合，実質関係説

任意的訴訟担当の課題

　第4講で扱った遺言執行者は，本来の当事者適格者（本人）である相続人や受遺者の意思に基づかずに，法律上当然に当事者適格を認められる場合（法定訴訟担当）でした。第三者の訴訟担当にはこのほか，本人の意思（授権）に基づいて行われる場合があります。これを**任意的訴訟担当**といいます。

　任意的訴訟担当は，法律の規定によって認められている場合もあります。そうした例としては，**選定当事者**（30条），**マンションの管理組合の規約または集会決議によって選任された管理者**（建物区分26条4項），**サービサー**（債権回収会社。債権管理回収業に関する特別措置法11条1項）などがあります。こうした明文の規定がない場合でも任意的訴訟担当は認められるといわれていますが，どのような要件を満たしていれば認められるのか，が問題になります。

本人の授権だけでは任意的訴訟担当が認められない理由

　任意的訴訟担当も，法定訴訟担当と同様に，担当者が当事者となって受けた判決の効力は本人にも及びます（115条1項2号）。担当者が受けた判決がたとえ不利なものであったとしても，本人はみずからの意思で担当者に訴訟を追行させたのですから，文句はいえないはずです。もっとも，本人の授権さえあれば任意的訴訟担当を広く認めてよいというわけではありません。それは，本人の授権のみに基づいて任意的訴訟担当を無制限に認めてしまうと，民事訴訟法54条1項が定める**弁護士代理の原則**や信託法10条が定める**訴訟信託の禁止**との抵触が生じるからです。

　弁護士代理の原則は，地方裁判所以上の裁判所においては，原則として弁護

士でなければ訴訟代理人にはなれないというものです。その趣旨は,「三百代言」と呼ばれる弁護士資格のない者が訴訟代理人になって訴訟を追行すると,当事者の利益が害されるとともに,訴訟手続の円滑な進行も阻害されるので,これを一般的に防止することにあります[1]。

訴訟信託の禁止は,訴訟行為をさせることを主たる目的とする信託を禁止するものです。信託とは,ある財産の主体(委託者)が,信託法3条に規定された方法により,その財産を他人(受託者)に帰属させ,一定の目的(信託目的)にしたがって管理・処分等の行為をさせる制度です。信託目的は多種多様ですが,たとえば,甲土地を所有する委託者が,受託者に隣地の所有者に対する訴訟をさせることを主たる目的として,甲土地を受託者に譲渡することは,訴訟信託として禁じられているのです。それは,訴訟信託を認めれば濫訴が増えるほか,三百代言が受託者になって本人(委託者)の利益を害するおそれがあるという理由によるといわれています(福永・後掲参考文献302頁)。

弁護士代理の原則および訴訟信託の禁止によって,三百代言が訴訟代理人や受託者になって訴訟を追行することを防止したとしても,任意的訴訟担当を制限しなければ,三百代言は当事者として訴訟を追行することができてしまいます。任意的訴訟担当がそうした法の抜け道として利用されないようにするためには,どのような要件を課すべきなのでしょうか。次の判例を素材として考えてみましょう。なお,判決文で「任意的訴訟信託」とあるのは,任意的訴訟担当のことです。

◇ 最大判昭和45年11月11日

民集24巻12号1854頁[百選〔5版〕13]

事実の概要

A企業体(以下「A」といいます)は,Y県(被告・被控訴人・被上告人)の知事が発注した水害復旧建設工事の請負およびこれに付帯する事業を共同で営むことを目的として結成された民法上の組合(民667条以下)です。Aの構成員(組

---

1) 「三百代言」は,「訴訟屋」,「事件屋」などとも呼ばれ,弁護士資格がないのに他人の訴訟事件を引き受けて,金儲けをする人のことです。「三百」とは,わずかな金額のことをいい,そこから転じて「卑しくて価値が低いもの」を指します(広辞苑)。

合員）はX（原告・控訴人・上告人）ほか4名であり，XはAの代表者でした。A
の組合規約上，Xは建設工事の施行に関してAを代表して発注者等と折衝す
る権限を有するとともに，自己の名義で請負代金の請求，受領およびAに属
する財産を管理する権限を有するものと定められていました（最高裁判決では，
XはAの業務執行組合員であるとされています）。

　Aは，Y県との間で請負工事契約を締結し，工事にとりかかっていましたが，
その後Y県から工事の打切りを命じられました。そこでXは，工事の打切り
はY県の都合により一方的になされたと主張し，工事打切りによってAが被っ
た損害の賠償を求める訴えを提起しました。

　第一審は，Y県がAに対してすでに請負代金を支払っており，その金額はX
の主張する損害額を上回っているので損害は発生していないとして，Xの請求
を棄却しました（和歌山地判昭和37・2・27民集〔参〕24巻12号1862頁）。

　これに対してXが控訴しましたが，控訴審は，Xには当事者適格が認められ
ないとして第一審判決を取り消し，Xの訴えを却下しました（大阪高判昭和
42・6・23民集〔参〕24巻12号1868頁）。

　Xはさらに上告して，Xの当事者適格を否定した原判決は法令の解釈を誤っ
ている，と主張しました。

判　旨

破棄差戻し。

　「いわゆる任意的訴訟信託については，民訴法上は，同法47条〔現行30条〕
が一定の要件と形式のもとに選定当事者の制度を設けこれを許容しているので
あるから，通常はこの手続によるべきものではあるが，同条は，任意的な訴訟
信託が許容される原則的な場合を示すにとどまり，同条の手続による以外には，
任意的訴訟信託は許されないと解すべきではない。すなわち，任意的訴訟信託
は，民訴法が訴訟代理人を原則として弁護士に限り，また，信託法11条〔現
行10条〕が訴訟行為を為さしめることを主たる目的とする信託を禁止してい
る趣旨に照らし，一般に無制限にこれを許容することはできないが，当該訴訟
信託がこのような制限を回避，潜脱するおそれがなく，かつ，これを認める合
理的必要がある場合には許容するに妨げないと解すべきである。

　そして，民法上の組合において，組合規約に基づいて，業務執行組合員に自

52

己の名で組合財産を管理し，組合財産に関する訴訟を追行する権限が授与されている場合には，単に訴訟追行権のみが授与されたものではなく，実体上の管理権，対外的業務執行権とともに訴訟追行権が授与されているのであるから，業務執行組合員に対する組合員のこのような任意的訴訟信託は，弁護士代理の原則を回避し，または信託法11条の制限を潜脱するものとはいえず，特段の事情のないかぎり，合理的必要を欠くものとはいえないのであって，民訴法47条による選定手続によらなくても，これを許容して妨げないと解すべきである。したがって，当裁判所の判例（昭和34年（オ）第577号・同37年7月13日言渡第二小法廷判決・民集16巻8号1516頁）は，右と見解を異にする限度においてこれを変更すべきものである。

　そして，本件の……事実関係によれば，民法上の組合たるAにおいて，組合規約に基づいて，自己の名で組合財産を管理し，対外的業務を執行する権限を与えられた業務執行組合員たるXは，組合財産に関する訴訟につき組合員から任意的訴訟信託を受け，本訴につき自己の名で訴訟を追行する当事者適格を有するものというべきである。」

基本事項の確認──訴訟要件の意義・判断時期

　まず，第一審は請求棄却の**本案判決**をし，控訴審は訴え却下の**訴訟判決**をした点から検討していきましょう（本案判決と訴訟判決の区別については，第0講を参照）。

　当事者適格は，当事者能力などと同様に，裁判所が本案判決をするのに必要な**訴訟要件**（⇒第0講）にあたります。通説によれば，訴訟要件のいずれか一つでも欠けている場合には，裁判所は本案判決をすることができず，訴えを却下しなければならないとされています。当事者適格を含む訴訟要件の多くは**職権調査事項**であり，裁判所は，当事者から訴訟要件の不存在の主張がされなくてもその存否を確認しなければなりません。

　訴訟要件が存在するか否かの判断の基準時は，管轄（⇒第0講）については訴えの提起時ですが（15条），その他の訴訟要件については**事実審の口頭弁論終結時**とされています（事実審と法律審については，第0講を参照）。事実審は第一審と控訴審であり，第一審判決に対して当事者が控訴をすれば，控訴審の口頭弁論終結時が訴訟要件の判断の基準時になります。その場合には，訴訟要件に

ついての判断が第一審と控訴審とで異なることもあります。本件でも，Xの当事者適格についての判断が第一審と控訴審とで異なっていました。

本判決以前の判例・学説

　第一審は，Xの当事者適格の有無に言及することなく，本案判決をしました。Xに当事者適格がないとは考えていなかったものと思われます。これに対して控訴審は，以下の理由からXの当事者適格を否定しました。

　本件において，訴訟の目的である損害賠償請求権はAの各構成員に帰属しているが，XはAの各構成員から損害賠償請求権について訴訟追行権を与えられており，これは任意的訴訟担当に該当する。しかし，任意的訴訟担当は種々の弊害を伴うおそれがあるので，民事訴訟法は選定当事者の制度を設けて一定の要件と形式の下に任意的訴訟担当を許容している。それゆえ，本件のように選定当事者によらない任意的訴訟担当は許されない。

　控訴審は，最判昭和37・7・13（民集16巻8号1516頁）（以下「昭和37年判決」といいます）を引用していました。昭和37年判決は，民法上の組合の清算人が組合の債権の取立てのために提起した訴えに関するもので，清算人は，組合員から組合の債権について自己の名で裁判上の行為をする権限を授与されていたと主張していました。しかし最高裁は，たとえそうした事実があったとしても，清算人が選定当事者として選定されていない以上，任意的訴訟担当は認められないとしました。

　本判決以前の学説も，任意的訴訟担当が認められる場合を限定していました。そのうち，法律上認められた場合に限られるとする見解（法定説）によれば，昭和37年判決と同様に，選定当事者以外には任意的訴訟担当は認められないことになります。他方，本判決当時の通説は，法定説よりも緩和して，正当な業務上の必要がある場合には任意的訴訟担当が認められるとしていました（正当業務説）。しかし，正当業務説が選定当事者によらない任意的訴訟担当を認めていたのは，講関係の訴訟における講の世話人[2]および労働者の労働契約上の権利関係に関する訴訟における労働組合でした。民法上の組合の清算人や業務執行組合員が任意的訴訟担当の方法で組合財産に関する訴訟を追行することの許否については，態度を明らかにしていませんでした。

◤◢ 本判決の意義と残された課題

本判決は，昭和37年判決を変更し，選定当事者の手続によらなくても，任意的訴訟担当が認められる場合があることを明らかにしました。その場合とは「弁護士代理の原則や訴訟信託の禁止による制限を回避，潜脱するおそれがなく，かつ，任意的訴訟担当を認める合理的必要がある場合」というものでした。それまでの判例・学説よりも広く任意的訴訟担当を認めたということができます。この点については，学説も積極的な評価をしていました[3]。

本判決によれば，任意的訴訟担当が認められるためには弁護士代理の原則や訴訟信託の禁止との抵触がないことにくわえて，「**任意的訴訟担当を認める合理的必要**」がなければならないとされています。ここでいう「合理的必要」の具体的内容がなにか，どのような場合に任意的訴訟担当を認める必要があるのかは明らかではなく，以後に残された課題でした。

本判決よりも前に公表された後掲の福永論文（⇒**参考文献**）は，この課題にすでに取り組んでいました。福永論文は，任意的訴訟担当を認めるべき場合を，訴訟担当者と本人の利益保護の観点から検討しており，**実質関係説**と呼ばれる新たな見解を形成しています。

◤◢ 福永論文の成果──実質関係説

福永論文は，任意的訴訟担当が許容される場合として，「**訴訟担当者のための任意的訴訟担当**」と「**権利主体〔本人〕のための任意的訴訟担当**」という2つの類型を提唱します。

「**訴訟担当者のための任意的訴訟担当**」は，第三者が，訴訟物たる他人の権利に関する訴訟の結果について利害関係（補助参加の利益。⇒第24講）をもっている場合に，その第三者を訴訟担当者として行われる任意的訴訟担当です。具体例としては，①債権の譲渡人Xが，譲受人Aの同意を得て，債務者Yに対して

---

2) 講とは，頼母子講，無尽講などの相互扶助的な金融組合です。講の構成員（講員）は，掛け金（講金）を積み立て，まとまった金額を定期的に抽選等の方法で借り受けます。講には，講金の支払や取立てを行う世話人（講元・総代）がおり，判例は，講員に貸し付けた講金の返還を求める訴えについて，講の世話人の当事者適格を認めています。大判昭和11・1・14民集15巻1頁，大判昭和11・12・1民集15巻2126頁，最判昭和29・12・3集民16号793頁，最判昭和35・6・28民集14巻8号1558頁。

3) たとえば，中野貞一郎「判批」民商65巻4号（1972年）125頁参照。

自己の名で債権の取立訴訟を提起し追行する場合，②Ｘが，その所有する家屋をＡに譲渡し移転登記もなされた後に，以前からその家屋を不法に占拠しているＹに対し，Ａの同意を得て，自己の名で所有権に基づく明渡しを求める訴えを提起し追行する場合などが挙げられています。①においては，もしＹに対する債権が存在しないということになれば，ＸはＡに対して担保責任を負担しなければなりません。②においては，Ｙを追い出さないと，ＸはＡに家屋を引き渡すべき義務を履行することができません。どちらの場合も，訴訟担当者であるＸは他人の権利に関する訴訟の追行につき自己固有の利益を有していますが，任意的訴訟担当以外の方法（ＸをＡの代理人とする，あるいは訴訟物たる権利をＸに信託的に譲渡する）でＸに訴訟を追行させることは適切ではありません。Ｘは，訴訟追行につき自己固有の利益を有しているのですから，他人のために活動する代理人の資格を与えるだけでは不十分です。他方，訴訟物たる権利をＸに信託的に譲渡する方法をとることには，Ａにとっての不安があります。Ｘが信託目的に違反して訴訟物たる権利を処分してしまうと，Ａは第三者に対してその無効を主張することができず，また，Ｘが破産したり，債権者から差押えを受けた場合にも，Ａは保護されないからです。Ｘによる任意的訴訟担当を認めることが弁護士代理の原則や訴訟信託の禁止に抵触するかについては，そうではないといえます。Ｘは，訴訟物たる権利について自己固有の利益を有している点で三百代言とは異なっており，また，Ｘの訴訟追行の結果，敗訴判決が確定するようなことがあればＸ自身が不利益を受けることになるので，Ｘがいい加減な訴訟追行をしてＡの利益を害するおそれはないと考えられるからです。

　「権利主体のための任意的訴訟担当」は，第三者が，⑴訴訟を追行する権限をも含む包括的な管理権を与えられていること，および⑵訴訟物たる権利関係の発生やその管理について現実に密接に関与していること，換言すれば，権利主体と同じ程度にあるいはそれ以上にその権利関係につき知識を有していることを要件として，任意的訴訟担当が認められる場合です。具体例としては，判例・通説上争いなく任意的訴訟担当が許容されている講関係の訴訟における講の世話人のほか，会社が労働協約に違反した場合に労働組合員の権利について訴訟担当をする労働組合や，民法上の組合の権利関係について訴訟担当をする業務執行組合員などが挙げられています。

実質関係説後の議論

　実質関係説の登場により，任意的訴訟担当を許容する要件とその根拠に関する議論はさらに深まりました。

　まず，実質関係説では任意的訴訟担当を許容する要件が緩やかすぎるとする見解は，任意的訴訟担当を，**担当者が他人の権利関係について「独立の訴訟を許容してでも保護すべき程度に重要な利益」をもつ場合にのみ許容すべきこと**を主張しています[4]。本件のような民法上の組合の業務執行組合員による組合の権利関係についての任意的訴訟担当は，実質関係説によれば「権利主体のための任意的訴訟担当」の例とされていますが，この見解によれば，**業務執行組合員は訴訟の結果について強い利害を有しており，そのことのゆえに任意的訴訟担当が許容される場合である**，とされます。また，同じく「権利主体のための任意的訴訟担当」とされる労働組合による組合員の権利についての任意的訴訟担当は，任意的訴訟担当を許すべきではない場合だとされます。労働組合が訴訟の結果について有する利害・関心は，組合員の権利とは別の次元に属するものだからというのが，その理由です[5]。

　他方で，「訴訟担当者のための任意的訴訟担当」も「権利主体のための任意的訴訟担当」も，**被担当者である権利主体の利益を擁護するために授権がされている点では違いがないという見解もあります[6]。この見解は，任意的訴訟担当が許容されるかどうかを論ずるうえで重要なのは，担当者固有の利益の有無ではなく，被担当者の利益保護のメカニズムが存在するかどうかである**，とします。たとえば，講の代表者や民法上の組合の業務執行組合員のように，担当者と被担当者の間に選定当事者で必要とされている「共同の利益」（30条1項）が認められる場合には，担当者がみずからの利益を守ろうとすれば，当然に被担当者の利益も擁護されるという関係があるので，任意的訴訟担当を認めることに問題はありません。また，担当者が労働組合であり被担当者が組合員である場合には，この意味での利益の共同性はありませんが，担当者が団体であり被担

---

4)　中野貞一郎「当事者適格の決まり方」同『民事訴訟法の論点Ⅰ』（判例タイムズ社，1994年）120頁以下。

5)　中野・前掲注4) 122-123頁。

6)　山本克己「民法上の組合の訴訟上の地位 (1) ——業務執行組合員による任意的訴訟担当」法教286号（2004年）78-79頁。

当者が構成員であるという意味での利益の共同性があり，団体が構成員の利益を擁護するという団体本来の目的に忠実である限り，被担当者の利益は擁護されるので，やはり任意的訴訟担当を認めてよい場合にあたります。他方，サービサー（債権回収会社）は，明文の規定で任意的訴訟担当が認められている例ですが，その根拠は，サービサー法（債権管理回収業に関する特別措置法）がサービサーに対してさまざまな規制を行っている結果，被担当者である委託者の保護が図られていることにある，とされます。

民法上の組合の業務執行組合員による任意的訴訟担当 ——Xの当事者適格の基礎

このように，任意的訴訟担当が許容される根拠をなにに求めるかについては争いがありますが，本件のように，**民法上の組合の業務執行組合員が他の組合員からの授権に基づいて組合財産に関する訴訟を追行する場合に**，任意的訴訟担当が許されることについては見解の一致があるといえます。理由づけとしては，業務執行組合員が，組合財産に関する訴訟の結果について他の組合員と共同の利益を有しており，その利益を守るために訴訟を追行することが，他の組合員の利益を保護することになるからである，という説明が考えられます。また，本件のXのように，組合規約に基づいて対外的業務を執行する権限を有する者は，その業務執行から生じた権利関係について他の組合員と同等またはそれ以上に知識を有しており，これを訴訟物とする訴訟を適切に追行することができるから，他の組合員の利益が損なわれることはない，という説明も考えられます。そうだとすると，本件のXが「訴訟担当者のための任意的訴訟担当」と「権利主体のための任意的訴訟担当」のいずれに該当するかを問題にする必要はないように思われます。

本件の最高裁判決は，「民法上の組合において，組合規約に基づいて，業務執行組合員に自己の名で組合財産を管理し，組合財産に関する訴訟を追行する権限が授与されている場合」には，任意的訴訟担当が許容されるとしています。しかし，控訴審判決を読む限り，Aの組合規約上，XにはAの財産を管理する権限はありますが，訴訟追行の権限まで授与されてはいません。それでも任意的訴訟担当が認められるのだとすると，最高裁判決は，**Xの財産管理権には訴訟追行の権限も含まれている**と解釈したということになります。本件のXに，

訴訟追行の権限をも含む包括的な財産管理権が与えられていると解されたのはなぜでしょうか。この点については，以下のような説明が考えられます。

[**事実の概要**]にもあるとおり，AはY県知事が発注した建設工事の請負等の事業を共同で行うことを目的として結成されました。Aを構成する組合員の数は少なく，代表者であるXと他の組合員との間には濃厚な人的関係があったと考えられます。そして，建設工事の実施に関しては，Xが発注者等と折衝するなど中心的な役割を果たしていました。Xには，組合規約で明記された請負代金の請求，受領の権限があるだけでなく，建設工事が途中で打ち切られた場合にY県に対して損害賠償請求権を行使する権限もあることが，組合員の間で了解されていた，そのためXには，損害賠償請求権を行使するために訴訟を追行する権限も与えられていた，と控訴審判決は解したのであり，最高裁判決もこれを前提とした，というものです。

本件とは異なり，構成員（被担当者）の数が多く，構成員と代表者（訴訟担当者）との人的関係が希薄な場合には，以上とは別の論理が必要になるのかもしれません。

─**参考文献**─

福永有利「任意的訴訟担当の許容性」同『民事訴訟当事者論』（有斐閣，2004年，初出1969年）294頁

┌─**課　題**─
│　任意的訴訟担当の授権の要件を緩やかに解したとされる判例としては，最判平成28・6・2（民集70巻5号1157頁）があります。この判決を読んで，任意的訴訟担当が許容される要件についてさらに検討してみましょう。

Part2
訴え

第6講

遺言無効確認の訴えについて本案判決がされるのは
　どのような場合か　　　　　　──確認の利益の判断基準

[1] 最判昭和 47・2・15 民集 26 巻 1 号 30 頁［百選〔5 版〕23］
[2] 最判平成 11・6・11 家月 52 巻 1 号 81 頁［百選〔5 版〕26］

▶キーワード　訴えの利益，確認の利益，過去の事実・法律関係の
　　　　　　確認，即時確定の必要性

訴えの利益とはなにか

　第3講から第5講では，当事者に関する訴訟要件である当事者能力と当事者適格を扱いました。本講と第7講では，訴訟物に関する訴訟要件である**訴えの利益**について学びます。

　訴えの利益は，訴訟物たる権利または法律関係について本案判決をすることが，紛争の解決にとって必要かつ有効・適切である場合に認められます。当事者適格が，特定の当事者に訴訟を追行させ，本案判決をすることが紛争解決のために必要かつ有効・適切であるか，を問題にするものであったのに対して，訴えの利益は，特定の訴訟物との関係で，本案判決をすることが紛争解決にとって必要かつ有効・適切であるかを判断しようとするものです。

確認の利益＝確認の訴えにおける訴えの利益

　訴えの利益は，給付の訴え，確認の訴え，形成の訴えのそれぞれについて問題になりますが，歴史的にはまず，確認の訴えについて論じられました。それは，原告が給付請求権を主張する給付の訴えや実体法上の形成原因を主張する形成の訴えと異なり，確認の訴えは対象が無限定であるため，訴えの利益によって無益な訴えを排除する必要があったからです（給付・確認・形成の訴えについては，第0講を参照）。また，原告勝訴の本案判決である確認判決には，既判力は生じますが，給付判決のような執行力は認められません（給付判決・確認判決の効力については，第0講を参照）。そのため，本案判決をしても紛争が有効・適切に解決されない事件を訴えの利益によって選別する必要性が高かったといえます。

　確認の訴えにおける訴えの利益は，**確認の利益**とも呼ばれています。その判断にあたっては，①確認の訴えが紛争の解決方法として適切かどうか（方法選択の適切性），②確認の対象として選択された訴訟物が適切かどうか（対象選択の適切性），③解決すべき紛争が確認判決を必要とするほど現実的なものかどうか（即時確定の必要性），④確認判決による紛争解決を図るために適切な被告を選んでいるかどうか（被告選択の適切性），といったさまざまな観点が必要とされています。

　以下では，遺言無効確認の訴えにおける確認の利益の問題を扱った 2 つの最高裁判決を素材として，②対象選択の適切性および③即時確定の必要性について検討していきましょう。

◢ 過去の事実または法律関係についての確認の利益

　確認の対象は，原則として**現在の権利または法律関係**でなければならないといわれています。過去の事実や法律関係を確認しても，その後の時間の経過により変更が生じていることが多く，現在の紛争の解決には役立たないと考えられるからです。たとえば，過去のある時点で X と Y の間に X 所有の甲不動産の売買契約が成立しましたが，後に X が，売買契約の無効を主張して Y に対して確認の訴えを提起したとしましょう。この場合の確認の対象は，「売買契約の無効」でも，「契約成立の時点で X が甲不動産を所有していたこと」でもなく，「現在 X が甲不動産を所有していること」になります。

　もっとも，以上の原則にも例外はあります。たとえば，民事訴訟法は**証書真否確認の訴え**を認めています（134 条）。証書真否確認の訴えとは，法律関係を証明する文書（たとえば，契約書や遺言書がこれにあたります）が，作成者とされる人物の意思に基づいて作成されたか否かの確認を求める訴えです。確認の対象は，過去の時点における文書の作成者とその作成の意思の有無ですから，過去の事実です（ただし，単純な事実ではなく，法的評価をくわえて存否の判断がされる事実です。そのため，法律関係との区別は微妙ですが，いずれにしても，現在の権利または法律関係ではありません）。そうであるにもかかわらず，証書真否確認の訴えが認められているのは，証書が作成者とされる者の意思に基づいて作成されたか否かが確認されれば，それを前提として現在の紛争が解決される場合があるからです。

そうだとすると，過去の事実や法律関係であっても，それを確認することが現在の紛争の解決に役立つ場合には確認の利益を認めてよいのではないか，とも考えられます。こうした問題意識を念頭において，次の判例を読んでみましょう。

◇［1］最判昭和 47 年 2 月 15 日

民集 26 巻 1 号 30 頁［百選〔5 版〕23］

事実の概要

訴外 A は，昭和 35 年 9 月 30 日に，自筆証書の方式で遺言（以下「本件遺言」といいます）を行い，昭和 37 年 2 月 21 日に亡くなりました。その後，A の共同相続人である X_1 および X_2（原告・控訴人・上告人。X ら）は，同じく A の共同相続人である Y_1 から Y_5（被告・被控訴人・被上告人。Y ら）に対して，本件遺言は無効であることの確認を求める訴えを提起しました。X らは，本件遺言は A の全財産を共同相続人の 1 人にのみ与えるという内容であるから，家督相続制を廃止した憲法 24 条に違反し，かつ，その 1 人がだれであるかは明らかでなく，権利関係が不明確であるから無効である，と主張しました。これに対して Y らは，確認の利益を争うとともに，本件遺言によって全財産の遺贈を受けた者が Y_1 であることは明らかであるから，本件遺言は有効である，と主張しました。

第一審は，遺言は過去に行われた法律行為であるから，その有効・無効の確認を求める訴えは確認の利益を欠くとして，X らの訴えを却下しました（大分地判昭和 42・6・28 民集〔参〕26 巻 1 号 36 頁[1]）。これに対して X らが控訴しましたが，控訴審も，遺言は現在の法律関係ではないとして，X らの訴えは不適法であるとしました（福岡高判昭和 43・2・28 民集〔参〕26 巻 1 号 45 頁）。

X らは上告し，以下のように主張しました。

(1)遺言は，本件のように現在の法律関係に重大な影響を与えている場合には，現在の法律関係と解すべきである。(2)判例はこれまで遺言の無効確認訴訟を許

---

1)　第一審判決の理由は判例集には掲載されていませんが，そのほぼ全文が，最高裁判決の調査官解説に転載されています。柴田・後掲参考文献① 302 頁。

容している。(3)現在, 受遺者が定まらないので遺産の分割ができず, 不動産に対する所有権移転登記をすることもできないといった不都合がある。本件遺言の効力を確定する判決があれば, 紛争が一挙に解決する利益がある。

最高裁は, Xらの主張をいれて, 以下のように判示しています。

■■■■■■■■■■■■■■ **判　旨** ■■■■■■■■■■■■■■

原判決破棄, 第一審判決取消し, 第一審に差戻し。

「いわゆる遺言無効確認の訴は, 遺言が無効であることを確認するとの請求の趣旨のもとに提起されるから, 形式上過去の法律行為の確認を求めることとなるが, 請求の趣旨がかかる形式をとっていても, 遺言が有効であるとすれば, それから生ずべき現在の特定の法律関係が存在しないことの確認を求めるものと解される場合で, 原告がかかる確認を求めるにつき法律上の利益を有するときは, 適法として許容されうるものと解するのが相当である。けだし, 右の如き場合には, 請求の趣旨を, あえて遺言から生ずべき現在の個別的法律関係に還元して表現するまでもなく, いかなる権利関係につき審理判断するかについて明確さを欠くことはなく, また, 判決において, 端的に, 当事者間の紛争の直接的な対象である基本的法律行為たる遺言の無効の当否を判示することによって, 確認訴訟のもつ紛争解決機能が果たされることが明らかだからである。

以上説示したところによれば, 前示のような事実関係のもとにおける本件訴訟は適法というべきである。」

遺言の無効は, 確認の対象として不適切か
——従来の判例・学説の検討

本件の第一審および控訴審は, 遺言は売買と同様に一種の法律行為であって, 法律関係そのものではないのであるから, 遺言に基づく法律効果としての現在の法律関係の存否の確認を求めるならばともかく, 遺言それ自体の有効・無効の確認を求めることは許されない, という見解を採っていました。第一審判決に先立つ最判昭和41・4・12(民集20巻4号560頁)も, 売買契約の無効確認の訴えは不適法であり, 原告は, 売買契約が無効であることから生ずべき現在の権利または法律関係の確認を求めるべきである, としていました。これらは, 確認の訴えの対象は, 現在の権利または法律関係でなければならないという原

則に忠実な考え方といえます。

　他方，本判決当時の学説においては，過去の法律関係も確認の利益がある限り確認の対象となる，という見解が有力でした。また，本判決前後の最高裁判決にも，過去の法律関係であっても，それを確認することが現存する紛争の解決のために適切かつ必要である場合には，確認の対象となる，としたものがありました（最大判昭和45・7・15民集24巻7号861頁［百選〔5版〕A9］は，子の死亡後に親子関係の確認を求める訴えについて，最判昭和47・11・9民集26巻9号1513頁［百選〔5版〕A10］は，学校法人の理事会決議の無効確認を求める訴えについて，それぞれ確認の利益を認めています）。

　遺言無効確認の訴えを不適法とした判例としては，最判昭和31・10・4（民集10巻10号1229頁）がありますが，その事案は，遺言者が生存中に，遺言で受遺者とした者に対して遺言の無効確認を求めたというものでした。最高裁は，過去の法律関係の存否は現在の法律関係の存否の前提問題であるにすぎないから，確認の対象にはならないという一般論を述べた後，本件の遺言無効確認の趣旨を遺贈の法律効果としての法律関係の不存在の確認と理解したとしても，遺贈は遺言者の生存中はなんらの法律関係を発生させることもないので，本件訴えは不適法であるとしています。つまり，原告と被告の間には遺言の有効・無効を確認することによって解決すべき紛争はいまだ生じていないから，遺言無効確認の訴えは不適法であるとしたものです。ここで問題になっているのは，確認の対象の適切性というよりも，後で検討する即時確定の必要性であるように思われます。

遺言無効確認の訴えが許容されたのはなぜか
——本件の検討

　本件のように，遺言者の死後に共同相続人間で遺言の効力が争われている場合には，原告・被告間に解決を要する紛争が現に生じているので，原告が確認の訴えを提起する必要は認められます。問題は，この場合の確認の対象を，遺言が有効であるとすれば生じるであろう現在の法律関係の不存在とすべきかどうかです。本判決は，あえてそうする必要はない，としました。その理由として「判決において，端的に，当事者間の紛争の直接的な対象である基本的法律行為たる遺言の無効の当否を判示することによって，確認訴訟のもつ紛争解決

機能が果たされることが明らか」であることを挙げています。

　ここでいう「確認訴訟のもつ紛争解決機能」は，本件では以下のようなこと をいうと考えられます（関連する民法の条文は，平成 30 年相続法改正後のものです）。

　A の遺言を有効または無効と判示する判決が確定すれば，当事者である X らおよび Y らはその判断に拘束されます。遺言が有効とされれば，1 人の共同 相続人（Y₁ としておきましょう）が受遺者として遺産のすべてを承継します。遺 留分を侵害されたと主張する共同相続人は，Y₁ に対して請求をすることにな ります（民 1046 条）。遺言が無効とされれば，他に有効な遺言がない限り，共 同相続人は法定相続分に応じてまずは協議で遺産を分割し，協議で分割するこ とができないときは家庭裁判所の審判[2]で分割することになります（民 907 条）。

　X らが上告理由で主張するところによれば，X らは昭和 38 年 2 月 22 日に Y らを相手方として大分家庭裁判所に遺産分割調停の申立てをし，遺留分減殺の 意思表示も行いましたが，調停は不調に終わったため，同裁判所で遺産分割審 判の手続が開始され，係属中であるということです。本件の差戻しを受けた第 一審が遺言の有効・無効の判断をし，それが確定すれば，当事者間の長年の懸 案であった遺産分割や所有権移転登記をすることができるようになるという状 況でした。

　本判決は，X らは本来であれば「遺言が有効であるとすれば，それから生ず べき現在の特定の法律関係が存在しないことの確認」を求めるべきであるとし ているようにみえます。そうした確認請求として考えられるのは，「Y₁ が遺産 のすべてについて単独では所有権を有していないことの確認」です。しかし X らの主張によれば，本件遺言で受遺者とされた共同相続人の 1 人がだれかは明 らかではないのですから，受遺者を Y₁ と特定した請求をすることができるの

2）　ここでいう「審判」は，「家事審判」，すなわち，家庭裁判所が行う家事事件につい ての裁判のことです（家事 1 条・73 条）。裁判所が扱う事件の中には，訴訟事件のほ か，**非訟事件**というものがあり，家事事件は非訟事件の一種です。判例（最大決昭和 40・6・30 民集 19 巻 4 号 1089 頁［百選［5 版］2］（夫婦の同居），最大決昭和 40・ 6・30 民集 19 巻 4 号 1114 頁（婚姻費用の分担），最大決昭和 41・3・2 民集 20 巻 3 号 360 頁（遺産分割））によれば，訴訟事件の裁判が，実体的権利義務の存否を既判 力をもって確定するものであるのに対し，非訟事件の裁判は，実体的権利義務が存在 することを前提として，その具体的内容を裁判所が裁量権を行使して形成するもので す。非訟事件の裁判で実体的権利義務の存否についての判断を行ったとしても，その 判断に既判力は生じないとされています。

か，という問題があります。それでは，「共同相続人のうちのだれも，遺産のすべてについて単独では所有権を有していないことの確認」でしょうか。論理的にはそうなるかもしれませんが，回りくどい。「本件遺言が無効であることの確認」のほうが直接的で，審理・判断の対象も明確です。さらに，遺言の無効を前提として「Xらが，遺産のすべてについて法定相続分の割合に応じた共有持分権を有することの確認」を求めることも考えられますが，この請求を認める判決が確定しても，その理由である本件遺言の無効について既判力が生じるわけではありません（判決理由中の判断には，相殺の場合を除いて既判力は生じません。114条。⇒第15講）。そのためY₁が，「本件遺言は有効であり，自分が遺産のすべてを遺贈された」と主張して遺産分割に応じない可能性もあります。

このように考えてくると，Xらにとっては，本件遺言の無効確認こそが，紛争を解決するうえで最も適切な請求であったといえます。本件は，「現在の権利または法律関係の個別的な確定が必ずしも紛争の抜本的解決をもたらさず，かえって，これらの権利または法律関係の基本となる法律関係を確定することが，紛争の直接かつ抜本的な解決のため最も適切かつ必要と認められる場合」（前掲最判昭和47・11・9）であったように思われます。

遺言無効確認の訴えが不適法とされた例 ——即時確定の必要性を欠く場合

確認の訴えが**即時確定の必要性**を欠く場合にも，確認の利益は否定されます。即時確定の必要性は，①原告の法的地位に現実的な危険・不安があり，かつ，②原告の法的地位が法的保護に値するほど現実的なものである場合に，認められます。

遺言者が生存中に受遺者に対してみずからのした遺言の無効確認を求める訴えは，①の要件を欠く場合といえます。遺言者の生存中は，遺贈は効力を生じておらず，遺言者はその意思によりいつでも遺言を撤回することができるからです（前掲最判昭和31・10・4）。また，被相続人の生存中に推定相続人が提起した，被相続人の所有する不動産の売買契約の無効確認の訴えは，②の要件を欠く場合といえます。被相続人の生存中は，推定相続人は将来被相続人の権利義務を包括的に承継することの期待権を有するにすぎず，被相続人の個々の財産に対して権利を有しているわけではないからです（最判昭和30・12・26民集9巻

14 号 2082 頁）。

　それでは，遺言者の生存中にその推定相続人が遺言無効確認の訴えを提起した場合には，即時確定の必要性は認められるでしょうか。次の判例を読んで考えてみましょう。

◇［2］最判平成 11 年 6 月 11 日
　　　　　　　　　家月 52 巻 1 号 81 頁 ［百選〔5 版〕26］

事実の概要

　X（原告・控訴人・被上告人）は，Y$_1$（被告・被控訴人・上告人）の養子であり（養子縁組がされたのは昭和 17（1942）年です），Y$_1$ の唯一の推定相続人です。Y$_1$ は，昭和 63（1988）年頃から認知症の症状があらわれていましたが，平成元（1989）年 12 月に，Y$_1$ の甥である Y$_2$（被告・被控訴人・上告人）に，Y$_1$ の所有する不動産の持分 100 分の 55 を遺贈するという内容の公正証書遺言（以下「本件遺言」といいます）をしました。平成 2 年に，Y$_1$ はアルツハイマー型老人性認知症と診断され，平成 5 年 3 月に禁治産宣告（現行法の後見開始の審判[3]に相当）を受けて，Y$_2$ が Y$_1$ の後見人に選任されました。

　X は，Y$_1$ および Y$_2$ に対して，本件遺言は Y$_1$ の意思能力を欠いた状態で，かつ，公正証書遺言の方式に違反して作成されたと主張して，本件遺言の無効確認の訴えを提起しました。第一審は，X の訴えに確認の利益はないとして，訴えを却下しました（大阪地判平成 6・10・28 判タ 865 号 256 頁）。他方，控訴審は，X の訴えは適法であるとし，第一審判決を取り消して，本件を第一審に差し戻しました（大阪高判平成 7・3・17 判タ 873 号 298 頁）。

　これに対して Y$_1$・Y$_2$ が上告しました。

3）　後見開始の審判（民 7 条）は，裁判所が私人の法律関係に後見的に介入して裁量に基づく判断を行うものであり，二当事者対立構造を予定しません。かつては，非訟事件といえばこうした事件のことだといわれていました。その後，訴訟事件であっても裁判所の裁量的な判断を必要とするものは非訟事件として扱う傾向（「**訴訟事件の非訟化**」と呼ばれています）が生じ，実質は訴訟事件であるものが非訟事件とされるようになりました。遺産分割や夫婦の同居はそうした事件にあたり，訴訟事件と同様に二当事者が対立する構造をとっています。

░░░░░░░░░░░░░░░░░░░░░░░░ **判　旨** ░░░░░░░░░░░░░░░░░░░░░░░░

原判決破棄，控訴棄却。

「1　本件において，Xが遺言者であるY₁の生存中に本件遺言が無効である
ことを確認する旨の判決を求める趣旨は，Y₂が遺言者であるY₁の死亡により
遺贈を受けることとなる地位にないことの確認を求めることによって，推定相
続人であるXの相続する財産が減少する可能性をあらかじめ除去しようとす
るにあるものと認められる。

2　ところで，遺言は遺言者の死亡により初めてその効力が生ずるものであ
り（民法985条1項），遺言者はいつでも既にした遺言を取り消すことができ
（同法1022条），遺言者の死亡以前に受遺者が死亡したときには遺贈の効力は
生じない（同法994条1項）のであるから，遺言者の生存中は遺贈を定めた遺
言によって何らかの法律関係も発生しないのであって，受遺者とされた者は，
何らかの権利を取得するものではなく，単に将来遺言が効力を生じたときは遺
贈の目的物である権利を取得することができる事実上の期待を有する地位にあ
るにすぎない（最高裁昭和30年（オ）第95号同31年10月4日第一小法廷判
決・民集10巻10号1229頁参照）。したがって，このような受遺者とされる者
の地位は，確認の訴えの対象となる権利又は法律関係には該当しないというべ
きである。遺言者が心神喪失の常況にあって，回復する見込みがなく，遺言者
による当該遺言の取消し又は変更の可能性が事実上ない状態にあるとしても，
受遺者とされた者の地位の右のような性質が変わるものではない。

3　したがって，Xが遺言者であるY₁の生存中に本件遺言の無効確認を求め
る本件訴えは，不適法なものというべきである。」

確認の利益の判断基準
——第一審判決・控訴審判決・本判決の比較

第一審判決は，Xが本件訴えによって保護を求めているのは，遺言者である
Y₁が死亡したときに本件遺言による遺贈に基づく法律関係がない，というX
の利益または法律的地位であるとします。そのうえで，次のように述べます。

遺言は，遺言者においていつでもこれを取り消すことができるだけでなく，
遺言発効当時，受遺者が必ず生存しているとはいえないので，Xの上記利益な

いし地位は将来のものである。これを現在保護する必要はない。本件は，Xの有する権利または法的地位に危険または不安が生じ，これを除去するために確認判決を得ることが必要かつ適切な場合であるとはいえない。

　控訴審判決は，第一審判決と同様の考え方をとりつつ，次のように述べます。

　本件においては，Y₁が生存中に本件遺言の取消し・変更をする可能性がないことは明白である。このような場合には，遺言者の生存中であっても，例外的に遺言の無効確認を求めることができるとするのが，紛争の予防のために必要かつ適切と解すべきである。

　これに対して本判決は，Xは，受遺者であるY₂が遺言者であるY₁の死亡により遺贈を受けることとなる地位にないことの確認を求めることによって，推定相続人であるXの相続する財産が減少する可能性をあらかじめ除去しようとしたのだ，とします。そして，前掲最判昭和31・10・4を引用して，遺言者の生存中は，受遺者は，単に将来遺言が効力を生じたときは遺贈の目的物である権利を取得することができる事実上の期待を有する地位にあるにすぎない，とし，このような受遺者の地位は，確認の訴えの対象となる権利または法律関係には該当しない，と述べています。

　第一審判決も本判決も確認の利益を否定していますが，その理由は異なります。すなわち，第一審判決は，本件が，Xの権利または法的地位に危険または不安が生じ，これを除去するために確認判決を得ることが必要かつ適切である場合ではないことを挙げていました。即時確定の必要性のうちの①原告の法的地位に現実的な危険・不安があること，が欠けているというものです。他方，本判決は，Xがその不存在の確認を求めた受遺者の地位が，確認対象としての適切性を欠く，としました。学説には，本判決のこの理由づけに疑問を提起し，推定相続人であるXの地位が保護に値しないことを問題にすべきであった，とする見解もあります（野村・後掲参考文献②58頁，同・民事訴訟法判例研究（信山社，2002年）284頁以下，山本弘「演習」法教252号（2001年）163頁）。この見解は，本件を，即時確定の必要性のうちの②原告の法的地位が法的保護に値するほど現実的なものであること，を欠く事例ととらえており，被相続人の生存中は推定相続人には法的保護に値する地位はない，とした前掲最判昭和30・12・26と整合的な考え方であるように思われます。

70

─参考文献─────────────────────────────

① 柴田保幸・最判解民昭和 47 年度 300 頁

② 野村秀敏「訴えの利益」長谷部由起子＝山本弘＝笠井正俊編著『基礎演習
民事訴訟法〔第 3 版〕』（弘文堂，2018 年）48 頁

┌─■ 課 題 ──────────────────────────┐

　A は，2018 年 12 月 1 日に，A 所有の土地甲を友人 B に遺贈する旨の遺言
（遺言①）を自筆証書の方式で行い，2020 年 3 月 8 日に亡くなりました。

　遺言①で遺言執行者は指定されていなかったので，A の唯一の相続人であ
る C（A の配偶者）が，2020 年 10 月 1 日に土地甲について B 宛てに所有権
移転登記をし，B への引渡しも済ませました。

　2020 年の暮れに，C は，A がもう 1 通の自筆証書によって遺言をしてい
たことを知りました。遺言書の日付は 2020 年 2 月 20 日で，その内容は，土
地甲を A の甥である D に遺贈するというものでした（遺言②）。C からこの
ことを聞いた D は，B に対して，「遺言②によって遺言①は撤回された（民
1023 条 1 項）。土地甲を所有するのは B ではなく，自分である」と主張し，
土地甲について D 宛てに所有権移転登記をするように求めました。

　B が遺言②の効力を争い，D に対して確認の訴えを提起する場合の確認の
利益に関して，以下の問題を検討しましょう。

　(1) B には，法的保護に値する権利または地位があるといえるでしょう
　　　か。

　(2) B の法的地位に現実的な危険・不安があるといえるでしょうか。

　(3) 確認の対象は，「遺言②の無効確認」と「土地甲についての B の所有
　　　権の確認」のどちらがより適切でしょうか。

└──────────────────────────────┘

▌第 7 講▐

将来の権利・法律関係を対象とする確認の訴え・給付の 訴えが許容されるのはどのような場合か

── 確認の訴えにおける即時確定の必要性・将来の給付の訴えの利益

[1] 東京地判平成 19・3・26 判時 1965 号 3 頁［百選〔5 版〕28］
[2] 最大判昭和 56・12・16 民集 35 巻 10 号 1369 頁［百選〔5 版〕22］

▶キーワード　将来の権利・法律関係の確認，即時確定の利益，
　　　　　　　将来の給付の訴え

◥◣ 将来の権利・法律関係

　過去の権利または法律関係の確認を求める訴えについて，どのような場合に確認の利益が認められるかが問題とされるように（⇒第 6 講），**将来の権利または法律関係を対象とする確認の訴えや給付の訴え**についても，どのような場合に訴えの利益が認められ，本案判決がされるかが問題になります。

　「**将来の権利または法律関係**」とは，現在はまだ存在していないけれども，将来のある時点では存在することが予想される権利または法律関係をいいます。具体的には，賃貸借契約に基づく賃料債権がこれにあたります。賃貸人が賃借人に対して，たとえば毎月末に 10 万円の賃料を請求できるという債権（基本債権）はすでに存在しますが，具体的な賃料債権（支分債権）は月ごとに発生し，月末にならなければ請求することができません。また，賃貸借契約が解除により終了すれば，それ以後，賃料債権は発生しないことになります。

　このように，将来の権利または法律関係は，まだ存在していないことにくわえ，将来発生するかどうかも確実ではありません。発生するまで待って，「現在の権利または法律関係」として，確認の訴えや給付の訴えを提起するのがよいとも考えられます。他方で，それでは遅い，将来発生すべき権利または法律関係であっても，確認判決や給付判決を必要とする場合はある，という議論も考えられます。

　以下では，後者の考え方に立って，関連する判例を検討していきましょう。考察のポイントは，①まだ発生していない権利または法律関係をめぐって，現

在，原告の法的地位にどのような危険が生じているのか，②原告の法的地位に対する危険を除去するために確認判決や給付判決が必要なのはなぜか，③確認判決や給付判決によって，当事者間の紛争はどのように解決されるのか，です。

将来の法律関係の確認を求める利益を肯定した例

◇ [1] 東京地判平成 19 年 3 月 26 日
判時 1965 号 3 頁〔百選〔5 版〕28〕

事実の概要

X ら（原告）は，損害保険会社である Y（被告）のリスクアドバイザー（以下「RA」といいます）として勤務しています。RA は，顧客との間で保険契約の締結，保険料の領収等の保険募集に従事する外勤の正規従業員であり，勤務形態や給与体系の点で，内勤の従業員とは異なる職種とされていました。

平成 17 年 10 月 7 日に，Y は X らに対し，RA 制度を平成 19 年 7 月までに廃止する提案を通知しました。この提案によれば，RA 制度の廃止後，RA であった従業員は，退職して代理店を開業するか，職種を変更して引き続き Y に雇用されるか，退職して新しい仕事を自己開拓するか，いずれかの道を選択すべきものとされていました。

これに対して X らは，RA 制度の廃止は，X らと Y の間の労働契約に違反し，かつ，RA の労働条件を合理性・必要性がないのに不利益に変更する無効なものであると主張して，X らが平成 19 年 7 月 1 日以降も RA の地位にあることの確認を求める訴えを提起しました。

Y は，本件訴えには確認の利益がないと主張しました。すなわち，本件訴えが将来における法律関係の確認を求めている点において，**確認訴訟の対象としての適格性を欠いている**と主張し，また，RA 制度廃止後の X らの労働条件は未確定であり，協議の進展次第で X らとの争訟が生じないまま解決する可能性もあるので，現時点で**即時確定の利益**を肯定すべき理由はないと主張しました。

裁判所は，Y のこれらの主張を認めず，本件訴えには確認の利益があるとしました。

請求認容。

確認対象の選択の適否

「将来の法律関係の確認を求めることは，通常は，発生するか否かが不確定な法律関係の確認を求めることにほかならず，現在における紛争解決の方法として適切ではない場合が多いといえよう。その意味で，確認の訴えにおける確認対象は，原則として，現在の権利又は法律関係であるのが通常である。しかし，将来の法律関係であっても，発生することが確実視できるような場合にまで，確認の訴えを否定するのは相当ではない。すなわち，権利又は法律的地位の侵害が発生する前であっても，侵害の発生する危険が確実視できる程度に現実化しており，かつ，侵害の具体的発生を待っていたのでは回復困難な不利益をもたらすような場合には，将来の権利又は法律関係も，現在の権利又は法律関係の延長線上にあるものということができ，かつ，当該権利又は法律的地位の確認を求めることが，原告の権利又は法律的地位に対する現実の不安・危険を除去し，現に存する紛争を直接かつ抜本的に解決するため必要かつ最も適切であると考えることができる。そのような場合には，確認訴訟が有する紛争の予防的救済機能を有効かつ適切に果たすことができるといえるので，将来の権利又は法律関係であっても，確認の対象として許容する余地があるというべきである。」

即時確定の利益

「一般的には，将来の権利又は法律関係の確認を求める場合には，仮に，現時点で被告が原告らの将来の権利又は法律関係を否定する言動をしているとしても，それによる危険が現実化，具体化するのは将来であり，現時点で当該権利又は法律関係の確認を求める必要性を欠くことが多いといえよう。しかしながら，現時点における被告の言動や態度から，原告らの権利者としての地位に対する危険が現実化することが確実であると認められる場合には，当該権利又は法律関係の存否につき判決により早急に確認する必要性があり，即時確定の利益を肯定するのが相当である。」

本件訴えについての確認の利益の有無

「現時点におけるＹの RA 制度廃止に対する揺るぎない姿勢を前提にする限

り，Xらが本訴提起のような対抗措置をとらなければ，Yが計画どおりに平成19年6月30日限りでRA制度を廃止し，同年7月1日以降，XらがRAとしての地位を失うことは確実であると認めることができる。そして，RAとしての地位をXらが失うことにより，Xらは，それまで積み上げてきた顧客との契約関係あるいは人的つながりを失い，事後に廃止の無効による地位確認等が認められても回復の困難な事態を招来することも十分に考えられるところである。

以上からすると，YがRA制度廃止を言明している時期まであと5か月ほどを残すのみである現時点（口頭弁論終結時）において，Xらには，平成19年7月1日以降のRAとしての地位について危険及び不安が存在・切迫し，それをめぐってYとの間に生じている紛争の解決のため，判決により当該法律関係の存否を早急に確認する必要性が高く，そのことが当該紛争の直接かつ抜本的な解決のため最も適切な方法であると認めることができる。また，仮に，Xらの確認請求を認容する判決がされた場合には，YにおいてもRA制度廃止の方針・内容につき再考する余地も期待することができ，RAの廃止をめぐる現在の紛争の解決のほか，廃止後の条件等をめぐる将来の紛争の予防にもつながる可能性が十分に認められる。そうだとすると，本件訴えは，確認対象の選択の点で不適切であるとはいえず，即時確定の利益についても欠けるところはないものというべきである。」

将来の権利または法律関係は，確認対象として適切か

Xらが本件訴えによって確認を求めているのは，Xらの「平成19年7月1日以降のRAとしての地位」です。現時点（口頭弁論終結時）では，「YがRA制度廃止を言明している時期〔平成19年6月30日〕まであと5か月ほどを残す」とされているので，Xらは，将来の時期における法律関係の確認を求めていることになります。

本判決は，将来の法律関係は，通常は，発生するか否かが不確定な法律関係であり，その確認を求めることは，現在における紛争解決の方法として適切ではない場合が多い，という一般論を述べたうえで，将来の法律関係であっても，発生することが確実視できるような場合には，確認の対象となるとしています。その理由としては，①確認の訴えにおける確認対象は，原則として，現在の権利または法律関係であるけれども，発生することが確実視できる将来の権利ま

たは法律関係は，現在の権利または法律関係の延長線上にあるといえること，②そのような権利または法律的地位の確認を求めることが，原告の権利または法律的地位に対する現実の不安・危険を除去し，現に存する紛争を直接かつ抜本的に解決するため必要かつ最も適切であること，③そのような場合には，確認訴訟が有する紛争の予防的救済機能を有効かつ適切に果たすことができることを指摘しています。ここでいう「確認訴訟が有する紛争の予防的救済機能」とは，次のようなことであると考えられます。

　たとえば，AとBがAの占有する甲土地の所有権をめぐって争っているとしましょう。Aは，甲土地上の建物を改築してラーメン店を開業しようとしていますが，開業後にBが甲土地の所有権を主張してくるかもしれないと思うと，計画を進めることができません。この状況は，AがBに対して甲土地の所有権の確認を求める訴えを提起し，確認判決を得ることによって解消されます。確認判決によって，将来生じることが予想される紛争が解決されれば，Aは，甲土地に代わる土地を探すなどのコストを負担することなく，目的を達することができるのです。以上は，所有権以外の権利（例，賃借権，特許権）の存否をめぐる争いにもあてはまります。

本件訴えについて，即時確定の利益は認められるか

　本判決は，「現時点における被告の言動や態度から，原告らの権利者としての地位に対する危険が現実化することが確実であると認められる場合には，……即時確定の利益を肯定するのが相当である」と述べ，本件訴えについても，以下の理由から即時確定の利益が認められるとしています[1]。

　Yは，RA制度廃止に対して揺るぎない姿勢を堅持しており，Xらが本訴提起のような対抗手段をとらなければ，Yが計画どおりに平成19年6月30日限りでRA制度を廃止し，同年7月1日以降，XらがRAとしての地位を失うことは確実である。Xらとしては，RA制度の廃止後にその無効を主張し，RAとしての地位の確認を求めることもできるけれども，それでは十分ではない。なぜなら，Xらは，RAとしての地位を失うことにより，それまで積み上げてき

---

[1]　ここでの「即時確定の利益」は，「即時確定の必要性」（⇒第6講）と同じ内容のものです。

た顧客との契約関係あるいは人的つながりを失い，事後に RA としての地位確認が認められても，回復が困難な事態となることも十分に考えられるからである。

X らの将来の RA としての地位を確認する判決によって，現在の紛争はどのように解決されるか

以上から，現時点において，X らが将来 RA としての地位を失うという現実的な危険が生じており，これを除去するためには，判決によって X らの「平成 19 年 7 月 1 日以降の RA としての地位」を確認する必要があることは明らかになったように思います。残る問題は，X らの請求を認容する判決がされた場合，X らと Y の間の紛争はどのように解決されるのか，です。

この点について本判決は，X らの確認請求を認容する判決がされた場合には，Y においても RA 制度廃止の方針・内容につき再考する余地も期待することができ，RA 制度の廃止をめぐる現在の紛争の解決のほか，廃止後の条件等をめぐる将来の紛争の予防にもつながる可能性があることを指摘しています。それは，本判決が X らの請求を認容する理由において次のように述べているからです。

RA 制度の廃止により X らは，転勤がないことについての保障がなくなり，収入の将来的な不安定が予想されるなどの不利益を被る。そうだとすると，Y が X らに提示した新たな労働条件の内容をもってしては，RA 制度を廃止して X らの職種を変更することにつき正当性があるとの立証がされているとはいえない[2]。

本判決は，Y に，X らの職種変更を行うにあたって X らにより有利な内容の労働条件を提示することを迫っています。本判決を契機として，X らと Y が RA 制度廃止の当否だけでなく，X らの職種変更後の労働条件についても交渉を進めることが期待されます。

将来の給付の訴えの許容性

口頭弁論終結時までに履行すべき状態になっていない権利（例，確定期限また

---

2) 理由の詳細については，判時 1965 号 22 頁を参照してください。

は停止条件の付された権利，将来発生すべき権利）を対象とする給付の訴え（これを「将来の給付の訴え」といいます）がどのような場合に認められるかについても，基本的には，将来の法律関係の確認の訴えについてと同様の判断枠組みがあてはまります。ただし，将来の給付の訴えについては，以下の 2 点に留意する必要があります。

　第 1 に，民訴法 135 条は，将来の給付の訴えを提起しうる場合を「あらかじめその請求をする必要がある場合」に限定しています。教科書の記述によれば，これに該当するのは，①被告が現在すでに義務の存在や内容を争っているなど，義務が履行されるべき状態になっても被告による任意の履行が期待できない事情がある場合，および②定期行為（民 542 条 1 項 4 号）のように，履行が遅れると債務の本旨にかなった給付にならない場合や，扶養料の請求のように，履行遅滞による損害が重大な場合だといわれています。①は，将来，履行すべき請求権について，現在すでに当事者間に争いがある場合であり[3]，②は，給付義務の性質上，給付判決によって適時の履行を確保する必要がある場合だといえます。

　第 2 に，将来の給付の訴えにおいて給付判決がされると，それに基づいて**強制執行**がされることです。給付判決には，そこに掲げられている給付義務を強制執行手続によって実現する効力（**執行力**）が認められているのです[4]。給付判決に基づいて強制執行が開始されるまでの手続は，以下のとおりです。

　確定した給付判決または仮執行の宣言（259 条）の付された給付判決[5]を得た原告が，これらに基づいて強制執行を実施するためには，原則として，執行文の付与（民執 26 条・27 条）を受ける必要があります（民執 25 条本文）[6]。給付請

---

3)　後述する継続的不法行為に基づく将来の損害賠償請求権は，①の類型とされています。

4)　執行力には，**狭義の執行力と広義の執行力**の区別があり，ここでいう「執行力」は狭義の執行力です。執行力については，第 0 講および第 16 講を参照してください。

5)　これらの給付判決は，「**債務名義**」と呼ばれます。債務名義は，原告の給付請求権の存在・内容を表示した文書で，これに基づいて強制執行をすることができるものです。給付判決を含む債務名義の種類については，民事執行法 22 条を参照してください。

6)　執行文は，債務名義の執行力の存在と範囲を公証する文書であり，債務名義の正本の末尾に付記する方法で付与されます（民執 26 条 2 項）。ただし，執行を簡易・迅速に実施するために，執行文の付与が必要とされない場合もあります（民執 25 条ただし書）。

求権に確定期限が付されている場合には，執行文[7]の付与を受けたうえで，その期限が到来すれば強制執行が開始されます（民執30条1項）。給付請求権に停止条件や不確定期限が付されている場合には，条件の成就や期限の到来を証明する文書を提出して，執行文[8]の付与を受けることになります（民執27条1項）。

　強制執行のことを考えると，給付判決をしてよいかどうかが問題になる給付請求権として，**継続的不法行為に基づいて将来発生すべき損害賠償請求権**があります。たとえば，工場騒音を理由として被告に対して月額5万円の損害賠償を命じた確定判決があり，これに基づいて強制執行が開始されたとしましょう。

　強制執行の開始後に被告が工場内に防音装置を設置した結果，発生する騒音が抑えられ，損害額は月額5万円を下回るようになることも考えられます。この場合に，強制執行の範囲を「月額2万円の損害賠償」の範囲に縮小したり，強制執行を停止したりするには，義務者である被告の側で**請求異議の訴え**（民執35条）を提起する必要があるとされています。

　そうだとしても，義務者に請求異議の訴えを提起する負担を課することが不当な場合には，給付判決を行うべきではない，損害額が確定したところで権利者が現在の給付の訴えを提起するべきである，という考え方があります。次の判例は，航空機騒音を理由とする将来の損害賠償請求について，そのような考え方を採ったものです。

◇［2］最大判昭和56年12月16日

民集35巻10号1369頁［百選〔5版〕22］

事実の概要

　大阪国際空港周辺の住民であるＸら（原告・控訴人＝被控訴人・被上告人）は，同空港の設置・管理主体であるＹ（国。被告・被控訴人＝控訴人・上告人）に対して，夜間の航空機の発着の差止め，過去の損害賠償および将来の損害賠償を求める訴えを提起しました。将来の損害賠償請求について，第一審は請求を棄却

7）　この執行文は，「単純執行文」と呼ばれます。
8）　この執行文は，「条件成就執行文」と呼ばれます。

しましたが，控訴審は，「X らと Y との間において，……航空機の減便等の運航規制についての合意が成立するまで」1 人 1 か月 1 万円，それ以後は 1 人 1 か月 6000 円の損害賠償を命じました。

　これに対して，Y が上告しました。

判　旨

原判決破棄，第一審判決取消し，自判（訴え却下）

　「民訴法 226 条［現行 135 条］はあらかじめ請求する必要があることを条件として将来の給付の訴えを許容しているが，同条は，およそ将来に生ずる可能性のある給付請求権のすべてについて前記の要件のもとに将来の給付の訴えを認めたものではなく，主として，いわゆる期限付請求権や条件付請求権のように，既に権利発生の基礎をなす事実上及び法律上の関係が存在し，ただ，これに基づく具体的な給付義務の成立が将来における一定の時期の到来や債権者において立証を必要としないか又は容易に立証しうる別の一定の事実の発生にかかっているにすぎず，将来具体的な給付義務が成立したときに改めて訴訟により右請求権成立のすべての要件の存在を立証することを必要としないと考えられるようなものについて，例外として将来の給付の訴えによる請求を可能ならしめたにすぎないものと解される。このような規定の趣旨に照らすと，継続的不法行為に基づき将来発生すべき損害賠償請求権についても，例えば不動産の不法占有者に対して明渡義務の履行完了までの賃料相当額の損害金の支払を訴求する場合のように，右請求権の基礎となるべき事実関係及び法律関係が既に存在し，その継続が予測されるとともに，右請求権の成否及びその内容につき債務者に有利な影響を生ずるような将来における事情の変動としては，債務者による占有の廃止，新たな占有権原の取得等のあらかじめ明確に予測しうる事由に限られ，しかもこれについては請求異議の訴えによりその発生を証明してのみ執行を阻止しうるという負担を債務者に課しても格別不当とはいえない点において前記の期限付債権等と同視しうるような場合には，これにつき将来の給付の訴えを許しても格別支障があるとはいえない。しかし，たとえ同一態様の行為が将来も継続されることが予測される場合であっても，それが現在と同様に不法行為を構成するか否か及び賠償すべき損害の範囲いかん等が流動性をもつ今後の複雑な事実関係の展開とそれらに対する法的評価に左右されるなど，

損害賠償請求権の成否及びその額をあらかじめ一義的に明確に認定することができず，具体的に請求権が成立したとされる時点においてはじめてこれを認定することができるとともに，その場合における権利の成立要件の具備については当然に債権者においてこれを立証すべく，事情の変動を専ら債務者の立証すべき新たな権利成立阻却事由の発生としてとらえてその負担を債務者に課するのは不当であると考えられるようなものについては，前記の不動産の継続的不法占有の場合とはとうてい同一に論ずることはできず，かかる将来の損害賠償請求権については，冒頭に説示したとおり，本来例外的にのみ認められる将来の給付の訴えにおける請求権としての適格を有するものとすることはできないと解するのが相当である。」

　「本件についてこれをみるのに，将来の侵害行為が違法性を帯びるか否か及びこれによってXらの受けるべき損害の有無，程度は，Xら空港周辺住民につき発生する被害を防止，軽減するため今後Yにより実施される諸方策の内容，実施状況，Xらのそれぞれにつき生ずべき種々の生活事情の変動等の複雑多様な因子によって左右されるべき性質のものであり，しかも，これらの損害は，利益衡量上被害者において受忍すべきものとされる限度を超える場合にのみ賠償の対象となるものと解されるのであるから，明確な具体的基準によって賠償されるべき損害の変動状況を把握することは困難といわなければならないのであって，このような損害賠償請求権は，それが具体的に成立したとされる時点の事実関係に基づきその成立の有無及び内容を判断すべく，かつまた，その成立要件の具備については請求者においてその立証の責任を負うべき性質のものといわざるをえないのである。」

本判決の考え方

　本判決は，大阪国際空港周辺住民が被っている航空機騒音を理由とする損害賠償請求権について，「将来の給付の訴えにおける請求権としての適格」（請求適格）を否定しました。その論理は，以下のとおりです。

　（1）将来の給付の訴えの対象は，期限や条件が付いている給付請求権のように，すでに権利発生の基礎をなす事実上および法律上の関係が存在し，ただ，これに基づく具体的な給付義務の成立が将来における一定の時期の到来や債権者において立証を必要としないかまたは容易に立証しうる別の一定の事実の発

生にかかっているにすぎないものに限定されている。将来具体的な給付義務が成立したときに，訴訟により当該請求権が成立するためのすべての要件の存在を立証することが必要なものは，将来の給付の訴えの対象にはならない。

　(2)　継続的不法行為に基づき将来発生すべき損害賠償請求権であっても，将来の給付の訴えの対象となるものはある。それは，たとえば，不動産の不法占有者に対して明渡義務の履行完了までの賃料相当額の損害金の支払を訴求する場合である。この場合には，①損害賠償請求権の基礎となるべき事実関係および法律関係がすでに存在し，その継続が予測されるとともに，②当該請求権の成否およびその内容につき債務者（給付義務者）に有利な影響を生ずるような将来における事情の変動が，債務者による占有の廃止，新たな占有権原の取得等のあらかじめ明確に予測しうる事由に限られており，③そうした事情の変動を請求異議の訴えにより立証する負担を債務者に課しても格別不当とはいえない点において，(1)の期限付債権等と同視することができる。

　(3)　本件の損害賠償請求権を不動産の継続的不法占有の場合と同一に論ずることはできない。なぜならば，本件の損害賠償請求権は，①の要件を満たしていても，②' 将来の侵害行為が受忍限度を超えるものとして違法とされるかどうか，およびＸらの受ける損害の有無，程度が複雑多様な因子によって左右されるべき性質のものであり，損害賠償請求権の成否，内容についての将来の事情の変動を把握することは困難であるから，③' 将来における事情の変動（例，Ｙが実施した騒音対策により，騒音被害が防止・軽減されたこと，空港周辺住民が転居したこと）をＹが請求異議の事由として立証すべきものとするのは，不当であると考えられるからである。

◥　反対意見の考え方

　本判決には，団藤重光裁判官の反対意見が付されています。団藤裁判官は，請求権発生の基礎となるべき事実関係が継続的な態様においてすでに存在し，しかも将来にわたって確実に継続することが認定される場合には，具体的事案に応じて，将来の給付の訴えが認められるべきであるとし，本件について以下のように述べています。

　過去の損害賠償について原判決が認定したＸら各自の最小限度の被害の発生は，特別の事態が起こらない限り，将来，当分の間，確実に継続するであろ

うことは常識的に是認されうる。そうした最小限度の被害の発生が確実に継続するものと認められる期間を控え目にみて，その終期を定めてYに損害賠償を命じるならば，その期間内に特別の事態が生じた場合にYに請求異議の訴えによって救済を求めさせることにしても，Yに不当に不利益を課することにはならないというべきである。

本判決後の議論

本判決後も，航空機騒音を理由とする損害賠償請求権は将来の給付の訴えの請求適格を欠くとした判例が続いています（最判平成5・2・25民集47巻2号643頁，最判平成5・2・25判時1456号53頁，最判平成19・5・29判時1978号7頁，最判平成28・12・8判時2325号37頁など）。他方，学説においては，団藤裁判官の反対意見のように，一定の期間を定めて将来の損害賠償を命じるべきであるとする見解が有力です。

本件において，訴訟の基準時（事実審の口頭弁論終結時）において認められた損害が将来も継続するかどうかが不確実であることは，本判決が指摘するとおりです。しかし，給付判決をすることができないとすると，Xらは受忍限度を超える騒音が一定期間継続した後に，過去の損害賠償請求の訴えを提起しなければなりません。このような解決法と，一定の期間を定めて将来の損害賠償を命じ，この間に損害額が変動した場合には，被告による請求異議の訴え（減額の場合）または原告による追加請求の訴え（増額の場合）を認めるという解決法と，どちらが当事者間の衡平にかなっているか，考えてみてください。

課 題

上記の問題を考えるにあたっては，継続的不法行為に基づく将来の損害賠償請求権について給付判決が認められるとすると，被告の側はどのような負担を負うことになるのかも，考慮する必要があります。

まず考えられるのは，損害賠償請求権を縮小させる将来の事情の変動（例，空港を発着する航空機の便数の減少，原告住民の転居）が生じたときには，そのことを主張して請求異議の訴えを提起する負担（起訴責任）です。これには，そうした事情の変動が起きていないかを監視する負担も含まれます。

さらに，被告が請求異議の訴えを提起する場合の証明責任（⇒第12講）の

負担も考えられます。学説においては，被害を受けている空港周辺住民が過去の損害の賠償を求めて現在の給付の訴えを提起する場合には，受忍限度を超える騒音被害が生じていることについて住民が証明責任を負うのに対し，被告が請求異議の訴えを提起する場合には，住民の被害が受忍限度を超えないものになっていることについて被告が証明責任を負うことになる，という議論もあります。こうした証明責任の転換があるとすれば，なぜそれが正当化されるのかを考えなければなりません。

　難しい問題ですが，チャレンジしてみてください。

《**参考文献**》

高田裕成「将来の法律関係の確定を求める訴えとその判決の既判力」青山善充先生古稀祝賀『民事手続法学の新たな地平』（有斐閣，2009 年）184-185 頁

笠井正俊「確定判決についての請求異議事由の証明責任」同書 561 頁以下。

第8講

2つの事件が同時に係属することが禁じられる範囲はどこまでか ──二重起訴の禁止の趣旨と適用範囲

[1] 大阪高判昭和 62・7・16 判時 1258 号 130 頁［百選〔5 版〕37］
[2] 最判平成 3・12・17 民集 45 巻 9 号 1435 頁［百選〔5 版〕38①］
[3] 最判平成 10・6・30 民集 52 巻 4 号 1225 頁［百選〔5 版〕38②］

▶キーワード　二重起訴（重複起訴）の禁止，反訴，手形訴訟，
　　　　　　既判力，相殺の抗弁

二重起訴（重複起訴）の禁止の趣旨

　すでに裁判所に係属している事件についてさらに訴えを提起することは，二重起訴あるいは重複起訴と呼ばれ，民事訴訟法 142 条によって禁止されています。その趣旨については，(1)被告が二重に応訴を強いられることの負担・迷惑，(2)審理が重複し，司法資源が無駄に使われることの不経済，(3)前訴と後訴で矛盾した判断がされるおそれ[1]が指摘されています。

　このうち(1)は，(2)や(3)のような公益を理由とするものではありません。被告が応訴してもかまわないというならば，あえて問題にするまでもないとも考え

---

1)　(3)については，「既判力抵触の可能性」，「矛盾した既判力ある判断がされるおそれ」，「既判力の矛盾抵触が生ずることの防止」といった表現が用いられることがあります（[1]判決から [3]判決を参照）。しかし，既判力の矛盾抵触は，前訴と後訴とで矛盾した判決がされて同時に確定したようなまれな場合でない限り，生じないといわれています。いずれか一方において先に判決が確定すれば，他方の裁判所はその既判力に拘束されて，矛盾のない判決がされるからです（その理由については，第 13 講【既判力の作用】を参照してください）。他方の裁判所が，すでに既判力ある判断が存在することを看過してそれと矛盾した判決をすることがあったとしても，当該判決は上訴または再審によって取り消されますから，既判力が矛盾抵触する状態は解消されることになります。
　　もっとも，それまでの間とはいえ，既判力の矛盾抵触が生じているのは好ましいことではないので，一方の訴えの判決の既判力が他方の訴えに及ぶ場合には，二重起訴が問題になるといってよいでしょう。
　　本文における「前訴と後訴で矛盾した判断がされるおそれ」は，こうした場合のほか，両訴の間に既判力が及ぶ関係はないものの，主要な争点についての理由中の判断が矛盾抵触すると，当事者間の紛争が実効的に解決されなくなってしまう場合も想定しています。この点については，次頁の【事件の同一性の判断基準】の解説を読んでください。

られます。また，たとえば，特定物の所有権確認の訴えをＸがＹに対して提
起した後に，同一物の所有権確認の訴えをＹがＸに対して提起した例のように，
前訴と後訴とで原告と被告が入れ替わっている場合には，「被告の迷惑」は問
題になりませんが，審理の重複による不経済や判断の矛盾を回避することは必
要です。どのような場合に審理の重複や判断の矛盾が生じうるかは，二重起訴の
禁止が問題になる場合かどうかを考えるうえで，重要な論点といえます。

事件の同一性の判断基準

　教科書では一般に，前訴と後訴の間に**事件の同一性**が認められることが二重
起訴の要件だとされています。前訴と後訴とで**当事者が同一**であり，かつ，**審
判の対象である訴訟物も同一**である場合に，事件の同一性が認められることに
争いはありません。

　当事者の同一性については，先に挙げた例のように，前訴と後訴とで原告と
被告が入れ替わっていてもかまわないとされています。また，たとえば，債権
者Ｘが第三債務者Ｙに対して提起した債権者代位訴訟（前訴）の係属中に，そ
の判決の効力を受ける債務者ＺがＹに対して，前訴の訴訟物たる権利につい
て給付の訴え（後訴）を提起する場合にも，前訴と後訴とで審理が重複し，矛
盾した判断がされるおそれはあるので，事件の同一性が認められるとされてい
ます。

　前訴と後訴の当事者が同一であり，**主要な争点も共通であるが，訴訟物は同一
ではない場合**については，有力な見解は，事件の同一性を認め，二重起訴にあ
たるとしています。たとえば，不動産の買主Ｘと売主Ｙの間で売買契約の効
力が争われている場合に，（ア）ＸがＹに対して提起した目的物の所有権確認
の訴え（前訴）と引渡しの訴え（後訴），（イ）ＸがＹに対して提起した目的物
の引渡しの訴え（前訴）とＹがＸに対して提起した移転登記の抹消登記手続を
求める訴え（後訴）がこれにあたります。もっとも，これらの場合の後訴は，
不適法であるとして却下されるのではなく，前訴と併合（**弁論の併合**。152条1
項）して審理されるべきだとされています。また，（ア）では，Ｘが**訴えの変更**
（143条）により後訴を前訴に追加すればよく，（イ）では，Ｙが後訴を別訴と
してではなく，前訴に対する**反訴**（146条。⇒第4講注3））として提起すれば足
りるとされています。

◤ 二重起訴禁止の例外──手形訴訟と通常訴訟

　以上の議論は，前訴と後訴のどちらも通常訴訟として提起される場合を想定しています。一方が通常訴訟であり，他方が手形訴訟であるというように，**前訴と後訴が同種の訴訟手続ではない場合**には，両訴の当事者および訴訟物が同一であっても，二重起訴にはあたらないとされます。次の判例は，そのような場合に関するものです。

　◇ [1] 大阪高判昭和 62 年 7 月 16 日

　　　　　　　　　　　判時 1258 号 130 頁 ［百選〔5 版〕37］

事実の概要

　X（原告・控訴人）は，本件手形の振出人および保証人であるYら（被告・被控訴人）に対して，5000 万円の手形金の支払を求める訴え（本件の訴え）を手形訴訟によって提起しました。ところが，これよりも前にYらは，本件手形金債務の不存在確認を求める訴え（別件の訴え）を提起しており，Xが本件の訴えを提起した時点で別件の訴えは第一審裁判所（大阪地方裁判所）に係属していました。

　本件の訴えの第一審裁判所（大阪地方裁判所）は，本件の訴えは二重起訴の禁止に抵触するとして却下したため，Xが控訴しました。

判　旨

原判決取消し，原審差戻し。

　(1)「別件の訴のうち手形金債務不存在確認を求める請求に関する部分と本件の訴は，いずれも同一当事者間において，本件手形金債権につき，前者が消極的にその不存在の確認を求め，後者が積極的にその存在を前提として手形金及び利息の支払を求めるものであって，両請求にかかる判決の既判力の範囲は同一であるから，同一の事件に当たるといわなければならず，したがってXが右支払を求める請求を別件の訴に対する反訴の形式をもってすることなく，独立の訴の提起によってすれば，民訴法 231 条［現行 142 条に対応。以下同じ］の規定が防止しようとしている審理判断の重複による不経済，既判力抵触の可能性及び被告の応訴の煩という弊害が生じることがあるのは避け難いとこ

ろである。」

(2)「手形訴訟は厳格な証拠制限が存する点において通常訴訟と異なる訴訟手続であると解されるから，手形金債務不存在確認請求訴訟において手形金支払請求の反訴を提起するには，手形訴訟によることは許されず，通常訴訟の方式によらざるを得ない。そうすると，……原裁判所の判断に従えば，手形金債務不存在確認請求訴訟が先に裁判所に係属した場合にはもはや手形債権者[2]は，手形訴訟を提起することができないことになる。しかし，かかる場合に手形訴訟手続利用の途を閉ざすことは，手形訴訟が手形債権者に対して通常訴訟によるより格段に簡易迅速に債務名義を取得させ，かつ，強制執行による満足を得せしめるとともに，これにより手形の経済的効用を維持するのに資することを目的とする制度であることを考えると，手形債権者に著しい不利益を与えるばかりでなく，手形債務者において先制的に手形金債務不存在確認請求の訴を提起して手形債権者からの手形訴訟の提起を封殺することを可能にし，不当に手形金支払の引き延ばしを図ることにより，手形訴訟制度を設けた趣旨を損なうおそれもある。このような事態に至るのは避けるべきであり，手形債権者が通常訴訟とは手続を異にする手形訴訟を選び，簡易迅速な審判を求めるならば，その手続の利用によって受ける利益を保護する必要があるから，手形金債務不存在確認請求訴訟の係属中に手形訴訟を提起することは，民訴法231条の重複起訴の禁止に抵触しないと解するのが相当である。これによって生じる前記のような弊害は，訴訟の運用によって防止するほかはない。」

(1)　**手形訴訟の特殊性**

　本件の訴え（手形訴訟）と別件の訴え（通常訴訟）は，当事者が同一であり，また，訴訟物も，同一の手形金債権です。したがって，両訴の間には事件の同一性が認められ，後から提起された本件の訴えは，二重起訴の禁止に抵触するので不適法であるということになりそうです（判旨(1)参照）。問題は，Xが本

---

[2]　手形債権者とは，手形に表されている（表章されている）権利（手形上の権利）の主体のことです。後で出てくる手形債務者は，手形上の権利の義務者です。
　　手形上の権利は，手形の作成により成立し，手形の交付（裏書）によって移転します。原因となった法律行為（例，売買）が無効であったとしても有効に成立し移転するため，取引の安全が強力に図られているといえます。

件の訴えを別件の訴えに対する反訴として提起することができたか，です。

　すでに述べたように，手形訴訟は通常訴訟と同種の訴訟手続ではありません。本判決も指摘するように，手形訴訟は，手形債権者に簡易・迅速に**債務名義**（⇒第7講注5））を取得させることを目的とした特別な訴訟手続であり，証拠調べの制限（352条）のほか，控訴の禁止（356条）などの通常訴訟とは異なる規律が適用されます。反訴を提起することができるのは，反訴請求が本訴請求と同種の訴訟手続によって審判されるものである場合に限られるので（136条）[3]，**通常訴訟において手形訴訟を反訴として提起することはできません。**手形訴訟を別訴として提起することまで二重起訴として禁止されるとすると，上記の手形訴訟の趣旨が生かされなくなってしまいます。このことにくわえて，本判決は，手形債務者が先に手形金債務の不存在確認の訴えを提起して手形債権者による手形訴訟の提起を阻止できるのは不当であることも挙げて，本件の訴えは例外的に二重起訴にはあたらないとしています（判旨（2））。

(2)　**両訴における審理の重複，矛盾した判断を防止するための運用上の工夫**

　もっとも，Yが提起した手形金債務不存在確認訴訟の係属中にXによる手形訴訟の提起を認めることは，手形金債権についての審理の重複と，両訴で矛盾した判断がされるおそれを生じさせます。これらの問題について本判決は，「訴訟の運用によって防止するほかはない」としています。具体的にどのような運用がありうるのかは明らかにされていませんが，考えられるのは，次のようなものです。

　本件の手形訴訟で請求認容判決がされた場合，Yはこれに対して控訴をすることはできませんが（356条），その判決をした裁判所に異議の申立てをすることができます（357条）。異議の申立てが適法であれば，**手形訴訟は通常訴訟に移行するので**（361条），Yが提起した別件の訴えとの弁論の併合が可能です。ただし，それよりも前に別件の訴えにおいて請求認容判決がされ，これに対してXが控訴していた場合には，本件の訴えとは審級が異なることになるので，併合することはできません[4]。弁論の併合を可能にするためには，本件の訴え

---

3)　反訴に請求の併合に関する136条が適用されるのは，反訴が提起されると，同一の訴訟手続において本訴請求と反訴請求という複数の請求について審判が求められる状態，すなわち，請求の併合が生じるためです。

が手形訴訟から通常訴訟に移行するまで別件の訴えの進行を停止するなどの方法で，2つの訴えの審理のペースを合わせる必要があります[5]。

▷ 相殺の抗弁と二重起訴の禁止

　同時に係属している2つの訴えの訴訟物が異なっていても，一方の訴えの訴求債権を自働債権（反対債権）とする相殺の抗弁が他方で提出されれば，二重起訴の禁止に抵触するのではないか，が問題となります。これには，①XがYに対して訴え（別訴）を提起した後に，YがXに対して訴え（本訴）を提起した場合に，本訴でXが，別訴の訴求債権を自働債権とする相殺の抗弁を提出するパターン（別訴先行型）と②YがXに対して提起した訴え（本訴）においてXが相殺の抗弁を提出した後に，Xがその自働債権を訴求する訴え（別訴）をYに対して提起するパターン（抗弁先行型）があります（下図参照）。

①　X $\xrightarrow{\text{甲債権}}$ Y（別訴）　　　②　X $\xleftarrow{\text{甲債権}}$ Y（本訴）

　　X $\xleftarrow{\text{甲債権}}$ Y（本訴）　　　　　X $\xrightarrow{\text{甲債権}}$ Y（別訴）

(1)　相殺の抗弁の特殊性

　相殺の抗弁とは，原告の金銭債務支払請求を争う被告が，「原告の債権（訴求債権）を被告の原告に対する債権（反対債権）をもって相殺する」旨の主張をすることをいいます。被告が，まずは訴求債権の存在を争って弁済や消滅時効の抗弁を提出し，それらが認められない場合に備えて相殺の抗弁を提出する場合（**予備的相殺の抗弁**といわれます）には，裁判所は，被告の指定した順序にしたがって，まず弁済や消滅時効の抗弁が認められるか否かを審理し，これらが認められない場合に相殺の抗弁について審理しなければなりません。一般的には，当事者が複数の攻撃防御方法を提出している場合に，それらをどのような順序

---

4)　複数の請求の間で弁論の併合が可能なのは，それらの請求が同一の官署としての裁判所に係属している場合に限られます。すなわち，本件の訴えと別件の訴えのどちらも大阪地方裁判所に係属している間であれば，両請求について弁論を併合することができます。

5)　大阪地判昭和49・7・4判時761号106頁は，このような解決法を示唆しています。

で審理するかは裁判所の判断に委ねられますが，相殺の抗弁が予備的に提出された場合には，他の抗弁を先に審理しなければならないのです。これは，以下の理由によります。

　訴求債権の存否をめぐる当事者の主張の当否についての裁判所の判断は，判決理由中で示され，それには既判力が生じないのが原則です（114条1項）。ところが，相殺の抗弁については例外的に，①反対債権が存在し，それが相殺により消滅した場合でも，②反対債権がもともと存在しなかった場合でも，**反対債権の不存在についての理由中の判断に既判力が認められることになっています**（同条2項）。そうしないと，被告は，相殺により消滅したはずの反対債権またはもともと存在しなかったはずの反対債権を，別訴で請求することができてしまい，不当だからです。被告の立場からみれば，請求棄却判決を得るにしても，訴求債権が弁済や消滅時効の完成によって消滅したという理由によるほうが，相殺の抗弁が認められて，反対債権が対当額で消滅したことに既判力が生じるよりも有利といえます。裁判所が弁済の抗弁などについて審理せずにいきなり相殺の抗弁について審理してしまうと，被告にとって不利な結果になってしまうので，相殺の抗弁は他の抗弁よりも後に審理することになっているのです。

(2)　**学説の状況**

　以上のような相殺の抗弁の特殊性から，別訴先行型，抗弁先行型のいずれにおいても，別訴と本訴とで同一の債権についての審理が重複し，矛盾した判断がされるおそれがあるため，別訴先行型における本訴での相殺の抗弁の提出も，抗弁先行型における別訴の提起も，どちらも不適法であるという考え方（現在の多数説）があります。他方で，どちらも適法であるという考え方（かつての通説）もあります。その理由としては，予備的に主張された相殺の抗弁については必ず審理・判断されるとは限らないことが挙げられています。折衷的な見解としては，別訴先行型における相殺の抗弁の提出は不適法であるが，抗弁先行型における別訴の提起は適法であるという考え方（訴訟物とされた債権は，必ず審理・判断されるのに対し，相殺の抗弁における自働債権は，審理・判断されるかが不確実であることを理由とします）と，これとは逆に，別訴先行型においては，Xが本訴で相殺の抗弁を提出するためには別訴を取り下げなければならず，それに必要なYの同意（261条2項）が得られない可能性があること，相殺の担保

的機能[6]に対する X の期待を保護する必要があることから，相殺の抗弁の提出は適法であるのに対し，抗弁先行型においては，X は別訴の提起を禁じられても本訴において反訴を提起することが可能であること，X が早く債務名義を得て執行したいのであれば，相殺の抗弁を撤回して別訴を提起すればよいことから，別訴の提起は不適法であるとする考え方があります。

(3)　判例の状況

　抗弁先行型についての最高裁判決はまだありませんが，別訴先行型については，以下の 2 つの最高裁判決があります。[2]判決は，本訴における相殺の抗弁の提出は不適法であるとしました。[3]判決は，[2]判決を前提としつつ，異なる考え方を示したといわれています。両者の間にどのような違いがあるのか，検討しましょう。

◇ [2] 最判平成 3 年 12 月 17 日
　　　　　　民集 45 巻 9 号 1435 頁 [百選〔5 版〕38 ①]

事実の概要

　X（原告・被控訴人・被上告人）と Y（被告・控訴人・上告人）は，スポーツ用品の製造販売に関する継続的取引契約に基づいて，X が原材料を輸入して Y に販売し，Y が製造した製品を X が輸出するという取引を行っていました。
　Y は X に対し，製品の売買代金の支払を求める訴え（別訴）を提起しました。別訴の係属後，X は Y に対し，原材料の売買代金の支払を求める訴え（本訴）を提起しました。別訴については，Y の請求を 1284 万 8060 円の限度で認容する第一審判決がされ，これに対して X が控訴しました。本訴については，X の請求を 207 万 4476 円の限度で認容する第一審判決がされ，これに対して Y が

---

6)　X は Y に対して 100 万円の金銭債権を有しており，Y は X に対して 80 万円の金銭債権を有していますが，Y は無資力であり，X が Y から 100 万円の債権全額を回収することはできないとします。この場合に X が相殺の意思表示をすれば，Y に対する 80 万円の債務を免れることができます（民 505 条 1 項・506 条）。80 万円については他の債権者に先立って回収できたことになり，相殺が，被担保債権を 80 万円とする担保権を Y の財産上に設定したのと同様の機能を果たすことから，「相殺の担保的機能」と呼ばれています。

控訴しました。

　控訴審では両訴が併合審理され，Yは，別訴の訴訟物である製品の売買代金債権を自働債権として本訴訴求債権と対当額で相殺する旨の抗弁を提出しました。その後，控訴審は両訴の弁論を分離し，どちらについても控訴棄却の判決をしました。別訴については，Xが上告しなかったため確定しましたが，本訴については，Yの相殺の抗弁の提出は，二重起訴を禁止した231条［現行142条］の趣旨に反し許されないとされたことから，Yが上告しました。

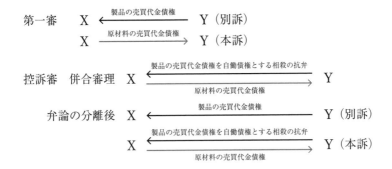

判　旨

上告棄却。

　「係属中の別訴において訴訟物となっている債権を自働債権として他の訴訟において相殺の抗弁を主張することは許されないと解するのが相当である（最高裁昭和58年（オ）第1406号同63年3月15日第三小法廷判決・民集42巻3号170頁参照）。すなわち，民訴法231条［現行142条。以下同じ］が重複起訴を禁止する理由は，審理の重複による無駄を避けるためと複数の判決において互いに矛盾した既判力ある判断がされるのを防止するためであるが，相殺の抗弁が提出された自働債権の存在又は不存在の判断が相殺をもって対抗した額について既判力を有するとされていること（同法199条2項［現行114条2項］），相殺の抗弁の場合にも自働債権の存否について矛盾する判決が生じ法的安定性を害しないようにする必要があるけれども理論上も実際上もこれを防止することが困難であること，等の点を考えると，同法231条の趣旨は，同一債

権について重複して訴えが係属した場合のみならず，既に係属中の別訴におい
て訴訟物となっている債権を他の訴訟において自働債権として相殺の抗弁を提
出する場合にも同様に妥当するものであり，このことは右抗弁が控訴審の段階
で初めて主張され，両事件が併合審理された場合についても同様である。」

◇ [3] 最判平成 10 年 6 月 30 日
　　　　　民集 52 巻 4 号 1225 頁 [百選〔5 版〕38 ②]

事実の概要

　X（原告・控訴人・被上告人）と Y（被告・被控訴人・上告人）は兄弟であり，父
母が遺した土地建物（以下「本件土地建物」といいます）を 2 分の 1 ずつ相続し
ました。しかし，両者の間には相続をめぐる紛争があり，Y は X に対して別訴
を，X は Y に対して本訴を提起するにいたります。

　別訴において Y は，X が本件土地建物の Y の持分について違法な仮処分を
申請したために，通常の取引価格よりも低額で持分を売却せざるをえなくなっ
たと主張して，X に対して，差額である 2 億 5260 万円のうち 4000 万円の支払
を求めました。その後，X が本訴を提起し，Y が支払うべき相続税，固定資産
税，水道料金等を立て替えて支払ったと主張して，Y に対して，1296 万円余
の不当利得の返還を求めました。

　Y は，本訴の第一審において，前記違法仮処分による損害賠償請求権のうち
4000 万円を超える部分を自働債権とする相殺（相殺①）を主張しました。また，
控訴審においてはさらに，前記違法仮処分に関して支払った弁護士報酬相当額
（合計 2478 万円余）の損害賠償請求権を自働債権とする相殺（相殺②）を主張し
ました。

第一審　違法仮処分による損害賠償請求権の残部（2億1260万円）を自働債権
とする相殺の抗弁（相殺①）

控訴審　違法仮処分に関して支払った弁護士報酬相当額（2478万円余）の損害
賠償請求権を自働債権とする相殺の抗弁（相殺②）

　控訴審は，係属中の別訴において訴訟物となっている債権を自働債権として
他の訴訟において相殺の抗弁を主張することは許されないとした［2］判決の
趣旨に照らし，Yの相殺の主張はいずれも許されないとしてXの請求を認容し
たため，Yが上告しました。

■■■■■■■■■■■■■■■■■■■■■■■■　判　旨　■■■■■■■■■■■■■■■■■■■■■■■■

原判決破棄・差戻し。
　「1　民訴法142条（旧民訴法231条）が係属中の事件について重複して訴え
を提起することを禁じているのは，審理の重複による無駄を避けるとともに，
同一の請求について異なる判決がされ，既判力の矛盾抵触が生ずることを防止
する点にある。そうすると，自働債権の成立又は不成立の判断が相殺をもって
対抗した額について既判力を有する相殺の抗弁についても，その趣旨を及ぼす
べきことは当然であって，既に係属中の別訴において訴訟物となっている債権
を自働債権として他の訴訟において相殺の抗弁を主張することが許されないこ
とは，原審の判示するとおりである（前記平成3年12月17日第三小法廷判決
参照）。
　2　しかしながら，他面，一個の債権の一部であっても，そのことを明示し
て訴えが提起された場合には，訴訟物となるのは右債権のうち当該一部のみに
限られ，その確定判決の既判力も右一部のみについて生じ，残部の債権に及ば
ないことは，当裁判所の判例とするところである（最高裁昭和35年（オ）第

359 号同 37 年 8 月 10 日第二小法廷判決・民集 16 巻 8 号 1720 頁参照〔第 14 講 [2]判決〕)。この理は相殺の抗弁についても同様に当てはまるところであって，一個の債権の一部をもってする相殺の主張も，それ自体は当然に許容されるところである。

　3　もっとも，一個の債権が訴訟上分割して行使された場合には，実質的な争点が共通であるため，ある程度審理の重複が生ずることは避け難く，応訴を強いられる被告や裁判所に少なからぬ負担をかける上，債権の一部と残部とで異なる判決がされ，事実上の判断の抵触が生ずる可能性もないではない。そうすると，右 2 のように一個の債権の一部について訴えの提起ないし相殺の主張を許容した場合に，その残部について，訴えを提起し，あるいは，これをもって他の債権との相殺を主張することができるかについては，別途に検討を要するところであり，残部請求等が当然に許容されることになるものとはいえない。

　しかし，こと相殺の抗弁に関しては，訴えの提起と異なり，相手方の提訴を契機として防御の手段として提出されるものであり，相手方の訴求する債権と簡易迅速かつ確実な決済を図るという機能を有するものであるから，一個の債権の残部をもって他の債権との相殺を主張することは，債権の発生事由，一部請求がされるに至った経緯，その後の審理経過等にかんがみ，債権の分割行使による相殺の主張が訴訟上の権利の濫用に当たるなど特段の事情の存する場合を除いて，正当な防御権の行使として許容されるものと解すべきである。

　したがって，一個の債権の一部についてのみ判決を求める旨を明示して訴えが提起された場合において，当該債権の残部を自働債権として他の訴訟において相殺の抗弁を主張することは，債権の分割行使をすることが訴訟上の権利の濫用に当たるなど特段の事情の存しない限り，許されるものと解するのが相当である。

　4　そこで，本件について右特段の事情が存するか否かを見ると，前記のとおり，Y は，係属中の別件訴訟において一部請求をしている債権の残部を自働債権として，本件訴訟において相殺の抗弁を主張するものである。しかるところ，……相殺の主張の自働債権である弁護士報酬相当額の損害賠償請求権は，別件訴訟において訴求している債権とはいずれも違法仮処分に基づく損害賠償請求権という一個の債権の一部を構成するものではあるが，単に数量的な一部ではなく，実質的な発生事由を異にする別種の損害というべきものである。そ

して，他に，本件において，右弁護士報酬相当額の損害賠償請求権を自働債権
とする相殺の主張が訴訟上の権利の濫用に当たるなど特段の事情も存しないか
ら，右相殺の抗弁を主張することは許されるものと解するのが相当である。」

▽ [2]判決と [3]判決の関係

　[2]判決は，係属中の別訴において訴訟物となっている債権を自働債権とし
て本訴において相殺の抗弁を主張することは，当該抗弁が控訴審の段階で初め
て主張され，両事件が併合審理された場合であっても，許されないとしました。
併合されている別訴と本訴が後に分離されることはあるので，審理の重複の回
避と矛盾した既判力ある判断の防止という二重起訴禁止の趣旨はあてはまる，
という判断によるものです[7]。

　これに対して [3]判決は，別訴の訴訟物が損害賠償請求権の一部である場
合に，残部を自働債権として本訴において相殺の抗弁を主張することは，「債
権の分割行使をすることが訴訟上の権利の濫用に当たるなど特段の事情の存し
ない限り」，許されるとしました。この場合でも，自働債権とされた残部の存
否を判断するためには，損害賠償請求権の全体について審理判断する必要があ
るので（最判平成 10・6・12 民集 52 巻 4 号 1147 頁。⇒第 14 講 [3]判決），別訴との
審理の重複は避けられません。また，別訴と本訴とで，損害賠償請求権の存否
や範囲について矛盾した判断がされるおそれもあります。判旨3では，そのこ
とに言及しつつも，相殺の抗弁が相手方の提訴を契機として防御的に提出され
るものであり，簡易迅速かつ確実な決済機能を有することを理由に，相殺の抗
弁の主張を原則として許容しています。

　しかし [3]判決が相殺の抗弁について挙げる理由は，別訴の訴訟物と本訴
で自働債権とされた債権が同一である [2]判決の場合にもあてはまるもので
す。そうだとすると，[2]判決が，審理の重複と矛盾した判断がされるおそれ
を重視して相殺の抗弁の主張を不適法としたのに対し，[3]判決は，相手方が
無資力である場合に簡易かつ確実に債権を回収することができるという**相殺の
担保的機能**を重視して，相殺の抗弁の主張を許容する方向に転換したのかもし

　7） 現に本件の控訴審は，いったん併合されていた両事件を，相殺の抗弁が提出された
　　後に分離しました。しかし，この場合にはそもそも弁論を分離するべきではない，と
　　いう考え方もあります。

れません。

◁─┐[3]判決が残したもの

　[3]判決は，相殺②については，自働債権とされた弁護士報酬相当額の損害賠償請求権が別訴の訴求債権とは実質的な発生事由を異にする別種の損害であることを理由に，上記の「特段の事情」はないとしました。他方，別訴の訴求債権と数量的な一部と残部の関係にある損害賠償請求権を自働債権とする相殺①については，「特段の事情」があるのかどうかを述べていません[8]。

　[3]判決は，別訴先行型において本訴での相殺の抗弁の主張を認めてよい場合があることを明らかにしましたが，その範囲がどこまでかについては課題を残したといえます。

■課　題■

　抗弁先行型における別訴提起を不適法とした裁判例としては，東京高判平成8・4・8（判タ937号262頁）があります。その理由づけを[2]・[3]判決と比較してみてください。

　8）　その理由については，園部逸夫裁判官の補足意見および[3]判決の調査官解説である河邉義典・最判解民平成10年度（下）660-661頁を参照してください。

Part3
審理の過程

▌第 9 講▐

当事者が主張しない事実を裁判所が判決の基礎とすることができないのはどのような場合か

──弁論主義が適用される事実の範囲

最判昭和 55・2・7 民集 34 巻 2 号 123 頁［百選〔5 版〕46］

▶キーワード　弁論主義の第 1 テーゼ，訴訟資料と証拠資料の峻別，
　　　　　　　主張責任，主要事実と間接事実，抗弁と否認，
　　　　　　　理由付否認（積極否認），弁論主義違反

◥◣ 弁論主義の内容

　民事訴訟においては，審判の対象である権利義務または法律関係（訴訟上の請求または訴訟物）の存否の判断に必要な事実およびそれを証明するための証拠の収集に関しては，**弁論主義**が妥当するものとされています。弁論主義には 3 つの内容があるといわれ，そのうちの 1 つは，「裁判所は当事者が主張しない事実を判決の基礎とすることができない」という原則です（これは，「**弁論主義の第 1 テーゼ**」と呼ばれています）。この原則の下で裁判所は，証拠調べの結果得られた資料（これを**証拠資料**といいます）からある事実の存在を確信したとしても，当事者（原告・被告）のどちらもその事実を口頭弁論において主張していなければ，その事実に基づく判決をすることができません[1]。当事者の側からいえば，証拠として提出した文書や証人などを裁判所が取り調べた結果，自己に有利な事実の存在が明らかになったとしても，その事実をみずから主張するか，または相手方が主張しない限り，敗訴する危険を負うことになります。この負担を，**主張責任**といいます。本講では，主張責任の対象となる事実とは具体的にはどのような事実なのかについて，検討します。

---

1)　訴訟資料と証拠資料の峻別，あるいは，「証拠資料をもって訴訟資料（当事者による事実の主張）に代えることはできない」といわれるのは，本文の内容を表現したものです。

主要事実と間接事実の区別

　通説によれば，主張責任の対象となる事実は，**主要事実**に限られます。主要事実とは，**訴訟物たる権利関係の存否を直接基礎づける事実**です。**権利の発生・変更・消滅という法律効果を判断するのに直接必要な事実**が主要事実にあたります。

　主要事実の存否を推認するのに役立つ事実は，**間接事実**と呼ばれます。間接事実は，通説によれば主張責任の対象とならないので，裁判所は，当事者のどちらも主張していない間接事実を判決の基礎とすることができます。

　当事者の主張する事実が主要事実なのか，間接事実なのかは，当事者の主張が**抗弁と否認**のいずれなのかという問題とも関連します。抗弁も否認も，訴訟物たる権利関係の存否についての相手方の主張を否定する主張である点は共通ですが，否認が，**相手方が主張責任・証明責任を負う事実を否定**するのに対して，抗弁は，訴訟物たる権利関係の存否についての相手方の主張を否定するために，**相手方の主張と両立する事実であって，自分が主張責任・証明責任を負う事実を主張すること**をいいます[2]。具体例を用いて，抗弁と否認の区別を説明しましょう。

　[例1]原告の売買契約に基づく代金の支払請求に対して，被告が「売買契約は成立していない」と主張したとしましょう。これは，否認にあたります。その理由は以下のとおりです。

　売買契約の成立は，**売買代金債権の発生を基礎づける主要事実**です。売買契約の成立が認められない場合に不利益を受けるのは原告なので，これについては，原告が主張責任および証明責任を負担します。以上から，売買契約の成立を否定する被告の主張は，原告が主張責任・証明責任を負う事実を否定する主張＝否認ということになります。

　否認をするには，理由を述べることが必要とされています（規79条3項）。原告が売買契約成立の事実として，「原告と被告は，○年○月○日の午後2時に，

---

2)　**証明責任**は，審理を終える段階になっても裁判官が主要事実の存否を確信することができない状態（これを**真偽不明**といいます）であるときに，いずれの当事者が敗訴の危険を負担するかという問題に関するものです。主張責任と異なり，弁論主義に特有の概念ではありませんが，両者の分配基準は一致する（ある主要事実について証明責任を負う者は，主張責任も負う）と解されています（⇒第12講）。

原告の事務所で原告の所有する動産を被告に○円で売却する契約を締結した」と主張したとしましょう。被告がこれを否認するためには，ただ「原告が主張する売買契約は成立していない」と主張するだけではなく，理由として，たとえば「原告主張の日時に，自分は原告の事務所には行っておらず，別の場所にいた」と主張する必要があります。**この事実は，売買契約が成立していないことを推認させる間接事実にあたります。**このように，否認に間接事実の主張が理由として付されている場合には，**理由付否認**または**積極否認**と呼ばれます（理由のない否認は**単純否認**と呼ばれ，上記のとおり禁止されています）。

　[例2] 原告の売買契約に基づく代金の支払請求に対して，被告が「売買契約は成立したが，解除した」と主張したとしましょう。この場合には，被告は売買契約の成立については自白（⇒第11講）したうえで，それと両立する新たな事実として，解除を主張しています。解除は，すでに成立している契約関係を遡及的に消滅させる効果をもつものですから，「被告が売買契約を解除した」という事実は主要事実です。これについては，被告が主張責任・証明責任を負うため，解除の主張は，抗弁ということになります。

積極否認か抗弁か

　積極否認の理由として主張される事実は，間接事実であるのに対し，抗弁として主張される事実は，主要事実です。前述の「裁判所は当事者の主張しない事実を判決の基礎とすることができない」という原則が適用される「事実」は，主要事実に限られるという通説を前提とすれば，抗弁として主張されるべき事実に基づいて判決をするためには，当事者の主張が必要ですが，積極否認の理由として主張されるべき事実については，当事者の主張がなくても裁判所はこれを認定し，そこからさらに主要事実を推認することができることになります。逆にいえば，主要事実とされるべき事実を間接事実であると考えて，当事者の主張は抗弁ではなく，積極否認であるとしてしまうと，当事者が主張していない事実に基づく判決がされ，**弁論主義違反**が問題とされることになります。次の判例は，原判決にはそうした誤りがあるとし，先例についても判例変更を行ったものです。

◇ 最判昭和 55 年 2 月 7 日

民集 34 巻 2 号 123 頁［百選〔5 版〕46］

<hr>

事実の概要

　本件は，ある土地（以下，「本件土地」
といいます）の所有権の帰属をめぐる
X ら 3 名（原告・控訴人・上告人）と Y
（被告・被控訴人・被上告人）の間の紛争
に関するものです。X らは，B（昭和
34 年死亡）の子であり，Y は，同じく

親族関係

B（昭和 34 年死亡）

X ら 3 名　D　C（昭和 39 年死亡）＝ Y

B の子であった C（昭和 39 年死亡）の配偶者です。B の子としてはさらに D が
いますが，D は本件訴訟の当事者になっていません。

　X らは，控訴審で訴えの交換的変更[3]を行っており，控訴審での請求は第一
審の請求とは異なる新請求とされていますので，以下では，控訴審における当
事者の主張とそれに対する裁判所の判断について紹介します。

　まず，X らは以下のような主張をしました。

　①本件土地は，昭和 23 年ころに，B が A から買い受けたが，税金対策など
の理由から昭和 28 年 7 月 31 日に C の名義に所有権移転登記をした。

　②B の死亡により，X ら，C および D の 5 名が本件土地を各共有持分 5 分
の 1 の割合で相続した。しかし，登記名義を C のままにしていたため，C の
死亡に伴い，その妻である Y が単独で相続による所有権移転登記を経由した。

　③X らは，Y に対し，共有持分権に基づき各持分 5 分の 1 の移転登記手続を
求める。

　これに対して Y は，以下のとおり主張しました。

　本件土地は，C が A から買い受けて所有権移転登記を経由し，C の死亡に
より，Y が相続したものである。

　原審は，以下の事実を認定して，X らの請求を棄却しました。

<hr>

3)　原告が訴え提起時に特定した訴訟上の請求を訴訟係属後に変更することを**訴えの変
　　更**といいます（143 条）。**訴えの交換的変更**とは，当初の請求に代えて新たな請求を
　　審判の対象とするものです。当初の請求を維持したまま，新たな請求を追加すること
　　は，**訴えの追加的変更**と呼ばれます。

　本件土地は，Bが昭和23年頃にAから買い受けたものであり，当時はもとより昭和28年7月のCへの所有権移転登記時においても，Cに所有権を帰属させる意思はなかった。しかし，その後CがBと同居して家業の材木商に協力し，家業を承継するようになった頃からBの意思には変化が生じ，Cの登記名義を実質的にも権利関係の実体に副うものとして承認するようになった。この意思は，遅くともBの死亡によって確定した。これを法律的にみるならば，本件土地は，BがAから買い受けて所有者となったが，CがBの死因贈与によって取得し，さらにYが相続によって取得したと評価することができる。

　Xらは上告し，控訴審判決が，Cが本件土地をBの死因贈与によって取得したと認定したことは，当事者が主張していない事実に基づいて判決をしたものであり，弁論主義に反する，と主張しました。

Xらの主張	A $\xrightarrow{\text{売買}}$ B $\xrightarrow{\text{相続}}$ Xら・C・D
Yの主張	A $\xrightarrow{\text{売買}}$ C $\xrightarrow{\text{相続}}$ Y
原判決	A $\xrightarrow{\text{売買}}$ B $\xrightarrow{\text{死因贈与}}$ C $\xrightarrow{\text{相続}}$ Y

判　旨

破棄差戻し。

　「相続による特定財産の取得を主張する者は，(1)被相続人の右財産所有が争われているときは同人が生前その財産の所有権を取得した事実及び(2)自己が被相続人の死亡により同人の遺産を相続した事実の二つを主張立証すれば足り，(1)の事実が肯認される以上，その後被相続人の死亡時まで同人につき右財産の所有権喪失の原因となるような事実はなかったこと，及び被相続人の特段の処分行為により右財産が相続財産の範囲から逸出した事実もなかったことまで主張立証する責任はなく，これら後者の事実は，いずれも右相続人による財産の承継取得を争う者において抗弁としてこれを主張立証すべきものである。これを本件についてみると，Xらにおいて，BがAから本件土地を買い受けてその所有権を取得し，Bの死亡によりXらがBの相続人としてこれを共同相続したと主張したのに対し，Yは，前記のとおり，右Xらの所有権取得を争う理由としては，単に右土地を買い受けたのはBではなくCであると主張するにとどまっているのであるから（このような主張は，Bの所有権取得の主

張事実に対する積極否認にすぎない。），原審が証拠調の結果Ａから本件土地を買い受けてその所有権を取得したのはＢであってＣではないと認定する以上，ＸらがＢの相続人としてその遺産を共同相続したことに争いのない本件においては，Ｘらの請求は当然認容されてしかるべき筋合である。しかるに，原審は，前記のとおり，Ｙが原審の口頭弁論において抗弁として主張しないＣがＢから本件土地の死因贈与を受けたとの事実を認定し，したがって，Ｘらは右土地の所有権を相続によって取得することができないとしてその請求を排斥しているのであって，右は明らかに弁論主義に違反するものといわなければならない。大審院昭和11年（オ）第923号同年10月6日判決・民集15巻1771頁は，原告が家督相続により取得したと主張して不動産の所有権確認を求める訴において，被告が右不動産は自分の買い受けたものであって未だかつて被相続人の所有に属したことはないと争った場合に，裁判所が，証拠に基づいて右不動産が相続開始前に被相続人から被告に対して譲渡された事実を認定し，原告敗訴の判決をしたのは違法ではないと判示しているが，右判例は，変更すべきものである。」

◤ 本判決の意義──先例との比較

　本判決によって変更された先例（大判昭和11・10・6民集15巻1771頁）の事案は，以下のようなものでした。

　Ｘ（原告・控訴人・上告人）は，Ｙ（被告・被控訴人・被上告人。後述するＣの破産管財人[4]）に対して，ある不動産

Ｘの主張	Ａら──売買──▶Ｂ──家督相続──▶Ｘ	
Ｙの主張	Ａら──売買──▶Ｃ	
原判決	Ａら──売買──▶Ｂ──贈与──▶Ｃ	

（以下，「本件不動産」といいます）の所有権確認ならびに所有権に基づく移転登記の抹消登記手続および引渡しを求めて訴えを提起し，次のように主張しました。

　本件不動産はＸの先代であるＢがＡらから買い受け，Ｂの死亡によりＸが家督相続により取得した。しかし，Ｂの弟であるＣが，Ｂの死亡直前の大正

---

[4]　本件では，破産管財人Ｙが破産者Ｃに代わって被告となっており，その当事者適格の法的性質は，**法定訴訟担当**です（⇒第2講注1））。

13年9月17日に，Bの実印を不正に使用してBからCへの売買を原因とする所有権移転登記手続をし，本件不動産を占有している。

　これに対してYは，「本件不動産はCがAらから買い受け，登記名義をBにしていたにすぎない。BからCへの所有権移転登記手続は，登記名義を真実に合致させるためにBとCの協議に基づいて行われたものである」と主張しました。

　原判決は，「本件不動産はBがAらから買い受けたものであるが，大正13年9月7日に，BがCにこれを贈与した」と認定して，Xの請求を棄却しました。

　Xは上告して，原判決には，Yが主張していないBからCへの贈与の事実を認定した違法があると主張しました。

　原判決は，Xの主張どおり，本件不動産はBがAらから買い受けたと認定しながら，XもYも主張していないBからCへの本件不動産の贈与を認定してXの請求を棄却した点で，本判決が破棄した控訴審判決とよく似ています。しかし大審院は，原判決を破棄せず，Xの上告を棄却しました。その理由は，本件不動産を購入したのはCであってBではないというYの主張は，Xが主張する家督相続による本件不動産の取得を否認する理由にすぎない，というものです。つまり，大審院によれば，①Yは，Xの所有権取得を理由付きで否認している，②理由にあたる事実は間接事実であるから，弁論主義の適用はない，③したがって裁判所は，Yが主張した「CはAらから本件不動産を購入した」という事実に代えて，Yが主張していない「CはBから本件不動産を贈与された」という事実を認定することができる，ということになります。

　大審院の考え方によれば，Xの請求が認められるためには，Xは，「Xの先代であるBがAらから本件不動産を購入した」事実および「Xが家督相続により本件不動産の所有権を取得した」事実を主張し証明するだけでなく，「XがBを家督相続するまでの間に，Bが本件不動産の所有権を失った事実はない」ことも主張立証しなければなりません。しかし，Bが本件不動産の所有権を失った原因としては，B以外の者への贈与・売買のほか，B以外の者による時効取得なども考えられます。Bが本件不動産の所有権を取得してから死亡するまでの間にこれらのいずれの事実もなかったことをXが主張立証するのは，容易ではありません。当事者間の負担の公平の観点からは，Xの請求を争うY

の側で，これらの事実のいずれか1つが存在したことを主張立証するべきだといえます。

　本判決は，大審院判決を変更して，相続による特定財産の取得を主張するXらは，（1）被相続人Bが生前その財産の所有権を取得した事実および（2）XらがBの死亡によりBの遺産を相続した事実の2つを主張立証すれば足りるとしました。そして，（1）の事実が認められるならば，Xらは，その後Bの死亡時まで当該財産の所有権喪失の原因となるような事実はなかったことまで主張立証する責任はなく，所有権喪失の原因となる事実をYが抗弁として主張立証すべきである，としました。Bの生前にBからCに本件土地の所有権が移転した事実についてはYが主張立証責任を負うとしている点で，妥当な考え方であるように思われます。

◤ BからCに本件土地の所有権が移転したことの主張立証

　次の問題は，本件でYはどのような事実を主張立証すべきか，です。原判決が認定した事実と本件が控訴審に差し戻された後の経過を参考にして，考えてみましょう。

(1)　原判決が認定した事実と差戻し後の控訴審でのYの主張──死因贈与

　原判決は，Bは，当初は本件土地の所有権をCに帰属させる意思がなかったが，CがBと同居して家業を承継するようになった頃からBの意思には変化が生じ，遅くともBが死亡するまでには，本件土地をCの所有にするという意思が確定した，と認定しています。そして，BからCへの本件土地の所有権移転の法的性質については，Bの死亡によって所有権移転の効力が生じる死因贈与（民554条）だとしています。これを受けてYは，差戻し後の控訴審では死因贈与を主張しました。

(2)　差戻し後の控訴審の判断（生前贈与）に弁論主義違反はあるか

　ところが裁判所は，Bが生前に本件土地をCに贈与する意思を形成し，これを承諾したCとの間で贈与契約を結んだと認定して，Xらの請求を棄却しました。これに対してXらは，Yが主張したのは死因贈与なのに，原審が生前贈与を認定したのは弁論主義に違反すると主張して，上告しました。

　最高裁は，原判決に弁論主義違反はないとしました（最判昭和57・4・27判時1046号41頁）。なぜそのようにいえるのでしょうか。

　差戻し後の控訴審判決（名古屋高判昭和56・2・3〈昭和55年（ネ）第104号〉）[5]は，Bが亡くなる1年ほど前に，家業である材木商営業の事業者名義をBからCに変更したことを認定しています。そして，この時点でBは「本件土地について登記簿上のみならず実体上もCの所有とすることを肯認していたと推量される」と述べ，「BはCと本件土地を贈与する契約を結んだものである」と判示しています。これに対してXらは，本件の事件記録にはBがCに本件土地を贈与したという主張も証拠もない，と上告理由で主張しています。

　Xらが弁論主義違反をいうのは，Yが主張した死因贈与と裁判所が認定した生前贈与が異なる主要事実であることを理由とするものと考えられます。しかし，死因贈与も生前贈与も贈与契約である点に変わりはなく，違いは効力発生時期にあります[6]。すなわち，生前贈与だとする裁判所の認定によれば，効力発生時期が当事者の主張するBの死亡時よりも1年ほど早まることになります。問題は，この違いが弁論主義違反を基礎づけるかどうかです。

　判例によれば，主要事実に関する当事者の主張と裁判所の認定の間に多少のずれがあっても，弁論主義違反にはならないとされています。たとえば，最判昭和32・5・10（民集11巻5号715頁［百選〔3版〕68]）は，「当事者の主張した具体的事実と，裁判所の認定した事実との間に，態様や日時の点で多少のくい違いがあっても，社会観念上同一性が認められる限り，当事者の主張しない事実を確定したことにはならない」と述べ，医師が実施した皮下注射の日を，当事者が主張する昭和24年10月26日ではなく，同月23日頃と認定した原審の判断に弁論主義違反はないとしました。本件でも，Yの死因贈与の主張と裁判所の生前贈与の認定の間に社会観念上の同一性が認められるならば，差戻し後の控訴審の判断に弁論主義違反はないことになります。

　5）　この判決は公表されていないので，詳細を知ることはできませんが，BからCへの生前贈与をどのように認定したのかは，この判決に対するXらの上告理由（これは，判時1046号42頁以下に掲載されています）から知ることができます。
　6）　一般に，死因贈与は，効力発生時期を贈与者の死亡時とする一種の停止条件付贈与であると解されています。

(3) **当事者に対する不意打ちの有無**

　他方，有力な学説は，判例とは異なる基準で弁論主義違反の有無を判断することを提唱しています。それは，当事者が主張した事実と裁判所の事実認定の間に違いがあることが，それによって不利益を受ける当事者の信頼を裏切り，この当事者に対する不意打ちとなるかどうかを基準とする，というものです[7]。

　この見解によれば，そもそも主張責任の対象が主要事実に限定されているのは，相手方に対して不意打ちのおそれがないように，防御目標を具体的に明らかにし，十分な防御の機会を保障するためです。これによって，どちらの当事者も相手方の弁論するところに対してのみ攻撃防御を尽くせばよいという信頼を得ることになります。主要事実について当事者の主張する内容とは異なる内容の事実認定に基づく判決がされたときに，こうした当事者の信頼を裏切るような不意打ちがあった場合には，その判決には弁論主義違反があったということになります。そして，弁論の経過などから，判決で認定された事実について当事者が現実に防御活動をしたか，または防御活動を行うことができたとみても無理とはいえない場合には，不意打ちの事実認定とはいえず，むしろその事実認定を維持したほうが，当事者間の公平を図ることになります[8]。

　なお，判例のような考え方を採っても，社会観念上の同一性の有無の判断にあたっては，問題とされる事実の性質，訴訟の経過，相手方の防御への影響等を考慮すべきだとされています[9]。したがって，判例・有力学説のいずれによっても，弁論主義違反の有無の判断は異ならないと考えられます。

(4) **本件の検討**

　本件ではＢとＣは同居の親子であり，両者の間で贈与契約が締結されても契約書は作成されなかったということはありえます。ＢもＣも死亡した後にＹが，ＢＣ間の贈与契約の存在をその締結時期を特定して主張することは困難であったとも考えられます。また，生前贈与でも死因贈与でも，本件土地を相続財産の範囲から逸出させる効果を有する点に変わりはありません。そのためＹ

---

7)　新堂 475-476 頁。
8)　新堂・前掲注 7) および山本克己「弁論主義違反」法教 289 号（2004 年）118 頁参照。
9)　田中 161 頁。

は，贈与契約の締結時期や生前贈与か死因贈与かを特定することなく，「B は，死亡する数年前には本件土地を C に贈与する意思を固め，C もこれを承諾していた」などと主張したとも考えられます。

　このような場合に裁判所の採るべき措置は，釈明権の行使（⇒第10講）です。これは，贈与契約の締結時期や効力発生時期について裁判所が Y に質問をし，必要な立証を促すというものです。裁判所が釈明権を行使したことは，X らにも知らされますから（149条1項・4項），X らにも主張・立証の機会が与えられます。こうして審理を尽くしたうえで，裁判所が「B の死亡の1年前に B は C に本件土地を贈与し，その効力は遅くとも B の死亡時までには生じていた」と認定するならば，弁論主義違反は問題とされないように思われます。

課　題

　弁論主義の第1テーゼの対象は，事実であって法的評価ではありません。たとえば，「過失」（民709条）は，かつては主要事実であるとされていましたが，現在では，法的評価であり，「過失」と評価される具体的事実（たとえば，「スピード違反」「わき見運転」「酒気帯び運転」）が主要事実であると解されています。

　「過失」のように，内容が抽象的であって，具体的事実へのあてはめにあたり裁判官の評価を必要とする概念は，「不特定（不確定）概念」あるいは「規範的要件」と呼ばれます。「過失」以外にどのような具体例があるか，教科書を読んで検討しましょう。

▌第 10 講▐
当事者が主張していない事実または法律関係について，裁判所が当事者にその主張を促すことはどこまで許されるか
——釈明権行使の範囲

最判昭和 45・6・11 民集 24 巻 6 号 516 頁〔百選〔5 版〕52〕

▶キーワード　釈明権，消極的釈明と積極的釈明，釈明権と
弁論主義・処分権主義の関係，釈明義務違反

◁▽▷ 釈明権の意義

　裁判所は，訴訟関係（事件の事実関係や法律関係）を明らかにするために，事実上および法律上の事項に関して，当事者に対して質問をしたり，証拠の提出を促したりすることができます（149 条 1 項）。こうした裁判所の権能を**釈明権**といいます。

　釈明権には，**消極的釈明**と**積極的釈明**の区別があるといわれています。消極的釈明とは，当事者の申立てまたは主張の趣旨が不明瞭である場合に，そのことを指摘する釈明であり，積極的釈明とは，当事者が勝訴するために必要な申立てや主張をしていない場合に，そのことを示唆する釈明です。消極的釈明が許されることについては異論がありませんが，**積極的釈明がどこまで許されるか**については，議論があります。それは，以下の理由によるものです。

　処分権主義の下では，どのような請求について審判を求めるかを決定するのは当事者であり，裁判所は当事者が申し立てていない請求について判決をすることができません（246 条）。また，**弁論主義**の下では，請求の当否の判断に必要な事実とその事実を証明する証拠を提出するのは当事者であり，裁判所は当事者が主張していない事実に基づいて判決をすることはできず（⇒第 9 講），当事者が申し出ていない証拠を職権で取り調べることもできません。そのため，当事者が申し立てていない請求や主張していない事実を裁判所が示唆する積極的釈明は，処分権主義や弁論主義に抵触するのではないかが問題とされました。

　この点に関しては，現在では処分権主義や弁論主義との抵触はないとされています。弁論主義との関係については，①釈明権は弁論主義を補充ないし修正

するものであるとする見解と，②釈明権は弁論主義とは関係しないとする見解が
あり，どちらの見解によっても，釈明権の行使が弁論主義違反になることはあ
りません。①の見解によれば，当事者が勝訴するために必要な事実を主張して
いない場合に，裁判所がいきなりその当事者に不利な判決をしてしまうことは
適切ではない。釈明権は，弁論主義の形式的な適用によるこうした不合理を修
正するために，裁判所が後見的機能を発揮する制度である。したがって，積極
的釈明も許される，ということになります[1]。他方，②の見解によれば，裁判
所が積極的釈明により当事者に事実の主張や証拠の提出を促しても，当事者が
これに応じて事実の主張や証拠の申出をしなければ，裁判所はそれまでに提出
された訴訟資料に基づいて判決をせざるをえないのだから，釈明権は弁論主義
を修正するものではない，ということになります[2]。

　もっとも，弁論主義や処分権主義との抵触がないからといって，釈明権の行
使に制限がないということにはなりません。裁判所が釈明権の行使により，一
方の当事者に別の法律構成を指摘し，不足している事実やそれを証明する証拠
の提出を示唆したとすれば，その当事者は，勝訴判決を望んでいる限り，裁判
所が示唆するとおりに法律構成を変更し，不足している主張・立証をすること
でしょう。そして，裁判所が釈明権を行使するまでは敗訴の可能性が濃厚で
あった当事者が，釈明権が行使された結果，勝訴できるようになるとすると，
相手方当事者は，不公平である，裁判所は中立的ではない，と感じるだろうと
思います。裁判の公平に対する当事者の信頼を損ねずに，事案の真相に即した適
正な裁判をするためには，裁判所は，釈明権行使にあたってどのようなことに配慮
するべきでしょうか。以下の判例を素材として，考えてみましょう。

◇　最判昭和 45 年 6 月 11 日

　　　　　　　民集 24 巻 6 号 516 頁 [百選〔5 版〕52]

事実の概要

木箱類の製造販売業者である X（原告・被控訴人・被上告人）は，A（第一審被

---

1)　三ケ月・全集 161 頁，162 頁。
2)　山木戸克己「弁論主義の法構造」同『民事訴訟法論集』（有斐閣，1990 年，初出
　　1970 年）22 頁。

告）ならびに Y_1 会社および Y_1 の代表取締役 Y_2（Y_1・Y_2 は被告・控訴人・上告人）に対して，Aに販売した木箱類の未払代金の支払を求める訴えを提起しました。Xは，請求原因として以下の主張をしました。

Xは，Aに木箱類を納入していた Y_1 から，「木箱類の納入ができなくなったので，代わりに納入してほしい」との依頼があったので，Aと木箱類の売買契約を締結し納入した。しかし，Aの取引機構上，Xとの取引は表面的には Y_1 との取引名義にしておいてほしいとのことであった。そして Y_1 および Y_2 は，Xに対し，Xが Y_1 の名義でAに商品を納入する限り，その代金の支払については Y_1・Y_2 が連帯保証すると約した。

第一審は，XとAとの間の契約関係の成立を否定し，Xによる木箱類の納入は，Aから注文を受けた Y_1 の下請的立場で行われたものにすぎないとして，XのAに対する請求を棄却しました。これに対してXは控訴しなかったので，請求棄却判決が確定しています。他方，Y_1・Y_2 に対する請求については，Y_1・Y_2 がXに対し，Xが Y_1 の名でAから代金の支払を受けられることを保証したもので，Xの請求をそのような約束の履行を求める意味に解すれば正当であるとして認容したため，これに対して Y_1・Y_2 が控訴しました。

控訴審は，以下のように認定してXの請求を認容すべきものとし，Y_1・Y_2 の控訴を棄却しました。

Y_1・Y_2 は，Y_1 がXを下請けとして使用することによりAに対する木箱類の納入を継続するため，Xとの間で，木箱類の代金は Y_1 がXに支払い，Y_2 が代金債務について個人保証をする旨の契約を締結し，Xは，Aから注文を受けた Y_1 の指図により木箱類をAに納入した。

これに対して Y_1・Y_2 が上告し，以下のような趣旨の主張をしました。

Xは，第一審では Y_1・Y_2 に対する請求原因として，XとAとの間の木箱類の納入契約に基づく代金債務についての連帯保証契約を主張し，控訴審においても右主張を維持してきた。ところが控訴裁判所は，第2回口頭弁論期日において釈明権を行使し，Xに，「本件取引において，木箱の納入は，Y_1 名義でなし，Xに対する代金の支払義務は，Y_1 において負担する約定であり，Y_2 は右債務について連帯保証をした。よって，右約定に基づいて代金の支払を請求する」旨の陳述をさせ（実際には，上記内容を裁判所が示唆し，Xの訴訟代理人は「そのとおりである」旨陳述したにとどまる），この釈明にしたがって Y_1・Y_2 敗訴の判

決をした。このような釈明権の行使は著しく公正を欠き，釈明権限の範囲を逸脱したもので違法である。

上告棄却。

「釈明の制度は，弁論主義の形式的な適用による不合理を修正し，訴訟関係を明らかにし，できるだけ事案の真相をきわめることによって，当事者間における紛争の真の解決をはかることを目的として設けられたものであるから，原告の申立に対応する請求原因として主張された事実関係とこれに基づく法律構成が，それ自体正当ではあるが，証拠資料によって認定される事実関係との間に喰い違いがあって，その請求を認容することができないと判断される場合においても，その訴訟の経過やすでに明らかになった訴訟資料，証拠資料からみて，別個の法律構成に基づく事実関係が主張されるならば，原告の請求を認容することができ，当事者間における紛争の根本的な解決が期待できるにかかわらず，原告においてそのような主張をせず，かつ，そのような主張をしないことが明らかに原告の誤解または不注意と認められるようなときは，その釈明の内容が別個の請求原因にわたる結果となる場合でも，事実審裁判所としては，その権能として，原告に対しその主張の趣旨とするところを釈明することが許されるものと解すべきであり，場合によっては，発問の形式によって具体的な法律構成を示唆してその真意を確めることが適当である場合も存するのである。

　本件についてこれをみるに，……Ｘの主張は，当初，ＹらがＸとＡとの間に成立した本件木箱類についての売買契約上の代金債務を連帯保証したものとして，Ｙらの負担する右保証債務の履行を求めるというにあったところ，原審第二回口頭弁論期日におけるＸの陳述によって，その主張は，本件木箱類の売買契約はＹ₁とＡを当事者として成立したことを前提とし，ＸとＹ₁との間で，右契約に基づきＹ₁がなすべき木箱類の納入をＸが代ってなし，Ｙ₁はその代金相当額をＸに支払う旨のいわば一種の請負契約が成立したものとして，Ｙ₁に対しては右請負代金の支払をＹ₂に対しては右請負代金についての連帯保証債務の履行を求めることに変更されたものと解されるから，その間には請求原因の変更があったものというべきである。しかし，本件記録によると，第一審以来の訴訟の経過として，Ｘは，本件でＡをもＹらの共同被告として訴を提起し，

Ａが本件取引の相手方であることを主張して前示請求原因のもとに売掛代金の支払を求めたところ，第一審は，〔中略〕Ａに対する右請求を棄却したが，〔中略〕Ｙらに対する請求については，〔中略〕認容したので，Ｙらは右第一審判決に対して控訴し，本件が原審に係属するに至ったこと，Ｙら訴訟代理人は，原審第二回口頭弁論期日において，すでに事前に提出してあった証拠申請書に基づき，Ｙ₂の本人尋問を申請したが，その尋問事項の一には，『Ｙ₂がＹ₁の保証人または連帯保証人になった事実のないこと』について尋問を求める旨の記載があり，Ｙ₂自身においても，すでに自分がＹ₁の負担する債務を保証したことをも積極的に争う態度に出ていたことが窺われることなどが認められるのであって，このような第一審以来原審第二回口頭弁論期日までの訴訟の経過に照らすと，右口頭弁論期日におけるＸの陳述内容が原裁判所のした所論のような釈明の結果によるものであるとしても，その釈明権の行使は，事実審裁判所のとった態度として相当であるというべきであり，原審に所論釈明権行使の範囲を逸脱した違法はないものといわなければならない。」

訴えの変更を示唆する釈明権の許容性

　本件でＸは当初，「ＸとＡとの間に本件木箱類についての売買契約が成立し，Ｙらは当該売買契約上の代金債務を連帯保証したので，Ｙらに対して保証債務の履行を求める」と主張しましたが，原審による釈明権行使の結果，「本件木箱類の売買契約はＹ₁とＡとの間で成立したことを前提として，ＸとＹ₁との間で，当該売買契約に基づきＹ₁がなすべき木箱類の納入をＸが代わって行い，Ｙ₁はその代金相当額をＸに支払う旨のいわば一種の請負契約が成立したので，Ｙ₁に対しては請負代金の支払を求め，Ｙ₂に対しては請負代金についての連帯保証債務の履行を求める」という主張に変更しました。本判決は，これは「請求原因の変更」にあたる，としています。ここでいう「請求原因」は，**請求を特定するのに必要な事実としての「請求の原因」**（133 条 2 項 2 号，規 53 条 1 項括弧書）です。つまり，Ｘが当初，申し立てていた請求と釈明後の請求は異なるということであり，**訴えの交換的変更**[3]が行われたことになります。

　当事者に対して訴えの変更を示唆するような釈明権の行使が許されるのはなぜか。

---

　3)　第 9 講注 3) 参照。

本判決はこの問題を，釈明権制度の趣旨と本件訴訟の経過の両面から論じてい
ます[4]。

釈明権をめぐる考え方の変遷

　釈明権制度について，本判決は，「弁論主義の形式的な適用による不合理を
修正し，訴訟関係を明らかにし，できるだけ事案の真相をきわめることによっ
て，当事者間における紛争の真の解決をはかることを目的として設けられたも
のである」と述べています。釈明権行使の対象が事実の主張の変更だけでなく，
請求の変更にも及んでいる本件においては，処分権主義との関係も論じるべき
ものと思われますが，その点はともかく，本判決は前記の①の学説と同様の見
解を採っていると考えられます。ただし，**釈明権行使の積極的意義を「事案の
真相」をきわめ，「紛争の真の解決」をはかることに求めている**点が特徴的です。
これと同様の表現は，最判昭和 44・6・24（民集 23 巻 7 号 1156 頁）においても
用いられています[5]。

　釈明権行使のあり方をめぐる判例の態度には変遷があり，最高裁判所が発足
してまもない時期には，釈明権行使に消極的な態度が採られていました。同時
履行の抗弁権や留置権の抗弁のような**権利抗弁**[6]については，当事者にその権
利行使を促すべく，裁判所が釈明権を行使する義務はないとした最判昭和

---

4)　本判決が，控訴裁判所による釈明を「訴えの変更を示唆する釈明」とみているのに
　対し，釈明の前後で訴えの変更はなかったとみる見解もあります。近藤完爾「本判決
　評釈」判タ 255 号（1971 年）79-80 頁，中野貞一郎「訴えの変更と釈明義務」判タ
　279 号（1972 年）35 頁，36 頁。もっとも，そのように解したとしても本判決が積極
　的釈明を許容したことに変わりはなく，論者も，本判決の結論に反対しているわけで
　はありません。

5)　この判決は，釈明権を行使することなく原告の請求を棄却した原判決を，釈明権の
　行使を怠ったとして破棄するにあたり，次のように述べています。「当事者の主張が，
　法律構成において欠けるところがある場合においても，その主張事実を合理的に解釈
　するならば正当な主張として構成することができ，当事者の提出した訴訟資料のうち
　にもこれを裏付けうる資料が存するときは，直ちにその請求を排斥することなく，当
　事者またはその訴訟代理人に対してその主張の趣旨を釈明したうえ，これに対する当
　事者双方の主張・立証を尽くさせ，もって**事案の真相**をきわめ，当事者の**真の紛争を
　解決する**ことが公正を旨とする民事訴訟制度の目的にも合する」。

6)　**権利抗弁**とは，弁済のような**事実抗弁**と異なり，抗弁を理由づける事実の主張だけ
　でなく，権利を行使する旨の当事者の意思表示がなければ，裁判所はこれを判決の基
　礎とすることができないものをいいます。

24・6・4（民集 3 巻 7 号 235 頁）および最判昭和 27・11・27（民集 6 巻 10 号 1062 頁［百選［5 版］51］）は，そうした傾向に属するものです。判例が釈明権の積極的意義を強調するようになったのは，昭和 40（1965）年前後になってからであり，本判決はその一例といえます[7]。

本件における訴訟の経過

本判決は，原審における釈明権行使に違法はないという結論を導くにあたり，**原審第 2 回口頭弁論期日で釈明権が行使されるまでの第一審以来の訴訟の経過**も考慮しています。それらの概要は，以下のとおりです。

①Xは，Y_1・Y_2および A を共同被告として訴えを提起し，A が売買契約の相手方であることを主張して，A に対して売買代金の支払を求めた。しかし第一審は，XA 間の契約関係の成立を否定し，X による木箱類の納入は Y_1 の下請的立場でなされたものにすぎないと認定して A に対する X の請求を棄却した。これに対して X からの控訴はなく，第一審判決が確定した。

②第一審は，X の Y_1・Y_2 に対する請求については，Y_1・Y_2 が X に対して，X が Y_1 の名で A から代金の支払を受けられることを保証したもので，X の請求をそのような約束の履行を求める意味に解すれば正当であるとして認容した。これに対して Y_1・Y_2 が控訴し，本件が原審に係属するにいたった。

③Y_1・Y_2 の訴訟代理人は，原審第 2 回口頭弁論期日において，すでに事前に提出してあった証拠申請書に基づき，Y_2 の本人尋問を申請したが，その尋問事項の 1 つには「Y_2 が Y_1 の保証人または連帯保証人になった事実のないこと」について尋問を求める旨の記載があり，Y_2 自身も，Y_1 の債務を保証したことを積極的に争う態度に出ていたことがうかがわれる。

以上から，**第一審以来，X と Y_1・Y_2 がどのような事実または法律関係を争っ**ていたのかを考えてみましょう。

(1) X と A との間で木箱類の売買契約が成立したという X の当初の主張は，第一審において認められず，A に対する請求は棄却されました。しかし，X はこれに対して控訴していません（①）。X は，A に対する関係では，控訴審で同

---

7)　判例の変遷については，中野貞一郎「弁論主義の動向と釈明権」ジュリ 500 号（1972 年）348 頁を参照してください。

様の主張をすることを断念したと考えられます。

（2）Xは，Y$_1$・Y$_2$に対しては当初，Aの売買代金債務をY$_1$・Y$_2$が連帯保証したと主張していました。これに対して第一審は，XがY$_1$の名でAから代金の支払を受けられることをY$_1$・Y$_2$が保証したという法律構成により，Xの請求を認容しました（②）。

判決書の中で当事者の主張を合理的に解釈することは，「**判決書での釈明**」あるいは「**判決釈明**」と呼ばれています。第一審はこれを行ったものです。釈明権行使は審理の過程で行うべきであって，判決釈明の方法によるべきではないとされていますが[8]，第一審の判決釈明により，両当事者には，XのAに対する売買代金請求が認められない場合でも，XのY$_1$・Y$_2$に対する請求を認容する法律構成がありうることが明らかになったといえます。

（3）第一審判決に対して控訴したY$_1$・Y$_2$は，控訴審の第2回口頭弁論期日においてY$_2$の本人尋問を申請し，Y$_2$がY$_1$の債務を保証した事実を積極的に争う態度に出ています（③）。この時点でY$_1$・Y$_2$は，Y$_1$がXに対して債務を負担しており，Y$_2$がこれを保証したという法律構成を予測していたといえます。それゆえ，**控訴裁判所による釈明権行使は，それによって不利益を受けるY$_1$・Y$_2$に対する不意打ちにはあたりませんが，Y$_1$・Y$_2$が問題にしているのは，釈明権行使が不意打ちかどうかではありません。控訴裁判所による釈明権行使の方法に違法があったと主張しているのです。**

釈明権行使の方法

Y$_1$・Y$_2$は上告理由で，控訴審における釈明権の行使は，XがY$_1$・Y$_2$に対して主張すべき請求原因を裁判所が具体的に示唆し，Xの訴訟代理人が「そのとおりである」と答える方法で行われたと主張しています。こうした釈明権行使[9]には，たしかに問題もあります。**一方の当事者に有利な主張を，質問の形式をとって具体的に示唆するような釈明は，相手方からは公平ではないようにみ**

8）吉井直昭・最判解民昭和45年度（上）297頁，田中198頁。その理由は，いきなり判決釈明をすることは敗訴当事者に対する不意打ちになるからだと考えられます。

9）このような釈明（手渡し釈明）に対しては，「釈明は発問であり，質問であって，一方の当事者にできあがった有利な主張をそっくりそのまま手渡してやることではない」（石井良三『民事法廷覚え書』（一粒社，1962年）31頁）という批判があります。

られるからです。当事者間の公平の観点からは，裁判所は，釈明権の行使にあた
りできるだけ婉曲な表現を用いるべきであると考えられます。しかし本判決は，
一般論として「場合によっては，発問の形式によって具体的な法律構成を示唆
してその〔＝原告の〕真意を確めることが適当である場合も存するのである」
と述べたうえで，「〔原審第2回〕口頭弁論期日における X の陳述内容が原裁判
所〔がこのような方法で行った〕釈明の結果によるものであるとしても，その釈
明権の行使は，事実審裁判所のとった態度として相当である」と結論づけまし
た。

釈明権行使の行きすぎに対しては，どのような措置が考えられるか

　学説は，Y_1・Y_2 の上告を棄却した本判決の結論を支持しています[10]。釈明
権行使の行きすぎがあっても違法にはならず，当不当の問題を生じさせるにす
ぎない，とする見解もあります[11]。判例にも，原審に釈明権行使の行きすぎが
あったとして原判決を破棄したものは見当たりません。

　他方で，原審が釈明権を行使しなかったことを違法として原判決を破棄した例
は，最判昭和 39・6・26（民集 18 巻 5 号 954 頁［百選〔5 版〕53〕），前掲最判昭和
44・6・24，最判昭和 45・8・20（民集 24 巻 9 号 1339 頁），最判昭和 45・9・24
（民集 24 巻 10 号 1450 頁），最判昭和 51・6・17（民集 30 巻 6 号 592 頁）など，少
なくありません。とくに最判昭和 51・6・17 は，上告理由では釈明義務違反が
主張されていなかったにもかかわらず，これを理由に原判決を破棄していま
す[12]。

　原審で釈明権が行使されなかったために当事者が必要な事実を主張できず，
敗訴した場合，上告裁判所が原判決を破棄して事件を原審に差し戻さない限り，
その事実を当該事件において主張することはできません。法律構成を異にする
別の請求として再度，訴えを提起することができる場合であったとしても，原
審に差し戻すほうが親切だといえます。これに対して，釈明権行使の仕方が不

---

10)　注 4）に掲げた文献のほか，本判決の評釈である上村明広・民商 64 巻 2 号（1971
　　年）312 頁，大濱しのぶ・百選〔5 版〕112 頁を参照。
11)　奈良次郎「釈明権と釈明義務の範囲」実務民訴 1 229 頁。
12)　ただし，原裁判所に釈明義務違反はなかったとする反対意見も付されています。

公平であり，違法と評価される場合があったとしても，上告裁判所がそのこと
を理由に原判決を破棄する実際上の必要性は高くはありません。たとえば，本
件で原判決を破棄して差し戻したとしても，Xが差戻し前に示唆された法律構
成に基づく主張をし，それを差戻し後の控訴審が正当と認めれば，Xの請求を
認めた第一審判決に対するY₁・Y₂の控訴は棄却されることになりますから，
結局，原判決と同じ結果となります。

　学説上は，釈明権行使の行きすぎは**裁判官の忌避事由**になるとする見解もあ
ります[13]。他方で，忌避事由とするのではなく，**訴訟指揮に対する異議**（150
条）の対象とするべきであるという見解もあります[14]。

　このように，釈明権行使の行きすぎに対する法的措置について確立された見
解はありません。今後の議論は，裁判所の公平さを疑われないような釈明権行
使とはいかなるものであるべきかに向けられるべきであるように思われます。

課　題

　貸金返還請求訴訟において，裁判官は**消滅時効が完成している可能性があ
る**と考えているけれども，被告はそのことに気づいておらず，弁済を主張し
ているとします。

　あなたが裁判官の立場だったら，釈明権を行使して，被告に対して**消滅時
効の援用を示唆しますか**。本人訴訟の場合と，**弁護士が訴訟代理人である場合**
とで，結論は異なりますか。釈明権を行使する場合，どのようなことに留意
しますか。

　13）　上村・前掲注 10）321 頁，村松俊夫『民事裁判の研究〔新版〕』（有信堂，1967
　　　年）26 頁，小山 292 頁，吉野正三郎「釈明権の濫用と裁判官の忌避事由」同『民事
　　　訴訟における裁判官の役割』（成文堂，1990 年）203 頁，石田秀博「釈明権と裁判官
　　　の忌避事由」愛媛法学会雑誌 20 巻 3 = 4 号（1994 年）301 頁。
　14）　条解 142 頁［新堂幸司 = 高橋宏志 = 高田裕成］，新堂 88 頁。

第11講

裁判所は，当事者間に争いがない事実をそのまま判決の
基礎としなければならないか

——当事者の自白に裁判所が拘束される範囲

[1] 最判昭和41・9・22民集20巻7号1392頁[百選〔5版〕54]
[2] 最判昭和52・4・15民集31巻3号371頁[民事事実認定9]
[3] 最判昭和30・7・5民集9巻9号985頁[百選〔5版〕55]

▶キーワード　自白（裁判上の自白），自白の裁判所に対する拘束力
（審判排除効）・自白者に対する拘束力（不可撤回効），
自由心証主義，自白の不要証効（証明不要効），
主要事実・間接事実・補助事実，文書の成立の真正，
権利自白

自白の拘束力——弁論主義の第2テーゼ

　弁論主義の下で，裁判所は，当事者間に争いのない事実については証拠調べを行うことなく，判決の基礎としなければなりません（この原則は，「弁論主義の第2テーゼ」と呼ばれています）。「当事者間に争いのない事実」とは，当事者の一方によって自白された事実のことであり，自白（裁判上の自白ともいいます）とは，当事者の一方の裁判上の陳述であって，相手方の主張するその当事者に不利な事実と一致するものをいいます。

　自白には，相手方が主張するこちらにとって不利な事実を「認める」あるいは「争わない」という陳述のほか，そうした事実と内容的に一致する陳述があります。また，こちらが不利な事実をみずから陳述した後に，相手方がそれを援用した場合にも，自白が成立します。これを「先行自白」と呼びます。

　自白が成立した事実について，裁判所がその真偽を確認するために証拠調べをすることは禁じられます。自白が裁判所に対してこうした拘束力を有することは，自白の審判排除効と呼ばれています。民事訴訟において自白の審判排除効が認められている理由については，以下のような説明が考えられます。

　弁論主義の根拠に関する多数説（本質説と呼ばれています）は，民事訴訟におけ

る審理の対象は財産関係であり，これについては私人の自由な処分に委ねられていることを挙げています。財産法上は，契約関係については契約自由の原則が妥当し，個人がその意思に基づいて合意した内容については，裁判所は干渉することなく，有効なものと扱うべきものとされています。ある事実について自白が成立した場合にも，その事実の存在について訴訟当事者間に意見の一致があるのだから，裁判所はそれを尊重すべきである，ということになります。

　もっとも，法令に特別の定めがある場合には，当事者が合意した内容が法の規定に反するとして無効とされることもあります（例，消費契約 8 条から 10 条，借地借家 9 条・16 条・21 条・30 条）。また，定型化された約款を用いた契約関係（例，保険契約，銀行取引）については，当事者の具体的な意思ではなく，合理的な意思を裁判所が確定しなければならないこともあります。これらは，個人の利益を保護するために，立法や司法が契約内容の規制を行う場合です。裁判上の自白についても，適正な裁判を実現するためには，裁判所に対する拘束力を制限すべき場合がないかが問題となります。

　真実発見の要請が強い人事訴訟（例，離婚の訴え，親子関係の存否確認の訴え）においては，自白の拘束力は排除されています（人訴 19 条 1 項）。民事訴訟においても，通説および判例は，**審判排除効が生じる自白**を，**主要事実を対象とする**ものに限定しています。その理由はなにか，間接事実についての自白から検討していきましょう。

間接事実を対象とする自白の審判排除効 ──通説と有力説の対立

　主要事実は，訴訟物たる権利関係の存否を直接基礎づける事実であり，間接事実は，主要事実の存否を推認するのに役立つ事実です（**主要事実と間接事実の区別**については，第 9 講を参照）。

　間接事実を対象とする自白に審判排除効が認められるかについては，これを消極に解する通説と積極に解する有力説が対立しています。対立点は，**自由心証主義**（247 条）をめぐるものです[1]。

　自由心証主義の下では，裁判所は，口頭弁論の全趣旨および証拠調べの結果を判断資料として，自由な心証にしたがって主要事実の存否を認定します。特定の主要事実を認定するためにどのような証拠や事実，経験則を用いるかは，裁判所の自

由な判断に委ねられます。間接事実の自白に裁判所が拘束されるとすると，裁判所は，自白が成立した間接事実の真実性に疑いがある場合でも，その間接事実の存在を前提として，主要事実の存否についての心証を形成しなければなりません。これは，裁判所の自由心証を制約し，不自然な事実認定を強いるものであるというのが，通説の考え方です[2]。

これに対して有力説は，間接事実の自白に裁判所に対する拘束力を認めても，裁判所の自由心証を不当に制約することにはならないとしています[3]。通説と有力説とでは，裁判所の自由心証に対する考え方がどのように異なっているのか，図を使って説明しましょう。

主要事実 A　　　　　　a：A の存在を推認するのに役立つ

間接事実 a　間接事実 b　　b：A の不存在を推認するのに役立つ

主要事実 A については，当事者間でその存否が争われています。a は，A の存在を推認するのに役立つ間接事実であり，b は，A の不存在を推認するのに役立つ間接事実です。a と b とは両立する場合もあれば，両立しない場合（b が a の存在を打ち消す関係にある場合）もあります。

a の存在については，当事者間では自白が成立していますが，裁判所は疑いをもっているとします。

通説によれば，この場合に a の存在を前提として A の存否について心証を形成するように裁判所に要求することは，裁判所の自由心証を制約することにな

---

1)　間接事実の自白に審判排除効を認める見解の中には，争点整理を実効的なものにするためには，間接事実についても自白を認める必要があると主張するものもあります。山本和彦『民事訴訟法の基本問題』（判例タイムズ社，2002 年）166 頁以下。この見解が着眼するのは，当事者の主張を整理していく段階での自白の機能であり，これは，通説や有力説が問題にする，事実認定の段階における自由心証主義の規律とは別の論点です。

2)　兼子 248 頁，三ケ月・全集 391 頁，伊藤 363-364 頁など。

3)　新堂 587 頁，松本博之『民事自白法』（弘文堂，1994 年）92 頁，松本＝上野 333-334 頁，高橋（上）493 頁，菱田雄郷「裁判上の自白法則」新堂幸司監修『実務民事訴訟講座［第 3 期］第 4 巻』（日本評論社，2012 年）91 頁など。

ります。他方，有力説によれば，aの存在を打ち消すbの存在が認められない限り，aの存在を前提としてAの存在を推認するように裁判所に要求することは，裁判所の自由心証を制約するものではありません。まず，aからAを推認する作業において，裁判所の自由心証は排除されません。裁判所がAの存在を認定するのは，Aの存在を高度の蓋然性をもって確信することができた場合（Aが証明された場合）に限られます。また，自白者がbの存在を主張・立証すれば，裁判所はそのことも考慮して，Aの存否についての心証を形成することができます。

　別の言い方をすれば，両説の違いは，**自由心証主義の下で，裁判所は事実認定をどのように行うことが許されているのか**，という点にあります。すなわち，通説によれば，裁判所は，aの存在に疑いをもっていれば，aの存在について当事者の陳述が一致していてもaは存在しないものとして，Aの存否について判断することができるのに対し，有力説によれば，aの存在について当事者の陳述が一致しているならば，aの存在を打ち消すようなbの存在が証明されない限り，aは存在するものとしてAの存否について判断しなければならない，ということになります。

◣ 判例の傾向

　判例は，最判昭和31・5・25（民集10巻5号577頁）において通説と同様に，間接事実についての自白は裁判所を拘束しないとしています。ただし，その理由は明らかにしていません。さらに［1］最判昭和41・9・22（民集20巻7号1392頁［百選〔5版〕54］）（以下［1］判決といいます）は，「間接事実についての自白は，裁判所を拘束しないのはもちろん，自白した当事者を拘束するものでもないと解するのが相当である」と述べ，裁判所に対する拘束力だけでなく，自白した当事者に対する拘束力も否定していますが，やはりその理由は述べていません。

　自白した当事者に対する拘束力とは，自白の撤回が無条件では認められないことをいいます（不可撤回効，撤回制限効と呼ばれることもあります）。当事者が事実に関する主張を撤回することには制限がないのが原則ですが，自白については例外的に制限があります[4]。その理由については，相手方の信頼保護が挙げられています。すなわち，自白の裁判所に対する拘束力（審判排除効）により，

自白が成立した事実については証拠調べがされないわけですから，相手方はその事実を証明する必要がありません（これは，**自白の不要証効**，または**証明不要効**と呼ばれます）。そのため，証拠を廃棄したり，別の争点についての立証活動に集中したりすることもありえます。その後になって自白者が自白を撤回したとすると，再び証明をする必要が生じ，自白を信頼した相手方が不利益を被るので，自白の撤回には制限が設けられた，と説明されます。[1]判決はこの考え方にしたがって，間接事実についての自白は裁判所を拘束しないのだから，自白した当事者も拘束しない，と判示したと考えられます[5]。

　そうであるとして，通説・判例によれば，裁判所は事実認定をどのように行うことになるのでしょうか。[1]判決の事案を素材として，考えてみましょう。

［1]判決における間接事実

　[1]判決の事案は，X（原告・控訴人・上告人）がYら（被告・被控訴人・被上告人）に対して貸金30万円の支払を求めたというものです。Xは，訴訟物たる貸金債権（本件債権）はXの父AがYらに対して有していたものであり，Xはこれを相続により承継した，と主張しました。これに対してYらは，抗弁として次のように主張しました。

　Aは生前，本件債権をBに譲渡した。この債権譲渡は，AがBから買い受けた建物（本件建物）の代金70万円のうち，30万円の支払の方法として行われたものである。Yらは，この債権譲渡を承諾したうえ，Bに対して有していた債権をもって相殺した。

　Xは，AがBから本件建物を代金70万円で買い受けた事実を認めましたが，AからBへの債権譲渡の事実は争いました。

　第一審は，AがBから本件建物を買い受けた事実については自白が成立し

4）　通説・判例によれば，自白の撤回が認められるのは，①相手方の同意がある場合，②刑事上罰すべき他人の行為により自白した場合，および③自白が錯誤に基づいてされ，真実に反している場合に限られます。なお，③については，錯誤と反真実の両方が必要か，一方のみで足りるとすると，どちらが必要かをめぐって見解が分かれています。

5）　間接事実を自白した当事者が自白の撤回を無条件ではできない論拠を，裁判所に対する拘束力とは別の法理（たとえば，禁反言）に求めれば，間接事実についての自白は裁判所を拘束しないが，自白者を拘束するという考え方も成り立ちえますが，[1]判決はこうした考え方を採っていないと考えられます。

ているとし，AからBへの債権譲渡の事実を証拠により認定して，Xの請求を棄却しました。

　控訴審では，Xが自白の撤回を主張しました。しかし控訴審は，自白の撤回の要件を満たさないとしてこれを排斥したうえ，証拠によってAからBへの債権譲渡の事実を認定して，Xの控訴を棄却しました。

　Xがこれを不服として上告したところ，最高裁は原判決を破棄し，事件を原審に差し戻しました。

　最高裁によれば，「Yらの前記抗弁における主要事実は『債権の譲渡』であって，〔Xの〕自白にかかる『本件建物の売買』は，右主要事実認定の資料となりうべき，いわゆる間接事実にすぎない」。「間接事実についての自白は，裁判所を拘束しないのはもちろん，自白した当事者を拘束するものでもない」。そうであるにもかかわらず，原審が「前記自白の取消〔＝撤回〕は許されないものと判断し，自白によって，AがBより本件建物を代金70万円で買い受けたという事実を確定し，右事実を資料として前記主要事実を認定した」のは違法である，とされています。

　「本件建物の売買」の事実が，主要事実である「債権の譲渡」を推認させるのに役立つ間接事実であるという最高裁の判断に対しては，異論もあります[6]。しかし，以下では間接事実であるという前提で考えることにしましょう。

原審における証拠調べの必要性

　最高裁は，原審が，「AB間における本件建物の売買」についての自白の撤回を認めず，この事実を資料として「AからBへの債権譲渡」を認定したのは違法であるとしています。そうだとすると原審は，「AB間における本件建物の売買」については当事者間に争いがあるものとして，証拠調べを実施するべきであったということになります。問題は，かりに自白が撤回されず，かつ，

---

6)　山本克己「間接事実についての自白」法教283号（2004年）80頁は，AからBへの債権譲渡は，AのBに対する売買代金債務の代物弁済として行われており，本件建物の売買契約の締結は，代物弁済により消滅すべき債権の発生原因行為であるから，主要事実と解すべきであると主張しています。三ケ月章『判例民事訴訟法』（弘文堂，1974年）254頁以下，小林秀之『新 ケースでわかる民事訴訟法』（日本評論社，2021年）178頁も，債権譲渡の原因行為は主要事実と同様に扱うべきとします。債権譲渡の原因行為が主要事実か間接事実かについては，田中174-176頁も参照。

上記事実の存在について原審が疑いをもっていなかった場合でも，証拠調べを
する必要があるのかどうかです。

　通説は，間接事実についての自白は裁判所を拘束しないが，自白が成立した
間接事実については証明を要しない，としています[7]。判例も，前掲最判昭和
31・5・25において，裁判所は間接事実についての当事者の自白に拘束されな
いが，自白が成立した事実を主要争点たる事実の有無の判断資料にすることは
さしつかえないとしています。したがって，通説・判例の立場でも，裁判所が
当事者間に争いのない間接事実の存在について疑いを抱いていなければ，証拠
調べをする必要はないことになります[8]。

　もっとも，通説・判例の立場でも，自白が撤回された場合や裁判所が自白さ
れた間接事実の存在に疑いを抱くようになった場合には，証明の必要が生じま
す。そして，証拠調べの結果，自白された間接事実の存在が証明されなければ，
その事実を前提として主要事実を認定することはできません。これに対して有
力説の立場では，自白された間接事実の存在を否定する別の間接事実が証明さ
れていない限り，裁判所は，たとえ自白された間接事実の存在に疑いがあって
も，この事実を前提としなければならない，ということになります。

補助事実についての自白

　次に，補助事実を対象とする自白の審判排除効について検討しましょう。

　補助事実は，証拠の信用性に影響を及ぼす事実です。証人については，たと
えば，証人が一方の当事者の同居の親族であることが補助事実にあたりますが，
補助事実についての自白をめぐる議論が対象としてきたのは，文書についての
補助事実でした。具体的には，文書の成立の真正，すなわち，文書の記載内容
が作成者とされる者の意思に基づいていることについての自白に裁判所に対する拘
束力が認められるか，が論じられてきました。

　この問題については，文書の成立の真正が補助事実とされている理由から，

---

7)　兼子 248 頁，三ケ月・前掲注 6) 251 頁。

8)　すでに述べたように，自白に裁判所に対する審判排除効が認められる場合には，自
　白が成立した事実について証明をする必要はありませんが（自白の不要証効・証明不
　要効），通説・判例は，審判排除効がない間接事実についての自白にも，この効果を
　認めていることになります。

説明しましょう。

　文書の証拠価値（証明力・証拠力）には，**形式的証明力**（形式的証拠力）と**実質的証明力**（実質的証拠力）の区別があります。形式的証明力が，**文書の記載内容が作成者とされる者の思想の表現であると認められる**ことであるのに対し，実質的証明力は，**文書の記載内容が争いのある事実を証明するためにどの程度役立つ**かという問題です。文書をだれが作成したのか（文書の成立の真正）は，文書の記載内容が真実に合致しているかどうか（文書の実質的証明力）の判断に影響を与える事実です。そのため，補助事実と位置づけられるのです。

　文書の成立の真正については，証明が必要とされています（228 条 1 項）。問題は，**文書の成立の真正について当事者間に争いがない場合には，裁判所は，その文書は作成者とされる者の意思に基づいて作成されたものと扱わなければならないか**です。

　有力な学説は，契約書や遺言書のように，その文書によって意思表示その他の法律行為がされているもの（これは，処分証書と呼ばれます）について積極説を採っています[9]。その理由としては，処分証書について文書の成立の真正が認められれば，記載されている法律行為を文書の作成者が行ったことが直接的に証明されることが挙げられています。この見解によれば，文書に記載されている法律行為が主要事実に該当する場合には，その事実を直接的に証明する文書の成立の真正についての自白は，実質的には主要事実についての自白に匹敵する，したがって，主要事実についての自白と同様に，裁判所および当事者を拘束するものと解するべきである，ということになります。

　もっとも，有力説の議論を前提にすると，主要事実である契約の成立については争いがあるのに，それを直接的に証明する，契約書の記載内容が作成者の意思に基づくものであることについては争いがないのはなぜだろうか，という疑問がわきます。この疑問は，文書の成立の真正が認められる「文書」とは具体的にはどのような文書なのか，という問題にかかわります。次の判例を素材として，この問題を検討しましょう。

---

9)　中野貞一郎ほか編『新民事訴訟法講義〔第 3 版〕』（有斐閣，2018 年）318-319 頁〔春日偉知郎〕，三木ほか 237 頁〔三木〕。

◇ [2] 最判昭和 52 年 4 月 15 日

民集 31 巻 3 号 371 頁［民事事実認定 9］

事実の概要

　X（原告・控訴人・上告人）は，Y（被告・被控訴人・被上告人）が占有する土地（本件土地）の所有権を A から取得したと主張して，Y に対し，本件土地上に Y が所有する建物を収去して本件土地を明け渡し，明渡しまでの損害金を支払うように求める訴えを提起しました。X の主張によれば，本件土地は，もとは Y が所有していましたが，Y の A に対する貸金債務を担保するために，A と Y の代理人 B が停止条件付代物弁済契約を締結し，Y の債務不履行により A が所有権を取得した，とされています。

　XY 間では，B に代理権があったかどうか，仮に B に代理権がなかったとしても，民法 109 条の表見代理が成立するかどうか，Y が B の無権代理行為を追認したかどうかが争われました。他方，X が B の代理権を証明するために書証として提出した，B に代理権を与える旨が記載された Y 作成名義の委任状（本件文書）については，Y はその成立を認めると陳述したうえで，本件文書は，Y が他の目的で C に交付した白紙委任状を B が入手して勝手に空白欄を補充したものである，と主張しました。

　第一審，控訴審とも，Y から B への代理権授与はなく，表見代理は成立せず，追認の事実も認められないとして，X の請求を棄却しました。なお，控訴審判決は，Y は控訴審において本件文書の成立の真正についての自白を撤回したと認定しています。

　X は上告し，控訴審で Y が本件文書の成立の真正についての自白を撤回した事実はないにもかかわらず，原判決が Y の自白の撤回を認定したのは誤りである，と主張しました。

判　　旨

上告棄却。

　「論旨は，所論の各書証の成立の真正についての Y の自白が裁判所を拘束するとの前提に立って，右自白の撤回を許した原審の措置を非難するが，書証の成立の真正についての自白は裁判所を拘束するものではないと解するのが相当

であるから，論旨は，右前提を欠き，判決に影響を及ぼさない点につき原判決を非難するに帰し，失当である。原判決に所論の違法はなく，論旨は採用することができない。」

　本判決には，吉田豊裁判官の意見が付されており，本件文書の成立を認める旨のYの陳述について，次のように述べています。

　「記録により明らかな本件訴訟の経過に照らすと，Yが所論の各書証（委任状）の成立を認めると陳述したのは，これら委任状の受任者名，委任事項，日付がY以外の者によって記入される以前の，右各欄が空白のままの委任状用紙に，Yが署名押印したことだけを認めた趣旨であり，YがXの主張するような事項に関する代理権をBに授与するにつき作成した文書として，その成立の真正を自白した趣旨ではないことが明らかであって，原判決のいうようにYがいったん右自白をしたのちこれを撤回した場合にあたるとはいえない。」

　Yの陳述について，本件文書に記載されたYからBへの代理権授与がYの意思に基づくものであることを認める趣旨と解するならば，この陳述は，YがBへの代理権授与を否認していることと整合しません。そのため控訴審は，Yが上記陳述（自白）を撤回したと解したと思われます。しかし，吉田裁判官によれば，Yが認めているのは，空欄が補充される前の白紙委任状にYが署名押印したことに限られます。Bへの代理権授与を記載した委任状の成立の真正についてのYの自白は認められない以上，自白の撤回を論じるまでもなかったことになります。

　以上から示唆されるのは，文書の成立の真正についての自白の成否を裁判所が判断するにあたっては，まず，自白者が問題の文書をどのような文書と認識しているのかを確認する必要がある，ということです[10]。本件でも，裁判所が釈明権を行使する（⇒第10講）などして，Yがどのような文書についてその成立の真正を認めているのかを確認していれば，白地補充済みの委任状の成立の真正についてのYの自白は問題にならず，最高裁が本判決で「書証の成立の真正についての自白は裁判所を拘束するものではない」と述べる必要もなかっ

10）　本判決の評釈である塩崎勤・ジュリ666号（昭和52重判解）129頁，上原敏夫・民事事実認定54-55頁を参照。

たかもしれません[11]。

法律効果の存否についての両当事者の陳述の一致は自白にあたるか ——権利自白の拘束力

　主要事実についての自白に審判排除効が生じることに争いはありません。もっとも，主要事実について自白が成立したようにみえても，裁判所はそれに拘束されない場合もあります。たとえば，主要事実である契約の成立について自白が成立していても，それがいくつかある解釈の1つを前提としている場合に，裁判所がそれと異なる解釈に基づいて自白に反する主要事実（＝契約の不成立）を認定することは禁じられません。法の解釈適用は裁判所の職責であり，当事者の法の解釈に裁判所は拘束されるべきではないからです。

　この問題を扱った判例としては，[3] 最判昭和 30・7・5（民集 9 巻 9 号985 頁 [百選〔5 版〕55]）があります。事案は，X（原告・控訴人・上告人）が Y（被告・被控訴人・被上告人）から借りた 13 万円のうち，11 万円が返済されていないとして，Y が X に対する強制執行を開始したところ，X はすでに完済しているとして，強制執行の不許を求める請求異議の訴え（民執 35 条）を提起したというものです。

　X は，第一審では，13 万円について消費貸借の成立を認めていましたが，控訴審では，金を借りるに際して 1 万 9500 円を天引きされたから消費貸借は11 万 500 円について成立したにすぎないと主張しました。控訴裁判所は，X の主張を自白の撤回にあたるとしたうえで，撤回の要件を満たさないとして撤回を許さず，X の控訴を棄却しました。これに対して X が上告したところ，最高裁は X の上告を容れて原判決を破棄し，事件を原審に差し戻しました。

　最高裁は，第一審における X の陳述も控訴審における X の陳述も，X の**法律上の意見の陳述であって自白にはあたらない**とし，その理由を以下のように述べています。

　「消費貸借に際し，利息の天引が行われたような場合に，幾何の額につき消費貸借の成立を認めるかは，具体的な法律要件たる事実に基いてなされる法律効果の判断の問題であるから，天引が主張され，消費貸借の法律要件たる事実

11）　塩崎・前掲注 10）129 頁参照。

が明らかにされている以上，法律上の効果のみが当事者の一致した陳述によって左右されるいわれはないからである。」

　この判決は，法律効果の存否について両当事者の陳述が一致しても，自白は認められないとしていますが，同じく法律効果の存否についての陳述であっても，自白の成立を認めてよいとされる場合もあります。それは，XとYの間である不動産（本件不動産）の所有権が争われている事案で，Xは，本件不動産はBが所有していたが，これをAが買い受け，AからXが相続したと主張したのに対し，Yは，Bから買い受けたのはAではなく，自分であると主張した場合です。本件不動産をもとはBが所有していたことについてはXとYの主張は一致していますが，これも，「Bが本件不動産の所有権を前主（C）から売買や相続によって承継した」という法律効果についての陳述ですから，[3]判決によれば自白は認められないことになりそうです。しかし，この場合に自白が認められないとすると，裁判所は，Cが所有者であり，CからBが所有権を承継したことを当事者の主張・立証に基づいて判断しなければなりません。Cが所有者であることは，Cの前主が所有者であったことを前提とするため，さらに遡って本件不動産の所有権者を確定する必要が生じます。理論上は，地租改正まで遡らなければならないので，Bがもとの所有者であることについて両当事者の主張が一致しているならば，それを前提として審理を進めてよいこととされています。

　有力な見解は，訴訟物たる権利の前提となる権利（例，訴訟物が所有権侵害に基づく損害賠償請求であるときの所有権）のほか，過失や正当事由のような不特定概念（内容が抽象的であるため，具体的事実へのあてはめにあたり裁判官の評価を必要とする概念）についても，当事者がそうした権利や法概念の内容を訴訟物との関係で十分に理解したうえで，それを争わない意思を明確にしているのであれば，自白の成立を認めるべきとしています[12]。こうした自白は，権利自白と呼ばれていますが，権利自白に不要証効（証明不要効）だけでなく，審判排除効まで認められるとすると，法の解釈・適用に関する裁判所の権限が後退する結果となることは否定できません。これをどこまで認めてよいか，当事者の理解や意

---

12)　新堂591頁，松本・前掲注3) 196-197頁，松本＝上野332-333頁，高橋（上）509頁，三木ほか247頁［三木］など。

思を理由に正当化することができるのか，は今後の課題です。

■課　題■

　すでに述べたように，文書を証拠として使用するためには，その成立の真正を証明しなければなりません（228条1項）。その場合には，**二段の推定**と呼ばれる考え方が用いられます。これは，私文書に押印がある場合には，その印影が作成者本人の印章によるものであることを証明すれば，本人の意思に基づく押印であることが推定されるという判例法理と，作成者本人の押印があるときは，文書の全体について成立の真正を推定すると規定する228条4項とを組み合わせて，文書の成立の真正を証明するものです。もっとも，一段目の判例法理は経験則を用いた事実上の推定ですから，反証があれば覆ります。どのような場合に反証があったといえるでしょうか。判例法理が前提としているのはどのような経験則かをヒントに，考えてみてください。

▎第 12 講▎

当事者は，相手方が主張責任・証明責任を負っている事実についても，主張・立証をしなければならないか

──原子炉設置許可処分の取消訴訟における当事者の主張・立証のあり方

最判平成 4・10・29 民集 46 巻 7 号 1174 頁［百選〔5 版〕62］

▶キーワード　主張責任・証明責任，法律要件分類説，事案解明義務，模索的証明

◥▔ 主張責任・証明責任

　まず，主張責任・証明責任の概念について確認しましょう。

　弁論主義の下で，裁判所は，当事者のいずれも主張しない主要事実を判決の基礎とすることができません（弁論主義の第 1 テーゼ。⇒第 9 講）。そのため当事者は，自己に有利な主要事実を主張しなければ，相手方がその事実を主張しない限り，敗訴する危険を負担します。この負担のことを**主張責任**といいます。

　これに対して**証明責任**（立証責任と呼ばれることもあります）は，審理を終える段階になっても主要事実の存否についての裁判所の心証が証明度に達せず，存否いずれとも判断しがたい状態（これを**真偽不明**または**ノンリケット**といいます）になったときに，その主要事実を要件とする法律効果の発生が認められず，敗訴の危険を負うのはどちらの当事者かという問題です。**自由心証主義**の下で裁判所が主要事実の存否についての審理を尽くしても，その主要事実があるともないとも確信を抱くことができないという事態は，頻繁にあることではありませんが，弁論主義を採るか，職権探知主義を採るかにかかわらず，起こりえます。したがって証明責任は，弁論主義とは直接の関係がなく，この点で主張責任とは異なるのですが，通説は，両者の分配基準は同一であると解しています。すなわち，ある主要事実について証明責任を負う当事者は，主張責任も負うことになります。

主張・証明責任の分配基準

　証明責任の分配，すなわち，ある主要事実について証明責任を負うべきなのはどちらの当事者かという問題についての通説は，**法律要件分類説**と呼ばれる考え方です。これは，法律効果を定めた実体法規を，（ア）**権利根拠規定**（権利の発生を定める規定），（イ）**権利消滅規定**（いったん発生した権利の消滅を定める規定），および（ウ）**権利障害規定**（権利根拠規定または権利消滅規定に基づく法律効果の発生の障害を定める規定）に分類し，各当事者は，自己に有利な法律効果を基礎づける主要事実について証明責任を負う，というものです。**主張責任の分配**についても，同じ基準によることになります。貸金返還請求権の存否が争われている訴訟を例にとれば，主張・証明責任の分配は以下のようになります。

　（ア）貸金返還請求権の発生を定める規定は民法 587 条であり，権利の発生を基礎づける主要事実（**権利根拠事実**）として，金銭の授受と返還約束を規定しています。貸金返還請求権の発生は債権者にとって有利な法律効果ですから，金銭の授受と返還約束については，債権者が主張・証明責任を負います。

　（イ）貸金返還請求権の消滅を基礎づける主要事実（**権利消滅事実**）としては，弁済（民 473 条），免除（民 519 条），消滅時効の完成（民 166 条 1 項）などがあります。これらの主要事実については，貸金返還請求権の不存在を主張する者（債務者，保証人など）が主張・証明責任を負います。

　（ウ）貸金返還請求権の発生の障害を基礎づける主要事実としては，たとえば，消費貸借契約の無効（貸金業 42 条）があり，消滅時効の完成による貸金返還請求権の消滅の障害を基礎づける主要事実としては，消滅時効の完成猶予（民 147 条 1 項など）があります。これらの主要事実（**権利障害事実**）については，貸金返還請求権の発生または消滅の効果を争う者が主張・証明責任を負います。

主張・証明責任を負わない当事者の主張・立証の必要

　すでに述べたように，裁判所が，審理を終える段階にいたってもある主要事実が存在するともしないとも確信を抱けないという事態は，そう頻繁に起きるものではありません。そうではあっても，証明責任は実務において重要な役割を果たしています。たとえば，ある主要事実について証明責任，そして主張責任を負う当事者は，その事実を積極的に主張・立証しようとします。裁判所も，その当事者に対して釈明権（⇒第 10 講）を行使して主張・立証を促すことがあ

ります。当事者が十分な主張・立証を行った場合には，相手方は，その事実の
存在について裁判所が確信を抱かないように，自己に有利な証拠を提出しま
す[1]。証明責任を負う当事者は，相手方の提出した証拠の価値（証明力・証拠
力）を争ったり，みずからに有利な証拠を提出したりします。こうした当事者
および裁判所の訴訟行為を通じて，争いのある事実の存否が徐々に明らかに
なっていきます。

　もっとも，このように審理が進んでいくのは，それぞれの当事者が自己に有
利な事実や証拠を提出できる状態にあるときです。事件に関する事実や証拠が
主張・証明責任を負っていない当事者の側に偏在していて，主張・証明責任を
負う当事者はそれらにアクセスすることができないという場合には，そうはい
きません。このような場合に事件の事実関係を解明するためには，主張・証明
責任を負わない当事者にも事実や証拠の提出を求める必要があります。この問
題に着眼した理論として，**主張・証明責任を負わない当事者の事案解明義務**とい
う考え方があります。

　この考え方は，一定の要件を満たす場合には，主張・証明責任を負わない当
事者に，事案解明のために必要な具体的事実を主張し，証拠を提出する訴訟上
の義務を課すものです。その要件とは，主張・証明責任を負う当事者が，①事
件の事実関係から隔絶されており，②事実関係を知りえなかったことについて
非難可能性がなく，③自己の主張を裏付ける具体的な手掛かりを提示しており，
④相手方当事者に事案解明（事実の主張または証拠の提出）への協力を期待する
ことが可能であること，です[2]。

　次の判例が事案解明義務の理論とどのような関係に立つのかについては，議
論がありますが，その問題を検討する前にまず，事実関係がどのようなもの
だったのか，判旨はどのような議論を展開しているのか，をみていきましょう。

---

1)　ある主要事実について証明責任を負う当事者は，その事実の存在を裁判所が確信す
　るように立証活動を行う必要があります。これを**本証**といいます。これに対して，相
　手方はその事実の不存在を裁判所に確信させる必要はなく，その事実の存在について
　の裁判所の確信を揺るがし，真偽不明の状態に持ち込むことで足ります。こうした相
　手方の立証活動を**反証**といいます。
2)　春日偉知郎『民事証拠法論』（商事法務，2009 年）17 頁。

◇ 最判平成 4 年 10 月 29 日

民集 46 巻 7 号 1174 頁〔百選〔5 版〕62〕

事実の概要

　A 電力会社は，愛媛県西宇和郡伊方町に原子力発電所の建設を予定し，内閣総理大臣に対して原子炉設置許可を申請しました。内閣総理大臣が原子炉設置許可処分（以下，「本件処分」といいます）を行ったところ，X ら（伊方町および近隣の町に居住する住民。原告・控訴人・上告人）が，本件処分には原子炉施設の安全審査に瑕疵があると主張して，本件処分の取消しを求める訴えを提起しました[3]。

　第一審は X らの請求を棄却し，控訴審も X らの控訴を棄却しました。そこで X らが上告しました。

判　旨

上告棄却。

　「原子炉施設の安全性に関する判断の適否が争われる原子炉設置許可処分の取消訴訟における裁判所の審理，判断は，原子力委員会若しくは原子炉安全専門審査会の専門技術的な調査審議及び判断を基にしてされた被告行政庁の判断に不合理な点があるか否かという観点から行われるべきであって，現在の科学技術水準に照らし，右調査審議において用いられた具体的審査基準に不合理な点があり，あるいは当該原子炉施設が右の具体的審査基準に適合するとした原子力委員会若しくは原子炉安全専門審査会の調査審議及び判断の過程に看過し難い過誤，欠落があり，被告行政庁の判断がこれに依拠してされたと認められる場合には，被告行政庁の右判断に不合理な点があるものとして，右判断に基づく原子炉設置許可処分は違法と解すべきである。

　原子炉設置許可処分についての右取消訴訟においては，右処分が前記のような性質を有することにかんがみると，被告行政庁がした右判断に不合理な点があることの主張，立証責任は，本来，原告が負うべきものと解されるが，当該

---

　3)　この訴えの被告は，当初は本件処分を行った内閣総理大臣でしたが，その後の法改正により，控訴審係属中に通商産業大臣（当時）が被告の地位を承継しています。

原子炉施設の安全審査に関する資料をすべて被告行政庁の側が保持していることなどの点を考慮すると，被告行政庁の側において，まず，その依拠した前記の具体的審査基準並びに調査審議及び判断の過程等，被告行政庁の判断に不合理な点のないことを相当の根拠，資料に基づき主張，立証する必要があり，被告行政庁が右主張，立証を尽くさない場合には，被告行政庁がした右判断に不合理な点があることが事実上推認されるものというべきである。」

◢ 原子炉設置許可処分の取消訴訟における司法審査のあり方

　本件において，裁判所はどのような事項について審理・判断を行うべきでしょうか。この問題に関する本判決の考え方を確認しましょう。

　原子炉設置許可処分の取消訴訟は，行政事件訴訟法における「処分の取消しの訴え」（同法3条2項）にあたります。審理・判断の対象は，内閣総理大臣が行った原子炉設置許可処分に違法性があるかどうかです。この点に関する根拠条文は，昭和52年法律第80号による改正前の「核原料物質，核燃料物質及び原子炉の規制に関する法律」の24条です。同条1項は，内閣総理大臣は，原子炉設置の許可申請が同項各号に適合していると認めるときでなければ許可をしてはならない旨を規定しており，同項3号は「〔原子炉設置の許可申請をした者〕に原子炉を設置するために必要な技術的能力及び経理的基礎があり，かつ，原子炉の運転を適確に遂行するに足りる技術的能力があること」を，同項4号は「原子炉施設の位置，構造及び設備が核燃料物質（使用済燃料を含む。……），核燃料物質によって汚染された物（原子核分裂生成物を含む。……）又は原子炉による災害の防止上支障がないものであること」を挙げています。そうだとすると，本件において裁判所は，本件処分がこれらの要件を満たすものであったかを審理・判断すべきことになります。

　その場合の審理・判断の方法としては，裁判所が，安全審査を行った被告行政庁（内閣総理大臣）に代わって，みずから原子炉施設の安全性について審理し，その結果と本件処分とを比較して，本件処分に違法性があるかを判断することが考えられます（実体的判断代置方式と呼ばれます）。しかし本判決は，この方法を採るべきだとは考えていません。裁判所の審理・判断は，「被告行政庁の判断に不合理な点があるか否かという観点から行われるべき」であるとし，司法審査の範囲を限定しています。

▷ 原子炉設置許可処分の違法性の主張・証明責任

(1)　本判決の考え方——事案解明義務論との関係

　次に，被告行政庁の判断に不合理な点があり，原子炉設置許可処分が違法であることについては，どちらの当事者が主張・証明責任を負うべきでしょうか。

　この点についての本判決の判示は，微妙です。すなわち，「本来，原告が負うべきものと解される」としつつ，「被告行政庁の側において，まず，……被告行政庁の判断に不合理な点のないことを相当の根拠，資料に基づき主張，立証する必要があ」るとしています。そして，「被告行政庁が右主張，立証を尽くさない場合には，被告行政庁がした右判断に不合理な点があることが事実上推認される」としています。ここには，従来の主張・証明責任の理論とは異なる考え方がみられるようにも思われます。

　【主張・証明責任を負わない当事者の主張・立証の必要】の項でも述べたように，通常は，ある主要事実を主張・立証する必要があるのは，その事実について主張・証明責任を負う当事者（本件では，原告であるＸら）です。この当事者の証明が成功しそうであれば，相手方（本件では，被告行政庁）は，それを妨げるために自己に有利な証拠を提出する必要がありますが，そこまでの状態でないならば，積極的に証拠を提出する必要はありません。また，この段階で相手方が主張・立証をしなかったからといって，そのことを理由に，裁判所が相手方に不利な事実認定を行うこともありません。

　本判決によれば，原子炉設置許可処分の違法性について主張・証明責任を負うのは原告（Ｘら住民）です。したがって，原告は，「被告行政庁の判断に不合理な点があること」を主張・証明しなければなりません。ところが，この点について主張・証明責任を負わない被告行政庁が，まず，「被告行政庁の判断に不合理な点のないこと」を主張・立証する必要があり，それをしないと，「被告行政庁の判断に不合理な点があること」が事実上推認される，つまり，敗訴する危険を負うとされています。そしてそれは，「原子炉施設の安全審査に関する資料をすべて被告行政庁の側が保持していることなど」を考慮した結果だというのです。

　こうした議論は，事実や証拠が主張・証明責任を負わない当事者の側に偏在している場合には，その当事者に事案解明に協力する訴訟上の義務があるとし

ているようにもみえます。これは，事案解明義務の考え方と共通することから，本判決の理解として，事案解明義務の理論を実質的に承認し，採用したものとみる見解があります[4]。

(2) その他の見解

他方で，本判決が事案解明義務論を採用したといえるかは疑問だとする見解もあります。この見解によれば，事案解明義務論が要求する 4 つの要件のうちの③の要件（主張・証明責任を負う当事者が自己の主張を裏付ける具体的な手掛りを提示していること）を本判決は要求していない，とされています[5]。

このほか，本判決の意義は，当事者間に情報が偏在している訴訟の典型である医療過誤訴訟において裁判実務が編み出してきた審理方式を，最高裁が合理的なものとして肯認したことにあるとする見解もあります。その審理方式とは，(1)原告が訴状作成時点で把握している事実に基づき，被告の不完全履行または過失の評価根拠事実（これらの法的評価を基礎づける具体的な事実）を主張する，(2)被告が診療記録等の客観的資料に基づき，一連の診療行為の過程を主張・立証するとともに，被告の診療行為が適切な（合理的な）ものであって落度がないことを具体的に主張・立証する，(3)原告は，(2)を受けて，被告の不完全履行または過失の評価根拠事実，原告の損害と被告の診療行為との間に因果関係があること等を再構成して主張・立証する，(4)被告は，(3)の原告の主張・立証に対する反論・反証を提出する，といった段階を踏んで手続が進行し，原告は(3)の点について主張・立証責任を負う，というものです。本件の控訴審判決が，あるべき審理の手順として，原子炉施設の安全性を争う側において行政庁の判断に不合理があることを指摘し，行政庁においてその指摘をも踏まえて，自己の判断が不合理でないことを主張・立証すべきであるとしているのは，医療過誤訴訟における上記の審理方式を参考にしたものであり，本判決も控訴審判決と異なる立場に立つものではない，とされています[6]。

---

4) 竹下守夫「伊方原発訴訟最高裁判決と事案解明義務」木川統一郎博士古稀祝賀『民事裁判の充実と促進（中）』（判例タイムズ社，1994 年）2 頁，10 頁。
5) 山本克己「事案解明義務」法教 311 号（2006 年）90-91 頁。
6) 田中 256-257 頁。

本判決の位置づけと学説の議論の展開——検討課題

　以上のとおり，本判決が事案解明義務の理論を採用したものであるかについ
ては，評価が分かれています。また，原子炉設置許可処分の取消訴訟において
は，被告行政庁は，本来は主張・証明責任を負わない事実についても主張・立
証をする必要があるという判示に，はたして先例的価値が認められるのかにつ
いても疑問が提起されています。控訴審判決は，被告行政庁の側の主張・立証
が十分になされた結果，その判断に不合理な点があったことについてのＸら
の立証は不成功に終わったと判断しています[7]。そうだとすると，被告行政庁
の主張・立証の必要とその効果に関する上記判示は，傍論ということになるか
らです[8]。

　そうではありますが，学説上は，主張・証明責任を負わない当事者が主張・
立証をする義務についてさまざまな議論が展開されており，その際には，本判
決の理論上の意義も論じられています[9]。議論の詳細については，これまでの
注で引用した文献を読んでもらうことにして，以下では留意すべきポイントを
記しましょう。

　(1)　事案解明義務の理論が③の要件を設定しているのは，**模索的証明**との関
係を意識したからです。当事者が証拠の申出を行うに際しては，**証明すべき事
実**（証明主題ともいいます）を特定しなければなりませんが（180 条 1 項），模索的
証明は，証明主題を抽象的な内容にとどめて行う証拠の申出です。たとえば，
本件でＸらが具体的な根拠を示すことなく，本件処分は違法であると主張して，
そのことを証明主題とする証拠の申出をしたとすれば，それは模索的証明にあ
たります。

　模索的証明は，立証活動を行う当事者が憶測に基づいて行った事実の主張に
ついて証拠調べをすることを可能にし，相手方の防御権を侵害するため，一般

---

7)　高松高判昭和 59・12・14 判時 1136 号 3 頁，42-52 頁。
8)　上原敏夫・百選〔3 版〕155 頁，田中 259 頁。
9)　これまでに引用した文献のほか，松本博之「民事訴訟における証明責任を負わない
　　当事者の具体的事実陳述＝証拠提出義務について」曹時 49 巻 7 号（1997 年）1611 頁
　　以下，畑瑞穂「模索的証明・事案解明義務論」鈴木正裕先生古稀祝賀『民事訴訟法の
　　史的展開』（有斐閣，2002 年）607 頁以下などがあります。議論の状況を概観するに
　　は，髙田昌宏「主張・立証の方法」法教 221 号（1999 年）31 頁以下，三木浩一＝山
　　本和彦編『民事訴訟法の改正課題』（有斐閣，2012 年）18-19 頁を参照してください。

的には不適法とされていますが，証明主題が抽象的であっても，一応納得することのできる筋の通った記載があれば，例外的に許容されるといわれています。これにヒントを得て，事案解明義務の要件についても，主張・証明責任を負う当事者に，みずからの主張が一応納得しうるものであることを示す具体的な手掛りの提示を要求した，と説明されています[10]。

　これに対しては，一般的には③の要件が必要であるとしても，本件のＸらは原子炉の安全性審査の過程からまったく隔離されているので，③の要件を満たしていなくても被告行政庁の事案解明義務を認めてよいという議論もあります[11]。③の要件の要否については，当事者間に情報が偏在する訴訟において，主張・証明責任を負う当事者の負担を軽減する必要と，相手方の防御権の保障や審理対象を明確化する必要とをどのように調整するべきかという観点から，考えてみてください。

　(2) 主張・証明責任を負わない当事者が事案解明に協力しなかった場合の効果についても，議論があります。

　事案解明義務の理論からは，裁判所は，主張・証明責任を負う当事者の主張を真実であると認める（擬制する）ことができるが（224条3項類推），事案解明に応じない当事者の帰責性が必ずしも高くないときは，事案解明義務に違反した事実から証明すべき事実を推定する（事実上の推定）にとどまることもある，という主張がされています[12]。

　事実上の推定は，裁判所が経験則を用いてある事実を推認することです。これに対して真実擬制は，裁判所の心証の程度を問わず，ある事実の存在を認めてしまうものです。

　本判決は，「被告行政庁がした右判断に不合理な点があることが<u>事実上推認される</u>」と述べており，義務違反から被告行政庁がした判断に不合理な点があることを擬制するのではなく，事実上の推定を行うにとどめているようにみえます。これに対しては，本件において事実上の推定を行うことはできないとい

---

　10)　春日・前掲注2) 45-46頁。
　11)　山本弘「民事訴訟法学の見地からみた行政事件訴訟法改正」民商130巻6号（2004年）1036頁。
　12)　春日偉知郎『民事証拠法研究』（有斐閣，1991年）258-262頁，同・前掲注2) 376-377頁。

う議論もあります。この場合に事実上の推定を行うためには、「事実や証拠を提出しうる立場にある当事者がそれを拒絶する場合には、その者に不利な事実関係が存在する」という経験則の存在が必要ですが、そうした経験則が認められるのか、疑わしいからです[13]。

　この議論を前提にすれば、被告行政庁が事案解明義務に違反したときは、裁判所はその心証がどうであれ、被告行政庁の判断に不合理な点があると認めてよい、と解すべきことになりそうです[14]。この結論が妥当かどうか、文献を読んで考えてみてください。

---

13)　髙田・前掲注9）32頁。
14)　竹下・前掲注4）22頁参照。

Part4
判決の効力・訴訟の終了

▌第13講▐

訴訟の基準時（事実審の口頭弁論終結時）までに行使することができた形成権を基準時後に行使することは可能か

——既判力の遮断効との関係

[1] 最判昭和 55・10・23 民集 34 巻 5 号 747 頁〔百選〔5 版〕77〕
[2] 最判平成 7・12・15 民集 49 巻 10 号 3051 頁〔百選〔5 版〕78〕

▶キーワード　既判力の意義，既判力の消極的作用・積極的作用，
　　　　　　　訴訟の基準時，既判力の遮断効，基準時後の形成権の
　　　　　　　行使

既判力の意義

本講では，既判力について学びます。

既判力は，確定した終局判決における請求についての判断に認められる通用性あるいは拘束力だといわれています。

終局判決とは，係属する訴訟の全部または一部をその審級について終結させる判決のことです（審級を終結させる効力をもたない判決は，**中間判決**と呼ばれます）。終局判決は，上訴によって取り消される可能性がなくなったときに**確定**します。これによってその訴訟の**当事者**は，確定した終局判決において示された請求についての判断に拘束され，同一事項が再び問題になったときに，これと異なる主張をすることができなくなります。同様に，同一事項についての再度の訴えが係属した裁判所（**後訴裁判所**と呼ばれます）も，既判力が生じた判断に拘束され，これと矛盾する判断をすることができません。

既判力が存在することによって，同一事項についての訴訟が繰り返されることが抑止され，**紛争の終局的解決**を達成することができます。既判力制度がなければ，裁判所が終局判決において請求の当否についての判断をし，その判決が確定しても，当事者はこれと異なる判決を求めて何度でも訴えを提起できることになり，裁判制度を設けた意味が失われてしまいます。既判力は，裁判制度を維持するうえで不可欠な制度であり，公益的な性格を有しているため，裁判所は，既判力のある確定判決が存在するか否かについて，当事者からの指摘

をまたずに調査をしなければならない（＝既判力の存在は**職権調査事項**である）こ
とになっています。

既判力の作用

　確定判決の既判力が後訴においてどのように作用するかについては，消極的
作用と積極的作用があるといわれています。

　消極的作用とは，既判力の拘束を受ける当事者は，既判力が生じた判断と矛
盾・抵触する主張をしたり，その主張を立証するための証拠を提出したりする
ことができず，また，後訴裁判所は，当事者がそうした主張や証拠の申出をし
ても，その当否を審理してはならないことをいいます。

　積極的作用とは，後訴裁判所が裁判を行うに際しては，既判力が生じた判断
を前提としなければならないことをいいます。

　ここでいう「**既判力が生じた判断**」とは，前訴確定判決において示された
「**訴訟物たる権利関係の存否についての判断**」です。たとえば，ＸがＹに対して
甲不動産の所有権確認の訴えを提起し，Ｘ勝訴の判決が確定したとすると，Ｘ
が甲不動産の所有権を有しているという判断に既判力が生じていることになりま
す。その後に，ＹがＸに対して甲不動産の所有権確認の訴えを提起した場合に，
Ｙがこの判断と矛盾する主張や証拠の申出をすることは禁じられ，裁判所は，
Ｙがそうした主張や証拠の申出をしてもその当否について審理せず，また，こ
の判断を前提として裁判をしなければならないことになります。

　ここで問題になるのは，**既判力が認められるのは，いつの時点における訴訟物
たる権利関係の存否についての判断なのか**，です。

既判力の標準時または訴訟の基準時

　訴訟物たる権利関係は時間の経過とともに変化します。上記の例における甲
不動産の所有権も，たとえば，前訴判決の確定後にＹがＸから甲不動産を買
い取っていたり，Ｙが時効取得したりしていれば，その現在の主体はＸではな
くＹだということになります。このような場合にまで，**Ｘが甲不動産の所有権
を有している**という判断と矛盾するＹの主張や証拠の申出を裁判所は排斥しな
ければならず，Ｙの所有権を確認する判決ができないというのは不合理です。
既判力が認められる判断には，時間的な制限がある（これを**既判力の時的限界**と呼

びます）といわなければなりません。

　この問題は，**既判力の標準時あるいは訴訟の基準時**という概念によって解決されます。具体的には，**既判力が生じる判断を，前訴の事実審の口頭弁論終結時**（民執35条2項）**における訴訟物たる権利関係の存否についての判断に限定する**，というものです。前訴の基準時として**事実審の口頭弁論終結時**が選ばれたのは，この時点までであれば，当事者は事実に関する資料（主張および証拠）を提出することができ，この時点までに提出された資料のみが確定判決の基礎となるからです。

　前訴の基準時後に新たに生じた事由（たとえば，上記の例におけるYが甲不動産の所有権をXから売買により取得した事実）は，前訴で当事者が提出することはできず，前訴裁判所も判決の基礎とすることができなかったものですから，**後訴において当事者が提出しても，前訴確定判決の既判力に抵触しません**。後訴裁判所は，前訴確定判決の既判力ある判断を前提として（既判力の積極的作用），**前訴の基準時後に新たに生じた事由**（＝基準時後の新事由）があればそれも資料として，判決をすることになります。

既判力の遮断効

　逆にいえば，当事者が**前訴の基準時までに存在した事由を後訴で提出して，前訴確定判決の既判力ある判断を争うことはできず，後訴裁判所もそうした事由について審理することはできません**（既判力の消極的作用）。たとえば，売買代金債務の支払請求訴訟において，被告が弁済の事実や売買契約が無効であることを主張しなかったり，主張しても認められなかったりした結果，売買代金債務の存在が認められ，原告勝訴の判決が確定した後に，被告が売買代金債務の不存在確認の訴えを提起して，これらの事由を主張することはできません。主張しなかったのは，被告が前訴の基準時までにこれらの事由の存在を知らなかったためであり，知らないことに過失はなかったといった事情があっても，後訴で主張することはできないとされています。基準時前に存在していた事由を後訴で主張できるか否かが当事者の主観的事情に左右されるとすると，既判力の範囲が明確ではなくなるからです。

　以上のように，前訴判決の既判力の作用が後訴において問題となる場合において，前訴の基準時前に存在した事由を後訴で主張することは，既判力の消極

的作用によって禁じられます。このことは，**既判力の遮断効**（または失権効，排除効）と呼ばれています。

◤ 基準時後の形成権の行使

　当事者の意思表示をまって効力を生じる**形成権**（例，取消権，解除権，相殺権）については，既判力の遮断効が認められるかが問題になることがあります。それは，**形成原因は基準時前にすでに存在していたけれども，当事者が形成権を行使し，権利関係が変動したのは基準時後であったという場合**です。

　たとえば，不動産の売主Ｘが買主Ｙに対して，代金の支払を求める訴えを提起したとしましょう。裁判所が代金債務の存在を認め，Ｘ勝訴の判決が確定したため，Ｘはこの判決に基づいてＹに対して強制執行を開始しました。Ｙは，強制執行の阻止を求めるために請求異議の訴え（民執35条）を提起し，売買契約はＸの詐欺によって締結したものであるから取り消す（あるいは前訴の基準時後に取り消した）と主張したとします。

　Ｙが確定判決に基づく強制執行を阻止するためには，請求異議の訴えにおける異議の事由として，**基準時後に生じた事由**を主張しなければなりません（民執35条2項）。Ｙが詐欺による取消権（民96条1項）を行使したのは基準時後ですから，Ｙの主張は異議の事由として認められるようにも思われます。しかし通説は，基準時後の取消権の行使は請求異議事由にはならない（既判力によって遮断される）としています。その理由としては，①取消権の行使が遮断されないとすると，より重大な瑕疵である無効の主張が遮断されること（⇒【既判力の遮断効】）と釣合いがとれないこと，および②基準時前には取消権を行使せず，強制執行の段階で請求異議事由として取消権を主張して相手方の権利の実現を妨げようとする当事者は，保護に値しないことが挙げられています。

　以上は，Ｙが基準時後に請求異議の訴えではなく，売買代金債務の不存在確認の訴えを提起した場合にもあてはまる（取消権の行使は，既判力によって遮断される）と解されています。

　他方，有力な見解は，基準時後の取消権の行使は既判力によっては遮断されないと解しています。その理由としては，㋐前訴の基準時における訴訟物たる権利の存在についての判断は，取り消される可能性のある権利の存在を確定するものであって，将来において取り消される可能性がないことまで確定するも

のではないこと，④無効と取消しの違いは，瑕疵の軽重にではなく，瑕疵ある法律行為を否定する効果の発生を保護されるべき者の意思表示にかからせるのが妥当か否かにあるのだから，通説の挙げる無効との均衡論は理由にならないこと，⑤取消権の行使が既判力によって遮断されるとすると，実体法が取消権の行使期間を法定した（民126条）趣旨が損なわれることなどが挙げられています[1]。

基準時後の取消権の行使に関する判例の変遷

大審院時代の判例は，有力説と同様の見解をとっていました[2]。ところが最高裁は，最判昭和36・12・12（民集15巻11号2778頁）（以下「昭和36年判決」といいます）において，**書面によらない贈与についての取消権**（民550条）[3]を基準時後に行使することは，既判力の効果として許されないとしました。さらに，次の判例において，**詐欺による取消権**についても同様の判示をしています。

◇［1］最判昭和55年10月23日

民集34巻5号747頁［百選〔5版〕77］

事実の概要

X（原告・控訴人・上告人）とY（T市。被告・被控訴人・被上告人）は，Xが国から払下げを受けた土地（本件土地）について，その所有権をめぐって争っていました。争点は，XがA村（後にYと合併）との間で締結した，本件土地をA村に売り渡す旨の売買契約（本件売買契約）の効力でした。

A村を原告とし，Xを被告とする所有権確認および所有権移転登記手続を求める訴え（前訴）においては，A村の勝訴判決がされて確定し，Yは本件土地について所有権移転登記を経由しました。

---

1) 中野貞一郎「形成権の行使と請求異議の訴」同『強制執行・破産の研究』（有斐閣，1971年，初出1965年）36頁以下，44-50頁。

2) 大判明治42・5・28民録15輯528頁，大判大正14・3・20民集4巻141頁，大判昭和4・11・22評論19巻民訴4頁など。

3) 平成29年改正後の民法550条は，書面によらない贈与は，各当事者が「解除」をすることができるとし，改正前は，「撤回」することができるとしていましたが，昭和36年判決当時は，「取消スコトヲ得」としていました。

　その後Ｘは，Ｙに対して，本件土地の所有権移転登記の抹消登記手続を求める訴えを提起し，本件売買契約の虚偽表示による無効，心裡留保による無効，錯誤による無効，詐欺を理由とする取消しおよび本件売買契約に付された条件の不成就を主張しました。

　第一審で敗訴したＸは，控訴審で，判例（大判大正 14・3・20 民集 4 巻 141 頁）は，既判力の標準時後に詐欺その他の原因による取消権を行使しうるとしていると主張しましたが，控訴審判決は，Ｘが指摘する大審院判例は，昭和 36 年判決によって実質的に変更されたとして，Ｘの控訴を棄却しました。

　Ｘは上告し，判例（最判昭和 40・4・2 民集 19 巻 3 号 539 頁）は相殺権については基準時後の行使を認めているのだから，詐欺による取消権についても，基準時後の行使が認められるべきであるなどと主張しました。

判　旨

上告棄却。

　「売買契約による所有権の移転を請求原因とする所有権確認訴訟が係属した場合に，当事者が右売買契約の詐欺による取消権を行使することができたのにこれを行使しないで事実審の口頭弁論が終結され，右売買契約による所有権の移転を認める請求認容の判決があり同判決が確定したときは，もはやその後の訴訟において右取消権を行使して右売買契約により移転した所有権の存否を争うことは許されなくなるものと解するのが相当である。

　これを本件についてみるに，原審が適法に確定したところによれば，Ｙを原告としＸを被告とする原判示津簡易裁判所昭和 45 年（ハ）第 15 号事件においてＹがＸから本件売買契約により本件土地の所有権を取得したことを認めてＹの所有権確認請求を認容する判決があり，右判決が確定したにもかかわらず，Ｘは，右売買契約は詐欺によるものであるとして，右判決確定後である昭和 49 年 8 月 24 日これを取り消した旨主張するが，前訴においてＸは，右取消権を行使し，その効果を主張することができたのにこれをしなかったのであるから，本訴におけるＸの上記主張は，前訴確定判決の既判力に抵触し許されないものといわざるをえない。したがって，これと同旨の原審の判断は正当であって，原判決に所論の違法はなく，所論引用の判例は，事案を異にし，本件に適切でない。」

先例との関係

　YがXから本件売買契約により本件土地の所有権を取得したことを認めてY
の所有権を確認する判決が確定した後に，Xが，本件売買契約は詐欺によるも
のであるから前訴の基準時後に取消権を行使したと主張することは，前訴確定
判決の既判力に抵触するという判旨は，通説の立場からは正当と評価されるも
のです。問題は，これと逆の見解をとっていた大審院判例はなぜ変更されるべき
なのか，です。この点については，昭和36年判決も本判決も説明していませ
ん。有力な見解は，前訴における中心的な争点が売買契約の効力であった場合
に取消権者が取消権を行使しなければ，基準時後にこれを行使することはでき
ない（失権する）と解するのが，相手方に対して公平であることを指摘してい
ます[4]。

　先例との関係でのいま1つの問題は，Xが上告理由で引用する基準時後の相
殺権の行使に関する判例は，基準時後の取消権の行使に関する本件に適切でないの
はなぜか，についても説明がないことです。基準時後の相殺権の行使は，通説
もこれを認めており，取消権との違いについて以下のような説明をしています。

　①　相殺権の行使における反対債権の存否は，取消権のように訴訟物たる権
利に付着した瑕疵に基づく権利ではなく，これとは別個独立の紛争である。

　②　相殺は債務を消滅させるために自己の反対債権を犠牲に供するものであ
るから，相殺権を行使するか，いつ行使するかの自由を債務者に認めるべきで
ある。

　③　基準時後の相殺権の行使を許さないとした場合でも反対債権が失われる
わけではないので，債務者は，債権者が強制執行によって権利を実現した後に，
反対債権を強制執行によって実現することができる。これでは，債権者と債務
者がそれぞれ強制執行を行うことになり，不経済である。

　通説の挙げる理由の中で①は形式的であるのに対し，③は取消権との実質的
な違いを指摘しているように思われますが，①が重要であるという見解もある
と思います。いずれにしても，取消権と相殺権とで基準時後の行使に違いを認
めるべきだとすれば，基準時後の形成権行使の可否を論ずるにあたっては，す
べての形成権を一律に扱うのではなく，個別の形成権ごとに考察することが有

　4）　新堂696頁，河野588頁，高橋（上）616頁。

益であるとも考えられます。このような観点から，**基準時後の建物買取請求権の行使**に関する次の判例を検討しましょう。

◇［2］最判平成 7 年 12 月 15 日

民集 49 巻 10 号 3051 頁［百選〔5 版〕78］

事実の概要

　Y（被告・被控訴人＝控訴人・上告人）は，Aとの間で，Yが所有する土地（本件土地）につき建物の所有を目的とする賃貸借契約（本件賃貸借契約）を締結しました。Aは，みずからが経営する X_1 会社（原告・控訴人＝被控訴人・被上告人）に本件土地を転貸し，X_1 会社は，本件土地上に 8 棟の建物（本件建物）を所有していました。

　Yは，本件賃貸借契約が期間の満了により終了したと主張して，Aに対しては本件賃貸借契約に基づいて，そして X_1 会社に対しては本件土地の所有権に基づいて，それぞれ本件建物を収去して本件土地を明け渡すことを求める訴え（前訴）を提起し，どちらに対しても請求を認容する判決を得ました（事実審の口頭弁論終結日は，昭和 60 年 2 月 6 日）。この判決の確定後，Aが死亡し，$X_2 \sim X_5$ が法定相続しました。

　本件訴えは，X_1 会社および $X_2 \sim X_5$ がYに対して提起した請求異議の訴えです。本件訴えにおいては，X_1 会社が平成元年 12 月 1 日に，本件建物につき買取請求権を行使したことが請求異議の事由となるかが争われました。

　第一審，控訴審ともこれを積極に解し，建物買取請求権の対象とならない建物およびその敷地の部分を除き，Yによる強制執行を許さないものとしました。そこでYが上告しました。

判　旨

上告棄却。

　「借地上に建物を所有する土地の賃借人が，賃貸人から提起された建物収去土地明渡請求訴訟の事実審口頭弁論終結時までに借地法 4 条 2 項［現借地借家法 13 条］所定の建物買取請求権を行使しないまま，賃貸人の右請求を認容する判決がされ，同判決が確定した場合であっても，賃借人は，その後に建物買

取請求権を行使した上，賃貸人に対して右確定判決による強制執行の不許を求める請求異議の訴えを提起し，建物買取請求権行使の効果を異議の事由として主張することができるものと解するのが相当である。けだし，(1) 建物買取請求権は，前訴確定判決によって確定された賃貸人の建物収去土地明渡請求権の発生原因に内在する瑕疵に基づく権利とは異なり，これとは別個の制度目的及び原因に基づいて発生する権利であって，賃借人がこれを行使することにより建物の所有権が法律上当然に賃貸人に移転し，その結果として賃借人の建物収去義務が消滅するに至るのである，(2) したがって，賃借人が前訴の事実審口頭弁論終結時までに建物買取請求権を行使しなかったとしても，実体法上，その事実は同権利の消滅事由に当たるものではなく（最高裁昭和 52 年（オ）第 268 号同 52 年 6 月 20 日第二小法廷判決・裁判集民事 121 号 63 頁），訴訟法上も，前訴確定判決の既判力によって同権利の主張が遮断されることはないと解すべきものである，(3) そうすると，賃借人が前訴の事実審口頭弁論終結時以後に建物買取請求権を行使したときは，それによって前訴確定判決により確定された賃借人の建物収去義務が消滅し，前訴確定判決はその限度で執行力を失うから，建物買取請求権行使の効果は，民事執行法 35 条 2 項所定の口頭弁論の終結後に生じた異議の事由に該当するものというべきであるからである。」

建物買取請求権の意義・目的

　建物買取請求権（借地借家 13 条・14 条）は，借地人または借地上の建物の譲受人が地主に借地上の建物を時価で買い取らせる権利です。借地人側の意思表示のみによって借地上の建物の売買の効力が生じる（建物の所有権が地主に移転し，地主は売買代金を支払う義務を負う）ため，形成権にあたります。その趣旨は，借地人または建物所有者が建物に投下した資本を回収する利益を保護し，あわせて建物の社会的効用を維持することにあるといわれています。

本判決の意義および論拠

　本判決は，借地上に建物を所有する土地の賃借人が，賃貸人から提起された建物収去土地明渡請求訴訟の事実審の口頭弁論終結時後に建物買取請求権を行使した場合，そのことは，建物収去土地明渡請求を認容する確定判決に対する請求異議の事由となるとしました。本判決以前の下級審裁判例は，本件の第一

審判決，控訴審判決を含め，これと同様の判示をするものが多かったのですが，異なる見解を採るものもありました[5]。本判決は，この問題についての最高裁としての判断を明らかにしたものです。

建物買取請求権の行使が前訴確定判決の既判力によっては遮断されない論拠については，（1）で次のように述べています。

建物買取請求権は，前訴の訴訟物である賃貸人の建物収去土地明渡請求権の「発生原因に内在する瑕疵に基づく権利」ではなく，「これとは別個の制度目的及び原因に基づいて発生する権利」である。

以上は，相殺権の行使についていわれている「反対債権の存否は，訴訟物たる権利に付着した瑕疵に基づくものではなく，別個独立の紛争に関するものである」という理由づけと類似しています。また，「別個の制度目的」というのは，すでに述べた建物買取請求権の制度目的を指していると考えられます。

学説の状況

学説においても，通説は本判決と同様に，基準時後の建物買取請求権の行使は遮断されないと解しています。その理由としては，（ア）建物買取請求権は，前訴の訴訟物たる建物収去土地明渡請求権に付着する瑕疵を基礎とするものではないこと，（イ）遮断効を否定するほうが借地人や建物の保護という建物買取請求権の趣旨に合致すること，（ウ）建物買取請求権は，建物所有権の喪失という犠牲を伴う最終的防御方法である点で，相殺権に類似することなどが挙げられています[6]。

ここでも通説と対立する見解があり，前訴で建物買取請求権を行使しなかった借地人は，建物買取請求権を行使しても請求異議の訴えを提起することはできず，代金請求をなしうるのみであるとしています[7]。ただし，この見解も基準時後の相殺権の行使は遮断されないとしています。建物買取請求権と相殺権

---

5) 下級審裁判例の状況については，本判決の調査官解説である井上繁規・最判解民平成7年度（下）1029頁，1030頁を参照してください。
6) 条解555頁［竹下守夫］。
7) 新堂697頁，河野590頁，河野正憲「形成権の機能と既判力」同『当事者行為の法的構造』（弘文堂，1988年）144頁，高橋（上）626-627頁，渡部美由紀「判批」法学61巻2号（1997年）411頁，山本和彦『民事訴訟法の基本問題』（判例タイムズ社，2002年）210-211頁など。

とで扱いを異にする十分な理由があるかについては，さらに検討する必要があるように思われます。

━ 課　題 ━

　基準時後の白地手形の補充権の行使については，判例は遮断されるとしています（最判昭和57・3・30民集36巻3号501頁［百選Ⅱ〔補正版〕143・〔5版〕A26]）。事案は，Ｘが提起した手形金請求の前訴（手形訴訟）では，手形の振出日欄が白地（未補充）であったために手形要件を欠くとして請求棄却判決がされ，確定した後に，Ｘが振出日欄を補充して，手形金請求の後訴を提起したというものです。通説は判例を支持していますが，これに反対する見解もあります。それぞれの論拠を考えたうえで，どちらの見解が適切か，検討してください。

《参考文献》
高橋（上）620頁以下

▌第 14 講▐

数量的に可分な債権の一部についての確定判決は，その後に提起された残部を請求する訴えに対してどのような効力を及ぼすか ——一部請求訴訟後の残部請求の可否

[1] 最判昭和 32・6・7 民集 11 巻 6 号 948 頁 [百選〔5 版〕81]
[2] 最判昭和 37・8・10 民集 16 巻 8 号 1720 頁 [百選〔4 版〕81 ①]
[3] 最判平成 10・6・12 民集 52 巻 4 号 1147 頁 [百選〔5 版〕80]

▶キーワード　一部請求，一部請求であることの明示，一部請求の訴訟物・既判力の範囲

◥◣ 一部請求後の残部請求

　数量的に可分な債権とは，金銭債権のように，分割して行使することが可能な債権のことです。**一部請求**とは，そうした債権の一部を訴訟において請求することをいいます。

　処分権主義の下では，訴訟における審判の対象（＝訴訟物）をどのように設定するかは当事者（原告または反訴原告たる被告）の判断に委ねられています（⇒第 0 講）。したがって，一部請求が許されることそれ自体には，争いはありません。問題は，**一部請求についての判決が確定した後に，残部を請求する訴えを提起することが許されるか**，です。残部請求がされる場合には以下の 2 通りがあることに留意しながら，考えてみましょう。

　[設例 1] 前訴で原告が勝訴した場合

　一部請求の全部を認容する判決が確定した後に，前訴原告が残部を請求する訴えを提起した。

　[設例 2] 前訴で原告が全部または一部敗訴した場合

　一部請求の全部または一部を棄却する判決が確定した後に，前訴原告が残部を請求する訴えを提起した。

◥◣ 学説の状況

　学説においては，以下のようにさまざまな見解が主張されています[1]。

(1) 肯 定 説

　［設例 1］［設例 2］のいずれであるかにかかわらず，残部請求は許されると
する見解です。その根拠は，原告は実体法上，債権を分割して行使することが
できること，前訴確定判決の既判力が及ぶのは，原告によって訴訟物とされた
債権の一部のみであることなどです。この見解に対しては，実体法上の債権の
分割行使と，同一の債権について訴訟を繰り返すことは異なる，残部請求を許
容することについての原告の利益のみが強調され，裁判所や被告の不利益が考
慮されていないといった批判がされています。

(2) 否 定 説

　肯定説とは対照的に，［設例 1］［設例 2］のいずれであるかにかかわらず，
残部請求は許されないとする見解です。この見解は，残部請求を許容すると，
裁判所は一部請求と残部請求のそれぞれについて同様の審理を行わなければな
らず，不経済・非効率であり，被告も再度の応訴を強いられることを重視しま
す。否定説によれば，同一の債権を原告の都合で分断することは許されず，前
訴の訴訟物は債権全体であったということになります。

(3) 中 間 説

　残部請求を限定的に許容する見解です。どのような場合に残部請求が認めら
れるかをめぐって，さらに見解が分かれています。

　① ［設例 1］［設例 2］のいずれであるかにかかわらず，**前訴で一部請求であ
ることが明示されていた場合**には，訴訟物はその部分のみに限定され，前訴確
定判決の既判力が生じるのもその部分のみであるから，残部請求をすることは
既判力に抵触しないとして，残部請求を許容する見解があります。「一部請求
であることが明示されている」とは，たとえば，「総額 1000 万円の債権のうち
100 万円を請求する」というように，債権の一部のみを訴求していることが明
らかにされていることをいいます[2]。一部請求であることが明らかであれば，
被告は残部請求がされることを予期して，**残部についての不存在確認の反訴を
提起する**ことができます。しかし，原告が一部請求であることを明示せず，た
だ「100 万円を請求する」と主張した場合には，残部があることが警告されて

---

　1)　学説の分布状況については，畑瑞穂「一部請求と残部請求」伊藤眞＝山本和彦編
　　　『民事訴訟法の争点』（有斐閣，2009 年）120-121 頁を参照してください。

いないので，被告は反訴を提起することができません。そして，訴訟の結果が原告勝訴，被告勝訴のいずれであっても，被告は，判決が確定した後に再度訴えられることはないと期待するはずです。こうした**紛争解決に対する被告の期待は合理的である**ため，一部請求であることの明示がなかった場合には残部請求は許されないとしています。

　②一部請求が全部認容された［設例 1］については残部請求を許容し，一部請求の全部または一部が棄却された［設例 2］については残部請求を否定する見解もあります。この見解は，［設例 1］では，残部が存在する可能性があるのに対し，［設例 2］では，前訴判決によって債権の一部が存在しないとされた以上，残部が存在しないとの判断もされていることを理由とします。ただし，理論構成に関しては，既判力の作用を挙げる見解と信義則に根拠を求める見解にさらに分かれています。

◤ 判例の動向

　判例は，前訴で一部請求であることが明示されておらず，原告が勝訴していた事案（［設例 1］）において，原告が再度，訴えを提起して前訴は一部請求であったと主張することは，「前訴判決の既判力に牴触し，許されない」としました（［1］最判昭和 32・6・7 民集 11 巻 6 号 948 頁）。他方で，前訴で原告が「損害金 30 万円の内金 10 万円」と明示して請求し，8 万円について請求を認容する判決がされた場合（［設例 2］）については，前訴の訴訟物は 10 万円の部分に限られるので，前訴判決の既判力は残部の 20 万円には及ばないとしました（［2］最判昭和 37・8・10 民集 16 巻 8 号 1720 頁）。

　これら 2 つの最高裁判決から，前訴で一部請求であることが明示されていた場合に限り，残部請求を許容するという判例法理が形成されたものと考えられ

---

2)　不法行為に基づく損害賠償請求については，特定の損害費目（例，治療費，逸失利益）に限定して請求した場合にも，一部請求であることの明示があったと解されます。原告が前訴で弁護士費用損害を請求していた場合に，前訴確定判決の既判力は，遅延金損害の賠償を求める後訴には及ばないとした最判平成 20・7・10 判時 2020 号 71 頁は，このような考え方を採ったものですが，一部請求であることの明示があったと判断するにあたっては，前訴で原告は，弁護士費用損害のほかに遅延金損害も発生していることを主張していたこと，および原告が前訴で遅延金損害の賠償を併せて請求することは期待できない事情があったことを考慮しています。

160

ていました。

　ところが，[3] 最判平成 10・6・12（民集 52 巻 4 号 1147 頁）は，一部請求が全部棄却されていた場合（[設例 2]）について，前訴で一部請求であることが明示されていたにもかかわらず，残部請求の後訴は信義則に反するので許されない，としました。[3]判決が登場した後は，判例法理をどのように理解したらよいのか，[3]判決と学説（なかでも否定説）がどのような関係にあるのかをめぐって，議論が行われています。

　学説の議論については後で考察することにして，まずは，3 つの最高裁判決を検討しましょう。

前訴で一部請求であることが明示されていなかった場合

◇［1］最判昭和 32 年 6 月 7 日
　　　　　民集 11 巻 6 号 948 頁［百選〔5 版〕81］

事実の概要

　前訴は，X（本訴原告・控訴人・被上告人）が Y ら（Y₁〔本訴被告・被控訴人・上告人〕および Y₂〔本訴被告・被控訴人〕）に対して，損害金 45 万円の支払を求めた訴えです。損害金は，X がダイヤモンド入り帯留 1 個を 45 万円で売却することを Y らに委任したところ，Y らが履行しなかったため，委任を合意解除したことに伴うものです。前訴では「Y らは X に対し 45 万円を支払え」との判決がされ，これが確定した後，X は Y₁ から 22 万 5000 円の支払を受けました³⁾。

　その後 X は本訴を提起し，Y らに対する 45 万円の債権の発生当時，Y らは商人であったから，Y らの債務は連帯債務である⁴⁾，前訴で訴求したのはその

　3）　22 万 5000 円を Y₁ が支払ったというのは，本判決の調査官解説である青山義武・最判解民昭和 32 年度 115 頁（注）によります。Y₂ は支払わず，支払う資力もなかったので，X が債権全額の満足を得るには Y₁ からさらに 22 万 5000 円の支払を受ける以外になかった。そのため X は本訴提起にいたったのではないか，とされています。
　4）　商人がその営業のためにする行為は商行為であり（商 503 条 1 項），商行為となる行為によって数人が負担した債務は連帯債務とされます（商 511 条 1 項）。連帯債務であれば，数人の債務者のそれぞれが独立に，債権者に対して全部の給付をする債務を負います（民 436 条）。

2分の1にあたる22万5000円のみであると主張して，Yらに残りの22万5000円を連帯して支払うように求めました。

　第一審は，前訴確定判決はYらがXに対し45万円の分割債務を負担することを認めたものであるから，Xが本訴においてYらの債務は45万円の連帯債務であると主張することは，前訴確定判決の既判力に反するとして，Xの請求を棄却しました。他方，控訴審は，前訴確定判決はYらが負担した45万円の連帯債務の2分の1についてなされたものであるから，その既判力は残額の支払を求める本訴には及ばないとして，Xの請求を認容しました。

　これに対して，Y₁のみが上告しました。

判　旨

原判決破棄，控訴棄却。

　「本来可分給付の性質を有する金銭債務の債務者が数人ある場合，その債務が分割債務かまたは連帯債務かは，もとより二者択一の関係にあるが，債権者が数人の債務者に対して金銭債務の履行を訴求する場合，連帯債務たる事実関係を何ら主張しないときは，これを分割債務の主張と解すべきである。そして，債権者が分割債務を主張して一旦確定判決をえたときは，更に別訴をもって同一債権関係につきこれを連帯債務である旨主張することは，前訴判決の既判力に牴触し，許されないところとしなければならない。

　これを本件についてみるに，Xは，前訴において，Yらに対し45万円の債権を有する旨を主張しその履行を求めたが，その連帯債務なることについては何ら主張しなかったので，裁判所はこれを分割債務の主張と解し，この請求どおり，Yらにおいて45万円（すなわち各自22万5000円）の支払をなすべき旨の判決をし，右判決は確定するに至ったこと，……明瞭である。しかるにXは，本訴において，右45万円の債権は連帯債務であって前訴はその一部請求に外ならないから，残余の請求として，Yらに対し連帯して22万5000円の支払を求めるというのである。そしてYらが45万円の連帯債務を負担した事実は原判決の確定するところであるから，前訴判決が確定した各自22万5000円の債務は，その金額のみに着目すれば，あたかも45万円の債務の一部にすぎないかの観もないではない。しかしながら，Xは，前訴において，分割債務たる45万円の債権を主張し，Yらに対し各自22万5000円の支払を求めたので

あって，連帯債務たる 45 万円の債権を主張してその内の 22 万 5000 円の部分（連帯債務）につき履行を求めたものでないことは疑がないから，前訴請求をもって本訴の訴訟物たる 45 万円の連帯債務の一部請求と解することはできない。のみならず，記録中の乙三号証（請求の趣旨拡張の申立と題する書面）によれば，X は，前訴において，Y らに対する前記 45 万円の請求を訴訟物の全部として訴求したものであることをうかがうに難くないから，その請求の全部につき勝訴の確定判決をえた後において，今さら右請求が訴訟物の一部の請求にすぎなかった旨を主張することは，とうてい許されないものと解すべきである。」

前訴は明示のない一部請求だったのか？

　本件は，Y らの債務が総額で 45 万円を超えているのに，X は前訴においてそのことを明らかにせず，45 万円の支払を求めたというものではありません。前訴で X が，Y らに対する 45 万円の債権（以下，「本件債務」）は連帯債務であるという主張をしなかったために，各自 22 万 5000 円を支払うことを命じる判決がされて確定した[5]。その後に X が本訴を提起して，本件債務は連帯債務であるから Y らは各自 45 万円を支払うべきである，前訴で請求したのはその一部である 22 万 5000 円にすぎないと主張した，という事案です。

　本判決は，判旨後段の「しかしながら」以下で，X が前訴において請求したのは，分割債務である 45 万円の債権についての Y ら各自の支払（22 万 5000 円）であり，連帯債務である 45 万円の債権の一部（22 万 5000 円）ではないと判示しています。さらに，X は前訴で 45 万円の請求を訴訟物として主張したのであり，その全部について勝訴の確定判決を得た後に，前訴は一部請求であったと主張することは「とうてい許されない」とも判示しています。

　前訴で X が，本件債務は連帯債務であると主張し，それが認められていれば，「Y らは X に対し連帯して 45 万円を支払え」という判決を得ることもできたはずです。X がそれをせず，本件債務は分割債務であるとする前訴判決が確定したため，Y らには，各自 22 万 5000 円を支払えばそれ以上の請求を受けること

5）　数人の債務者が債務を負担している場合には，特別の意思表示がない限り，分割債務となり，各債務者は平等の割合で債務を負担するというのが，民法の原則です（民427条）。

はないとの信頼を与えてしまいました。その後になって，Xが本訴を提起して本件債務は連帯債務であったと主張することは，Yらに対して公平ではないという判断は，実質論としてはもっともであるように思われます。

信義則か既判力か

(1)　本判決の理論構成

本判決が以上のような判断によるものだとすれば，理論構成としては，信義則ないしは禁反言による遮断が適切であるという指摘もあります[6]。この構成であれば，前訴確定判決の既判力が本訴に及ばない場合であっても，「本件債務は連帯債務である」というXの主張を排斥することができます[7]。

しかし本判決は，こうしたXの主張は「前訴判決の既判力に牴触」するとしました（判旨前段）。これは，本件債務は分割債務であるとの法的性質決定に既判力を認めたものと理解されています[8]。

(2)　本判決の理論の検討

「本件債務は連帯債務である」というXの主張は前訴判決の既判力に抵触するとした本判決は，前訴判決の既判力が本訴に及ぶことを前提としています。なぜそういえるのかは，本判決からは必ずしも明らかではないのですが，前訴の訴訟物と本訴の訴訟物が「45万円の連帯債務」の一部と残部の関係にあるという考え方は否定しています。そうだとすると，一部請求についての前訴判決の既判力は残部についての後訴には及ばないという考え方（後述する［2］判決の考え方）は，本件にはあてはまらないことになります。

前訴判決の既判力が本訴に及ぶとして，そこから，本件債務が分割債務であるという前訴裁判所の判断に本訴に対する拘束力を認めることができるのかが，次の問題です。

---

6)　山本弘・百選Ⅱ〔補正版〕333頁。
7)　たとえば，第15講で扱う最判昭和51・9・30民集30巻8号799頁は，前訴と後訴は訴訟物を異にするため，前訴確定判決の既判力が後訴に及ばないことを前提として，後訴の提起を「信義則に照らして許されない」としています。
8)　井上正三・百選〔初版〕154頁，小室直人・百選〔2版〕229頁，高橋宏志・百選〔5版〕172頁。

　通説は，既判力が生じる前訴裁判所の判断とは，訴訟物たる権利義務の存否についての判断であるとしています。本件にあてはめれば，前訴裁判所の「YらのXに対する45万円の金銭債務の存在」を認める判断に既判力が生じるのであって，「その債務が分割債務である」という判断には既判力は生じない，ということになります。本判決のように，「分割債務である」という訴訟物たる権利義務の法的性質決定に既判力を認める考え方は，通説と異なるだけでなく，本判決以外の判例にもみられないといわれています[9]。

(3)　本判決の評価

　本判決の理論構成は，たしかに伝統的な考え方とは整合しないように思われます。信義則違反のほうが無難な法律構成であるという指摘[10]は，そのとおりです。ただし，信義則による後訴の遮断という考え方が学説・判例によって採用されるようになったのは，本判決よりもずっと後のことです[11]。本判決当時は，もっぱら既判力による遮断が想定されていたため，本判決も前訴判決の既判力が本訴に及ぶことを前提として，次のような論理を展開した，とみることができるのではないでしょうか。

　Yらの債務が連帯債務であることの根拠となる「Yらは商人であった」事実は，前訴の基準時前に存在していたものである。それを本訴で主張することは，既判力の遮断効（⇒第13講）により禁じられる。したがって，本件債務を連帯債務と認めることはできず，Xの請求は棄却されるべきである。

---

9)　高橋・前掲注8) 173頁。
10)　山本・前掲注6) 333頁。
11)　信義則による後訴の遮断という構成を最初に採用した最高裁判決は，注7) で引用した最判昭和51・9・30です。その後の学説の展開については，第15講で検討します。

前訴で一部請求であることが明示されていた場合

◇ [2] 最判昭和 37 年 8 月 10 日

民集 16 巻 8 号 1720 頁 [百選〔4 版〕81 ①]

事実の概要

　X（本訴原告・控訴人・被上告人）は，A から譲渡担保物として取得した床板を倉庫業者である Y（本訴被告・被控訴人・上告人）に寄託していました。ところが Y は，A からの寄託物の引渡要求に対して，A に X の代理権があるかどうかを確かめずに A に引き渡したため，A はこれを転売してしまいました。そこで X は Y に対して，30 万円の損害を受けたと主張して，その一部である 10 万円の支払を求める訴え（前訴）を提起し，8 万円の支払を命じる判決を得ました。2 万円について請求が棄却されたのは，過失相殺を理由とするものです。

　前訴判決の確定後，X は，Y に対して残額 20 万円の支払を求める訴え（本訴）を提起しました。第一審は，X の訴えを却下しましたが，控訴審は，一部請求についての前訴確定判決の既判力は残額請求には及ばないとして，第一審判決を取り消して事件を第一審に差し戻しました。これに対して，Y が上告しました。

判　旨

上告棄却。

　「一個の債権の数量的な一部についてのみ判決を求める旨を明示して訴が提起された場合は，訴訟物となるのは右債権の一部の存否のみであって，全部の存否ではなく，従って右一部の請求についての確定判決の既判力は残部の請求に及ばないと解するのが相当である。」

◇ [3] 最判平成 10 年 6 月 12 日

民集 52 巻 4 号 1147 頁 [百選〔5 版〕80]

事実の概要

　X（本訴原告・控訴人・被上告人）は，Y（本訴被告・被控訴人・上告人）から，約

10万坪の土地（本件土地）の買収および本件土地が市街化区域に編入されるよう行政当局に働きかけること等の業務の委託を受けました。XY間の業務委託契約（本件業務委託契約）には，報酬の一部として，Yが本件土地を宅地造成して販売するときには造成された宅地の1割をXに販売または斡旋させる旨の合意（本件合意）がありましたが，Yは本件土地の宅地造成を行わず，Xの債務不履行を理由として本件業務委託契約を解除しました。

XはYに対して訴え（前訴）を提起し，(1) Xは本件業務委託契約に基づいて業務を行い，商法512条により12億円の報酬請求権を取得したとして，そのうちの1億円の支払を求め（主位的請求），(2) Yが本件合意の条件の成就を故意に妨害したから，民法130条［現行130条1項］により本件合意に基づく12億円の報酬請求権を取得したとして，そのうちの1億円の支払を求めました（予備的請求）[12]。しかし，どちらの請求も棄却する旨の判決が確定しました。

前訴判決の確定後に，Xは本訴を提起し，（ア）主位的請求として，本件合意に基づく報酬請求権のうち前訴で請求した1億円を除く残額2億9830万円の支払を求め，（イ）予備的請求として，商法512条に基づく報酬請求権のうち前訴で請求した1億円を除く残額2億9830万円の支払を求めました（予備的請求はもう1つありますが，省略します）。

第一審は，Xの訴えを却下しましたが，控訴審は，第一審判決を取り消して事件を第一審に差し戻したため，Yが上告しました。

判　旨

原判決破棄，控訴棄却。

「一個の金銭債権の数量的一部請求は，当該債権が存在しその額は一定額を下回らないことを主張して右額の限度でこれを請求するものであり，債権の特定の一部を請求するものではないから，このような請求の当否を判断するためには，おのずから債権の全部について審理判断することが必要になる。すなわ

---

12)　**主位的請求（主位請求）と予備的請求（副位請求）**とは，法律上両立しえない2つの請求（たとえば，契約の履行を求める請求と契約が無効であることを理由に原状回復を求める請求）に順位をつけて併合したとき（**予備的併合**）の第1次請求と第2次請求をいいます。予備的請求についての判決は，主位的請求が容認されなかった場合にのみ行われます。なお，実務上，両立しうる2つ以上の請求について順位をつける場合にも予備的併合が認められています。本件は，そうした場合にあたります。

ち，裁判所は，当該債権の全部について当事者の主張する発生，消滅の原因事
実の存否を判断し，債権の一部の消滅が認められるときは債権の総額からこれ
を控除して口頭弁論終結時における債権の現存額を確定し（最高裁平成2年
（オ）第1146号同6年11月22日第三小法廷判決・民集48巻7号1355頁参
照），現存額が一部請求の額以上であるときは右請求を認容し，現存額が請求
額に満たないときは現存額の限度でこれを認容し，債権が全く現存しないとき
は右請求を棄却するのであって，当事者双方の主張立証の範囲，程度も，通常
は債権の全部が請求されている場合と変わるところはない。数量的一部請求を
全部又は一部棄却する旨の判決は，このように債権の全部について行われた審
理の結果に基づいて，当該債権が全く現存しないか又は一部として請求された
額に満たない額しか現存しないとの判断を示すものであって，言い換えれば，
後に残部として請求し得る部分が存在しないとの判断を示すものにほかならな
い。したがって，右判決が確定した後に原告が残部請求の訴えを提起すること
は，実質的には前訴で認められなかった請求及び主張を蒸し返すものであり，
前訴の確定判決によって当該債権の全部について紛争が解決されたとの被告の
合理的期待に反し，被告に二重の応訴の負担を強いるものというべきである。
以上の点に照らすと，金銭債権の数量的一部請求訴訟で敗訴した原告が残部請
求の訴えを提起することは，特段の事情がない限り，信義則に反して許されな
いと解するのが相当である。」

一部請求であることが明示されていた場合の訴訟物の範囲

　[2]判決は，前訴で一部請求であることが明示されていた場合には，訴訟物
はその一部のみであり，既判力もその一部にしか生じないとして，残部請求を
許容しています。[2]判決に先立ち，最判昭和34・2・20（民集13巻2号209頁）
は，一部請求であることを明示して訴えが提起された場合に消滅時効中断（現
在の消滅時効の完成猶予）の効力が生じる範囲との関係で，訴訟物となるのは債
権の一部であって全部ではない，としました。[2]判決は，一部請求後の残部
請求の可否についても，この見解を採用したものです。そして，[3]判決もこ
れにしたがっていると考えられます。

◢◣ [2]判決と［3]判決の結論の違い

すでに述べたように，［2]判決と［3]判決はともに，前訴で一部請求が全部
または一部棄却されていた事案（［設例2]）に関するものですが，［2]判決が残
部請求を許容したのに対し，［3]判決は，残部請求は，「特段の事情がない限
り，信義則に反して許されない」としました。しかし，［3]判決が［2]判決を
変更するとは述べていないことから，両者の結論が分かれたのは，事案の違い
によるものと考えられます。

(1) [3]判決の判示が意味するもの

[3]判決は，金銭債権の数量的一部請求の当否を判断するためには，債権の
全部についての審理判断が必要であり，当事者双方の主張立証の範囲・程度も，
通常は債権の全部が請求されている場合と変わらないとしています。原告が，
総額1000万円の債権のうちの600万円を請求した。これに対して被告は，弁
済による債権の消滅を主張した，という例があったとすると，本判決が想定し
ている裁判所の審理判断は，以下のようになります。

裁判所は，債権1000万円について当事者の主張する発生，消滅の原因事実
の存否を判断します。債権の発生，弁済による消滅のいずれも認められる場合
には，債権の総額1000万円から弁済により消滅したと認められる額を控除し
て，口頭弁論終結時における債権の現存額を確定します。現存額が一部請求の
額（600万円）以上であるときは，原告の請求を認容します。現存額が請求額
600万円に満たないときは，現存額の限度でこれを認容します。債権1000万
円の発生原因が認められない，あるいは被告が1000万円全額の弁済を主張し，
これが認められたなどの理由から現存額がないときは，請求を棄却することに
なります。

本判決はさらに，「数量的一部請求を全部又は一部棄却する旨の判決は，〔中略〕
後に残部として請求し得る部分が存在しないとの判断を示すものにほかならない」
とも述べています。これを本件の事案にあてはめれば，12億円の報酬請求権
のうちの1億円の請求を全部棄却した前訴確定判決は，残部の11億円も存在
しないという判断を示すものです。その11億円の一部（2億9830万円）を請求
する本訴は，「実質的には前訴で認められなかった請求及び主張を蒸し返すもので
あり，前訴の確定判決によって当該債権の全部について紛争が解決されたとの被告

の合理的期待に反し，被告に二重の応訴の負担を強いるもの」であるから，信義則に反して許されないということになります。

(2)　外側説か按分説か

　一部請求訴訟において「債権の一部の消滅が認められるときは債権の総額からこれを控除」するという［3］判決の判示は，引用されている最判平成6・11・22（民集48巻7号1355頁）に依拠したものです。この事件における債権の消滅事由は相殺であり，債権の総額から自働債権の額を控除すべきとされました。これよりも前の最判昭和48・4・5（民集27巻3号419頁）においては，過失相殺による減額について，損害の全額から過失割合による減額をすべきとされています。これら2つの最高裁判決と［3］判決により，一部請求訴訟において訴求債権の減額事由が認められる場合には，訴訟物の外側にあたる債権の総額から減額するいわゆる**外側説**を採用すべきことが明らかになりました。

　［2］判決も，前訴で過失相殺による減額が行われた事案に関するものですが，そこでは外側説ではなく，**按分説**（過失相殺による減額分を，一部と残部のそれぞれの額の割合で按分して減額する見解）が採られていたと考えられます。前訴で10万円の一部請求のうち8万円のみが認容されているのは，過失割合を2割として，損害の全額（30万円）から減額すべき6万円のうち，2万円を一部請求から，4万円を残部請求から，それぞれ控除した結果とみられるからです。残部請求20万円については，まだ16万円が残っているので，［3］判決の判示はあてはまらないことになります。

▽　［3］判決と学説の比較

　［3］判決に対しては，一部請求であることが明示されている場合の訴訟物は一部のみであるという前提と，訴訟物の範囲外である外側部分から減額して現存額を確定する外側説を採用することとが整合するのか，という疑問が提起されています。また，［3］判決によれば，一部請求についての裁判所の審理判断の範囲や当事者の主張立証の範囲・程度は，債権の全部が請求されている場合と変わらないにもかかわらず，訴訟物の範囲を一部に限定したために，前訴確定判決において残部が存在しないとの判断が示されていても，そのことに既判力を生じさせることができません。そのため，信義則による後訴の遮断という

構成を採っていますが，むしろ，一部請求訴訟の訴訟物は債権全体であり，確定判決の既判力も債権全体に及ぶと解する否定説のほうが簡明ではないか，という評価は成り立ちえます。

▽▷ ［設例 1］についての解決

　［3］判決は，［設例 2］に関するものであり，前訴で一部請求が全部認容された［設例 1］にその射程が及ぶものではありません。しかし，ここでも，前訴の訴訟物の範囲は一部のみであるという前提を採る限り，前訴確定判決の既判力は後訴には及びません。後訴における残部請求も債権の一部請求ですから，後訴裁判所は，［3］判決が一部請求について判示したのと同様に，債権の総額を審理判断し，債権の一部の消滅が認められるときは債権の総額からこれを控除して，基準時における債権の現存額を確定することになります。

　これでは前訴と審理が重複して不経済ですが，残部請求を実現することについての原告の利益を保護するためにはそれもやむをえない，［設例 2］の場合と異なり，被告は，前訴判決の確定により債権全部についての紛争が解決されたと合理的に期待することはできない，とするのが，［設例 1］の場合に限定して残部請求を認める見解です。他方，否定説は，審理の重複は他の訴訟制度利用者に不利益をもたらす，原告の利益を保護するためには，一部請求の全部を認容する判決に対して上訴し，請求の範囲を残部にまで拡張することを認めれば足りるとします。

　どちらの見解が説得的か，考えてみてください。

課　題

　資力の不十分な原告が提訴手数料を節約するために債権の一部に限定して訴えを提起すること（試験訴訟）を認めるべきである，という議論があります。この議論は，［設例 1］の場合に残部請求を肯定する根拠になるでしょうか。債権全額について提訴手数料を支払う資力のない人を支援する制度としてどのようなものがあるかも考えたうえで，検討してください。

第 15 講

前訴と後訴の当事者が同一である場合に，前訴確定判決が後訴に対して既判力以外の効力を及ぼすことはないか

——信義則と争点効

[1] 最判昭和 51・9・30 民集 30 巻 8 号 799 頁［百選〔5 版〕79］
[2] 最判昭和 44・6・24 判時 569 号 48 頁，判タ 239 号 143 頁
［百選〔5 版〕84］

▶キーワード　訴訟物と既判力，旧訴訟物理論と新訴訟物理論，
　　　　　　　信義則による後訴の遮断，争点効

既判力が生じる判断

　民事訴訟法 114 条 1 項は，「確定判決は，主文に包含するものに限り，既判力を有する」と規定しています。これは，**判決主文における訴訟物たる権利義務の存否についての判断に既判力を認めた**ものと解されています。判決理由中の判断には，被告が反対債権による相殺を主張し，裁判所がその当否を判断した場合（114 条 2 項）を除き，既判力は生じないことになっています。

　既判力の範囲が訴訟物の範囲と一致するのはなぜでしょうか。この問題を考えるうえでカギになるのは，訴訟物が民事訴訟においてどのような機能を果たしているかです。

訴訟物の機能

　処分権主義の下では，どのような訴訟物について判決を求めるかは，訴えを提起する当事者（原告または反訴原告たる被告）が決定します（⇒第 14 講）。原告が裁判所に提出する訴状に「請求の趣旨及び原因」を記載しなければならない（133 条 2 項 2 号）のは，**訴訟物たる権利義務を特定する**ためです（⇒第 0 講）。原告が訴状の記載によって訴訟物として特定した権利義務が，訴訟における審理・判決の対象となり，これ以外の権利義務について裁判所が審理・判決をすることはできません（246 条）。被告の防御活動も，原告によって特定された訴訟物の範囲内で行えばよく，その範囲を超える必要はありません。被告が訴訟

物の範囲を超える審理・判決を裁判所に対して求める場合には，反訴を提起することになります。反訴請求についても，反訴状に「請求の趣旨及び原因」を記載してその内容を特定し（146条4項・133条2項2号），裁判所の審理および反訴被告である原告の防御活動に支障がないようにする必要があります。

　以上のとおり，**訴訟物は，裁判所の審判および当事者の攻撃防御の対象を画する役割を果たします**。原告も被告も，訴訟物の範囲を超える判決を受けることはありません。また，訴訟物の範囲内であれば，自由に訴訟活動を行うことができます。勝訴判決を受けるために必要な事実を主張し，これを証明するための証拠を提出したり，相手方の主張する事実を争ったりすることもできれば，敗訴判決につながるような相手方の事実の主張を認めた（自白した）うえで，自己に有利な別の事実を主張（抗弁として提出）することもできます。訴訟物の範囲内での訴訟活動が保障されているからこそ，訴訟の基準時までに提出することが可能であった攻撃防御方法を別訴で提出することは，既判力によって遮断されます（⇒第13講）。訴訟物の範囲を超える事項については，当事者はこうした保障を与えられていないので，既判力による遮断を正当化することはできません。

　前訴と後訴の当事者が同一である場合には，①前訴と後訴の訴訟物が同一である場合，②前訴の訴訟物が後訴の訴訟物の前提問題である場合，③前訴と後訴の訴訟物が矛盾対立する関係にある場合，のいずれかであれば前訴判決の既判力が後訴に及ぶとされること（⇒第0講）も，前訴において訴訟物が以上のような機能を果たしていることから理解されるでしょう。

訴訟物の範囲を画する基準

　既判力の範囲＝訴訟物の範囲という関係があるとすると，重要なのは，**訴訟物の範囲がどのような基準で画されるか**です。確認の訴えについては，確認対象となっている実体法上の権利が訴訟物となることに争いはありません。しかし，給付の訴えおよび形成の訴えについては，実体法上の権利を基準とすべきかをめぐって，旧訴訟物理論と新訴訟物理論が対立しています。

　旧訴訟物理論によれば，給付の訴えの訴訟物は，実体法上の請求権ごとに画されます。たとえば，同一の不動産の明渡しを求める訴えであっても，原告が賃貸借契約の終了を理由とする債権的請求権を主張する場合と，所有権に基づ

く物権的請求権を主張する場合とでは，訴訟物が異なります。両方の主張があれば，2 つの訴訟物が併合されていることになります。形成の訴えの訴訟物も実体法上の形成原因ごとに画されるので，たとえば，離婚の訴えにおいて，離婚事由として民法 770 条 1 項各号のうちの複数が主張されていれば，訴訟物も複数ということになります[1]。裁判実務においては，旧訴訟物理論が採られているといわれます。

　他方，**新訴訟物理論**によれば，給付の訴えや形成の訴えの訴訟物は，実体法上の請求権や形成原因を包括する上位概念としての給付を求める法的地位（受給権）や法律関係の変動を求める法的地位によって画されます。不動産の明渡しを求める訴えの訴訟物は，「特定の不動産の明渡しを求める法的地位」であり，「賃貸借契約終了に基づく明渡請求権」と「所有権に基づく明渡請求権」は，訴訟物を基礎づける法的観点にすぎません。離婚の訴えの訴訟物も，個々の離婚事由を包括する「離婚を求める法的地位」ということになります。

旧訴訟物理論と新訴訟物理論の比較

　既判力の範囲は，新訴訟物理論のほうが旧訴訟物理論よりも広くなります。たとえば，不動産の明渡しを求める訴えにおいて原告が所有権に基づく明渡請求権のみを主張し，敗訴判決が確定したとしましょう。旧訴訟物理論によれば，原告は，賃貸借契約終了に基づく明渡請求権を主張する後訴を提起して勝訴することもできるのに対して，新訴訟物理論によれば，後訴には前訴判決の既判力が及ぶ結果，原告は，前訴の基準時後の新事由の主張が認められない限り，勝訴することができません。これは，一見すると原告に酷なようですが，原告が前訴で賃貸借契約の終了もあわせて主張することは容易だったはずです。旧訴訟物理論に対しては，1 回の訴訟ですむはずのところを被告が 2 度も応訴しなければならないのは不当である，社会的にみれば同一の紛争を解決するために何度も訴えが繰り返されることを認めるべきではない，という批判があてはまります。

---

1)　ただし，一般的には旧訴訟物理論を採りながらも，民法 770 条 1 項 5 号が「婚姻を継続し難い重大な事由」を離婚事由としており，1 号から 4 号まではその例示であることから，どの離婚事由が主張されていても訴訟物としては 1 つであるとする見解もあります。

信義則による後訴の遮断

新訴訟物理論は，訴訟物，そして既判力の範囲を拡大することによって紛争解決の一回性を図ろうとするものでした。これに対して次の最高裁判決は，前訴とは訴訟物を異にする後訴の提起を「信義則に照らして許されない」としました。これにより，旧訴訟物理論を維持しつつ，紛争の一回的解決を図ることもできるようになったと考えられていますが，この判決に対する学説の評価は分かれています。それはなぜか。事実関係から検討していきましょう。

◇ [1] 最判昭和 51 年 9 月 30 日

民集 30 巻 8 号 799 頁〔百選〔5 版〕79〕

事実の概要

本訴は，$X_1 \sim X_4$（原告・控訴人・上告人。X ら）が $Y_1 \sim Y_3$（被告・被控訴人・被上告人。Y ら）に対して農地（本件土地）の所有権移転登記手続等を求めた訴えです。本件土地は，もとは X らの先代 A が所有していましたが，自作農創設特別措置法に基づき国が A から買収して $Y_1 \cdot Y_2$ の先代 B に売り渡したものです。買収処分は昭和 23 年 6 月ころに，売渡処分は昭和 24 年 7 月ころに，それぞれ行われています。

A，B の死亡後，A の相続人の 1 人である X_1 が，B の相続人である $Y_1 \cdot Y_2$ および C（B の妻で $Y_1 \cdot Y_2$ の母）に対して，本件土地について所有権移転登記手続等を求める訴え（前訴）を提起し，昭和 32 年 5 月に B との間で X_1 が本件土地を買い受ける旨の売買契約が成立したと主張しました（所有権移転登記手続請求は主位請求であり，予備的請求として，X_1 が支払った売買代金の不当利得返還請求が併合されていました）。この訴えについては，主位請求を棄却，予備的請求を認容する判決がされ，昭和 41 年 12 月に確定しました。

昭和 42 年 4 月に，X ら（A の共同相続人）が本訴を提起しました。本訴で新たに被告とされた Y_3 は，前訴係属中に $Y_1 \cdot Y_2$ から本件土地の一部を譲り受けた者です。X らは，本訴では本件土地の買収処分の無効を主張しました。これに対して Y らは，X_1 は前訴において，本件土地については適法に買収処分および売渡処分がされたことを前提としていたのに，本訴で買収処分が無効であると主張することは信義則に反し，訴権の濫用にあたる，本件土地については

Bの取得時効が完成していると主張しました。

　第一審は，信義則違反については理由がないとしましたが，取得時効の完成を認めてXらの請求を棄却しました。

　控訴審は，本訴は前訴と同一の紛争の蒸し返しであって信義則に反し，訴権の要件としての正当な利益を欠くとして，第一審判決を取り消し，訴えを却下しました。なお，控訴審では，Xらは地上工作物収去土地明渡し等の請求を追加しましたが，控訴審判決は，追加請求も含めて訴えを却下しています。

　これに対してXらが上告しました。

判　旨

上告棄却。

　「右事実関係〔筆者注：X₁が，前訴においても，買収処分が無効であるため本件土地の返還を実現する方法としてBと売買契約を締結し，これに基づき前訴を提起した旨を一貫して陳述していたこと，X₁が買収処分の無効を前訴で請求原因として主張するにつきなんら支障はなかったことを指します〕のもとにおいては，前訴と本訴は，訴訟物を異にするとはいえ，ひっきょう，Aの相続人が，Bの相続人及び右相続人から譲渡をうけた者に対し，本件各土地の買収処分の無効を前提としてその取戻を目的として提起したものであり，本訴は，実質的には，前訴のむし返しというべきものであり，前訴において本訴の請求をすることに支障もなかったのにかかわらず，さらにXらが本訴を提起することは，本訴提起時にすでに右買収処分後約20年も経過しており，右買収処分に基づき本件各土地の売渡をうけたB及びその承継人の地位を不当に長く不安定な状態におくことになることを考慮するときは，信義則に照らして許されないものと解するのが相当である。これと結論を同じくする原審の判断は，結局相当として是認することができる。」

新訴訟物理論によれば，どのような解決が可能だったか

　前訴の訴訟物（主位請求）は，X₁とBの売買契約に基づく所有権移転登記手続請求でした。本訴の訴訟物も所有権移転登記手続請求ですが，こちらは買収処分の無効を理由とし，所有権移転登記抹消登記手続請求に代わるものです[2]。本判決は，「前訴と本訴は，訴訟物を異にする」といっているので，**旧訴訟物**

理論を採っていると考えられます。これに対して新訴訟物理論によれば，両請求は給付を求める法的地位としては同一であるため，前訴請求を棄却した前訴判決の既判力は本訴に及ぶ，という結論が導かれます。

しかし，ここには2つの問題があります。1つは，本訴の控訴審でXらが追加した工作物収去土地明渡請求は，新訴訟物理論によっても前訴の訴訟物とは異なることです。2つめは，本訴の当事者には，前訴判決の既判力が及ばない者（X_2〜X_4 および Y_3）が含まれていることです[3]。これらの事情から，新訴訟物理論を採っても，前訴判決の既判力によってXらの本訴請求を遮断することはできなかったと考えられます。

信義則による処理の妥当性

本判決は，前訴とは訴訟物も当事者も異なる本訴を，信義則を用いて遮断しました。ここでいう「遮断」の意味は，**追加請求を含む本訴請求について，裁判所は本案判決をしない**，ということです。

既判力の遮断効が本訴に及ぶ場合であれば，裁判所は，前訴判決の既判力と抵触する当事者の主張を排斥し，前訴の基準時後の新事由がなければ，前訴判決と同様に請求棄却判決をしなければなりません。信義則の適用により訴えを却下するという処理は，これとは異なるものですが，Xらにとっては，本訴で買収処分の無効を主張しても請求認容判決を得ることはできないという点で，遮断効が及ぶ場合と大きな違いはありません。問題は，こうした処理がなぜ正当化されるのかです。

この点について本判決は，①本訴は，前訴と同様に本件土地の取戻しを目的と

---

2) Xらの本訴請求は，真正な登記名義の回復を目的とする所有権移転登記手続請求であり，以下のような法律構成によるものです。

買収処分は無効であるから，本件土地は昭和23年6月以降もAの所有であり，現在はAの相続人であるXらが共有している。本件土地についてYらにされている所有権移転登記は権利の実体を反映していないので，抹消登記手続を行うべきだが（本件土地の一部についてのY1・Y2からY3への所有権移転登記を抹消し，次にBからY1・Y2への相続による所有権移転登記を抹消し，さらにBへの所有権移転登記を抹消する），登記手続が1回ですむように，現在の登記名義人であるYらからXらへの所有権移転登記手続を求める。

3) 確定判決の既判力がだれに及ぶかという問題（既判力の主観的範囲）については，第16講で扱います。ここでは，**前訴の当事者でなかった者には前訴判決の既判力は及ばないのが原則である**ことを理解してください。

して提起されたものであり，実質的には前訴の蒸し返しであること，②前訴において本訴の請求をすることに支障はなかったにもかかわらず，それをしないで，Xらがさらに本訴を提起していること，③本訴提起時にすでに買収処分後約20年を経過しており，本訴の提起を許せば，Yらの地位を不当に長く不安定な状態に置くことになること，を指摘しています。

　①は，本訴が前訴の蒸し返しであると評価される論拠を，両訴の目的が同一であることに求めるものです。前訴と後訴の目的が同一であることは，旧訴訟物理論の下で再訴が可能であるとされる，同一の不動産についての所有権に基づく明渡請求と賃貸借契約の終了に基づく明渡請求にもあてはまります。旧訴訟物理論を採用しているとみられる本判決は，こうした場合も「実質的には，前訴のむし返し」とみているのでしょうか。いずれにしても，前訴と訴訟物を異にする本訴を却下するためには，本訴の目的が前訴と同一というだけでは足りないように思われます。

　②は，前訴で本訴の請求をすることに支障がなかったのにそうしなかった者が本訴を提起することは，**訴権の濫用**にあたるという趣旨と考えられます。また，③の買収処分後約20年を経過しており，相手方は紛争が解決されたものと信頼していることとあいまって，Xらの訴権は**失効する**という考え方（権利失効の法理）を基礎づけるようにも思われます。しかし，ここで注意すべきなのは，すでに述べたようにXらのうちのX_1以外の3名（X_2ら）は，前訴の当事者ではなかったことです。本判決によれば，X_2らによる本訴の提起も，「前訴のむし返し」であり，X_2らも「前訴において本訴の請求をすることに支障もなかった」とされていますが，**前訴の当事者でなかった**X_2**らが前訴にどのように関与していたのかは明らかではありません**。本判決がX_2らへの考慮を欠いていることは，本判決の評釈の多くが指摘するところです[4]。

---

4)　水谷暢・判タ345号（1977年）87頁，山木戸克己・ジュリ642号（1977年）130頁，小山昇・民商76巻4号（1977年）602頁，606頁，坂原正夫・法学研究50巻10号（1977年）1318頁，高見進・百選〔3版〕181頁，髙田昌宏・百選〔5版〕169頁。このほか，竹下守夫「争点効・判決理由中の判断の拘束力をめぐる判例の評価」民商93巻臨増（1）（1986年）285頁も参照。

◤◥ 本判決後の学説の展開

　前訴の当事者であったX_1との関係で信義則を適用することについても，学説の多くは批判的でした[5]。後訴の請求を前訴で併合することができたという関係（②）は，多くの訴訟事件で一般的にありうることであり，これだけで信義則による後訴の却下を理由づけることはできない。本件ではなぜ，前訴で本訴請求を併合しておくべきだったのかの説明が本判決にはない。買収処分後，本訴提起まで長期間が経過しているという事情（③）も，信義則による訴権の失効を正当化するものではない。むしろ，買収処分の無効の主張は実体法上の信義則に反するというべきであった，といった指摘がされています。後訴の遮断は，訴訟物の範囲内で既判力によって行うべきである，**信義則のような一般条項を用いて遮断の範囲を広げるべきではない**，というのが，本判決直後の学説の一般的な傾向だったといえます[6]。

　こうした中にあって新堂幸司「訴訟物概念の役割——最近の最高裁判決を手がかりとして」[7]は，本判決を，訴訟物の枠が判決の遮断効[8]の範囲を決定する唯一絶対の基準であるとする伝統的な考え方を揺るがすものとして，好意的に評価します。新堂論文によれば，訴訟物の枠は，多くの場合にあてはまる紛争の単位を示すものですが，個々の訴訟の中には，一般的な場合とは異なる経緯をたどるものもある。実際の手続の進行経過によっては，前訴確定判決に，前訴の訴訟物とは異なる訴訟物についての主張を失権させる効力を認めることも，理論的にありえないとはいえない。重要なのは，**前訴の手続の進行過程の中に，そうした失権を正当化する要素があるかどうかである**，とされています[9]。

---

5)　水谷・前掲注4）91頁以下，山木戸・前掲注4）130-131頁，坂原・前掲注4）1319-1320頁，高橋宏志・法協95巻4号（1978年）795頁。

6)　三ケ月章・百選〔2版〕237頁参照。

7)　争点効（下）113頁以下（初出1977年）。

8)　ここでいう「判決の遮断効」は，後訴における主張を排斥する効力と，後訴の請求を不適法として排斥する効力の両方を含むものとして用いられています。新堂・前掲注7）117頁。

9)　新堂・前掲注7）130頁。本件に関していえば，前訴において，買収処分の効力については後訴で争うことが留保されていたといえるか，事件発端から本訴の提起まで20年も経過していることは，Yらの紛争解決に対する期待を無理からぬものにしているのではないか，といった点が重要であるとし，これらを「手続事実群」と呼んでいます。同書130-132頁。

◣ 判決理由中の判断についての拘束力──争点効

　以上の議論は，訴訟物の枠を作る際に考慮されていない個々の訴訟の事情の内容によっては，判決の遮断効は，例外的に訴訟物を超えて及ぶというものですが，新堂教授は，前訴判決の理由中の判断が，訴訟物を異にする後訴に対して拘束力を及ぼす場合があるという議論もしています[10]。しかし，争点効と名付けられたこの理由中の判断についての拘束力は，次の最高裁判決によって明示的に否定されてしまいました。

　この判決は，争点効が問題になるのはどのような状況かを知るためには格好の素材です。事実関係から確認していきましょう。

◇ [2] 最判昭和 44 年 6 月 24 日
　　　判時 569 号 48 頁，判夕 239 号 145 頁 [百選〔5 版〕84]

事実の概要

　X（原告・控訴人・被上告人）は，その所有する建物およびその敷地（本件不動産）を Y（被告・被控訴人・上告人）に売却し，Y への所有権移転登記手続を完了しました。その後 X は，売買契約は錯誤により無効である（平成 29 年改正前民法 95 条）と主張し，Y に対して，本件不動産の所有権移転登記の抹消登記手続を求める訴え（本訴）を提起しました。これに対して Y は，X に対して，売買契約の履行としての建物の明渡しと契約不履行を理由とする損害賠償を求める訴え（別件訴訟）を提起しました。2 つの訴えは，同一の裁判所に係属し，同じ裁判官が同じ日に同じ証拠を示して，X の請求を棄却し，Y の請求を認容する判決を言い渡しました。

　これら 2 つの判決に対して X が控訴し，どちらの訴訟においても詐欺による取消しの主張を追加しました。2 つの事件は，控訴審では別々の部に係属し，別件訴訟については X の控訴を棄却する判決がされ，これに対する X の上告も棄却されて，Y 勝訴の判決（前訴判決）が確定しました。他方，本訴については，前訴判決の確定から 3 か月後に，X の詐欺による取消しの主張を認めて

---

10)　1963 年に公表された新堂幸司「既判力と訴訟物」および「条件付給付判決とその効果」（両論文は，争点効（上）145 頁以下，183 頁以下に収録されています）参照。

Xの請求を認容する判決が言い渡されました。

　これに対してYは上告し，別件訴訟においてXの詐欺による売買契約の取消しの主張は排斥され，本件建物はYの所有であることが確定していると主張しました。

判　旨

上告棄却。

　「別件訴訟の確定判決は，X主張の右契約の詐欺による取消の抗弁を排斥して，Yの請求原因を全部認容したものである。されば，右確定判決は，その理由において，本件売買契約の詐欺による取消の抗弁を排斥し，右売買契約が有効であること，現在の法律関係に引き直していえば，本件不動産がYの所有であることを確認していても，訴訟物である本件建物の明渡請求権および右契約不履行による損害賠償としての金銭支払請求権の有無について既判力を有するにすぎず，本件建物の所有権の存否について，既判力およびこれに類似する効力（いわゆる争点効，以下同様とする。）を有するものではない。一方，本件訴訟におけるXの請求原因は，右本件不動産の売買契約が詐欺によって取り消されたことを理由として，本件不動産の所有権に基づいて，すでに経由された前叙の所有権移転登記の抹消登記手続を求めるというにあるから，かりに，本件訴訟において，Xの右請求原因が認容され，X勝訴の判決が確定したとしても，訴訟物である右抹消登記請求権の有無について既判力を有するにすぎず，本件不動産の所有権の存否については，既判力およびこれに類似する効力を有するものではない。以上のように，別件訴訟の確定判決の既判力と本件訴訟においてX勝訴の判決が確定した場合に生ずる既判力とは牴触衝突するところがなく，両訴訟の確定判決は，ともに本件不動産の所有権の存否について既判力およびこれに類似する効力を有するものではないから，論旨は採るをえない。」

◢ 本件において争点効を認めた場合の解決

　争点効とは，前訴で当事者が主要な争点として争い，かつ，裁判所がこれを審理して下したその争点についての判断に生じる通用力です[11]。前訴と後訴の訴訟物が異なる場合であっても，両訴が主要な争点を共通にしていれば，その争点

についての前訴裁判所の判断に後訴の当事者および裁判所に対する拘束力を認めるものです。争点効の根拠は，信義則に求められますが，個別の事件ごとに信義則を適用するのではなく，信義則を類型化して判決の効力として定着させたものといわれています。

　本訴の訴訟物は，新訴訟物理論によれば，XからYに対する建物およびその敷地の所有権移転登記の抹消登記手続請求です。別件訴訟の訴訟物は，同じく新訴訟物理論によれば，YからXに対する建物の明渡請求および損害賠償請求です。両訴訟の訴訟物は，新訴訟物理論によっても同一ではないので，先に確定した別件訴訟の判決の既判力が本訴に及ぶ関係にはありません。

　しかし，どちらの訴訟においても，XY間の売買契約（本件売買契約）が有効か否か，そして本件不動産の所有権は売主Xと買主Yのいずれにあるのかが争われており，別件訴訟においては，本件売買契約は有効であり，本件不動産の所有権はYにあるという判断に基づいてYの請求を認容する判決がされ，確定しています。この判断は判決の理由中で示されるものであるため，これに既判力は生じませんが（⇒【既判力が生じる判断】），本件において争点効が認められれば，訴訟物を異にする本訴の当事者および裁判所に対する拘束力が生じます。その結果，本訴においてXが詐欺による取消しを主張してYの所有権を争うことはできず，裁判所も，Xの請求を棄却する判決をすることになります。そうすれば，本件不動産の占有も登記もYに帰属することになったはずです。

　すでに述べたように，新訴訟物理論は，既判力が生じる訴訟物のサイズを広げることによって，紛争解決の一回性を図りました（⇒【信義則による後訴の遮断】）。これに対して争点効は，新訴訟物理論の下でも訴訟物が異なるために前訴判決の既判力が後訴に及ばない場合についても，紛争の一回的解決を可能にするものといえます。

争点効理論の課題

　争点効が提唱された当時，争点効の要件はなにか，既判力とどのように異なるのか，判決理由中の判断に既判力は認められないという原則との関係をどの

---

11)　新堂 718 頁。

ように説明するのか，といった問題が提起されました。現在では，以下のよう
に説明されています[12]。

(1)　争点効の要件・既判力との違い

　争点効の要件は，①前後両請求の当否の判断過程で主要な争点となった事項
についての判断であること，②当事者が前訴においてその争点につき主張立証
を尽くしたこと，③裁判所がその争点について実質的な判断をしていること，
④前訴と後訴の係争利益がほぼ同等であること，⑤後訴で当事者が争点効を援
用したこと，です。既判力が判決主文中の判断に生じるのと異なり，争点効は
判決理由中に示される判断に生じます。また，既判力は，被告が請求を争うか
どうか，当事者が主張立証を尽くすかどうかにかかわらず生じるのに対して，
争点効は，当事者が争い，主張立証を尽くし，裁判所もこれを実際に審理・判断し
た場合にのみ生じます。既判力は訴訟制度を維持するために不可欠な制度であ
るため，その存在は職権調査事項とされていますが，当事者間の公平または信
義則を根拠とする争点効については，当事者の援用を必要とするという違いも
あります。

(2)　判決理由中の判断に既判力を認めない建前との関係

　判決理由中の判断に原則として既判力が認められない趣旨は，訴訟物たる権
利義務の前提問題についての判断にも既判力が生じるとすれば，当事者は他の
請求に対する影響を心配して，その訴訟かぎりの処理として自白したり，とく
に争わなかったりすることができなくなり，効率よく審理を進めることができ
なくなることにあるといわれています。当事者は，前提問題については争わない
自由を保障されているのです。

　しかし，当事者に争わない自由を認めることは，当事者が主要な争点として
争った事項についての裁判所の判断を尊重しなくてよい自由まで当然に含むもので
はありません。争点効を認めても，当事者の争わない自由を損なうことはなく，
むしろ，当事者間の公平に適うとされています。

---

12)　新堂 720 頁以下。

課　題

　判例は，争点効は否定しましたが，最判昭和 49・4・26（民集 28 巻 3 号 503
頁〔百選〔5 版〕85〕）において，訴訟物以外の事項について「既判力に準ず
る効力」を認めています。事案は，相続債務の支払請求訴訟において被告が
限定承認の抗弁を提出し，これを認めて相続財産の限度での支払を命じる判
決が確定した後，原告が基準時前に存在した法定単純承認事由（民 921 条）
を主張して，相続財産の限度にかかわらず債務の支払を求める訴えを提起し
たというものです。限定承認の存在および効力についての前訴の判断に後訴
に対する拘束力が認められたのはなぜか。この判決を読んで考えてみてくだ
さい。

《参考文献》

菱田雄郷「限定承認の蒸し返し──既判力に準ずる効力」百選〔5 版〕180
　頁

新堂幸司「責任限定を明示した給付判決の効力──『既判力に準ずる効力』
　と『既判力類似の効力（いわゆる争点効）』との関係を中心として」同
　『訴訟物と争点効（下）』（有斐閣，1991 年，初出 1975 年）1 頁以下

第16講

確定判決の効力は，基準時後に訴訟物たる権利関係に利害関係をもつにいたった者にも及ぶか

——口頭弁論終結後の承継人への判決効の拡張

最判昭和48・6・21民集27巻6号712頁［百選〔5版〕87］
［執保百選〔3版〕6］

▶キーワード　既判力の主観的範囲，口頭弁論終結後の承継人，
実質説と形式説，既判力拡張と執行力拡張の違い

確定判決の効力が及ぶ者の範囲

確定判決（確定した終局判決。⇒第13講）の効力といえば，既判力が思い浮かぶでしょう。**既判力**は，これまでにも述べてきたように，裁判制度を維持するために不可欠の制度であり，確定判決が給付判決，確認判決，形成判決のいずれであっても認められます[1]。このほか，確定判決が給付判決である場合に認められる効力として，**執行力**があります。執行力は，確定した給付判決その他の民事執行法22条に列挙された文書（これを**債務名義**といいます。⇒第7講注5))に掲げられた給付義務を，強制執行手続によって実現することのできる効力をいいます[2]。

既判力が及ぶのはどのような者かという問題は，**既判力の主観的範囲**というテーマで論じられてきました。以下では，既判力のほか，確定した給付判決の執行力にも対象を広げて，**確定判決の効力が及ぶ者の範囲**を確認していきましょう。根拠となる条文は，民事訴訟法115条1項および民事執行法23条1

---

[1]　形成判決については，**形成力**（法律関係の変動を生じさせる効力。⇒第0講）のみを認めれば足り，既判力を認める必要はないという見解もありますが，多数説は，訴訟の基準時において形成原因が存在していたことを確定するためには既判力が必要であるとして，既判力を肯定しています。

[2]　この執行力は，**狭義の執行力**と呼ばれています。これに対して**広義の執行力**は，強制執行以外の方法で判決内容に適合した状態を実現する効力をいいます。たとえば，原告・被告間の親子関係を確認する判決に基づいて原告が戸籍の訂正を申請することができるのは，広義の執行力によるものといわれています。広義の執行力まで含めれば，執行力は確認判決や形成判決にも生じるといえますが，以下で執行力という場合には，**給付判決に生じる狭義の執行力**を指すものとします。

項・3項です。

　なお，既判力の作用が問題になるのは，判決確定後に新たな訴え（後訴）が提起された場合であるのに対し，執行力の作用は，後訴ではなく，確定判決に基づく強制執行手続において問題になります。こうした違いはありますが，以下では，既判力についても執行力についても，確定判決がされた訴えのことを前訴と呼びます。

(1)　当事者（民訴115条1項1号，民執23条1項1号）

　確定判決の効力は，まず，前訴の当事者に及びます。前訴の当事者は前訴の訴訟物をめぐる紛争の主体ですから，この者には既判力を及ぼして，同一事項について紛争が繰り返されることがないようにする必要があります。前訴で給付判決を求めた者（原告・反訴原告）がその相手方（被告・反訴被告）に対して勝訴し，その判決が確定した場合にも，勝訴者が敗訴者に対して強制執行をすることを認める必要があります。そうでなければ，給付訴訟の制度を設けた意味が失われてしまうからです。

　前訴の当事者に既判力および執行力を及ぼすことには，必要性だけでなく正当性も認められます。前訴の当事者には，さまざまな訴訟上の権利（当事者権）が認められ，確定判決の基礎となる資料（訴訟資料・証拠資料）を提出する機会が与えられていたからです。裏返せば，こうした機会を保障されていなかった者に既判力および執行力を及ぼすことは，正当化されません。

　以上の理由から，確定判決の既判力および執行力は，前訴の当事者に及び，当事者でなかった者には及ばないのが原則です。これは，既判力については，**既判力の相対性または相対効の原則**と呼ばれています。

　ただし，この原則にはいくつかの例外があります。以下の(2)から(4)がそれにあたります。

(2)　第三者の訴訟担当が行われた場合の被担当者（民訴115条1項2号，民執23条1項2号）

　第三者の訴訟担当とは，訴訟物たる権利または法律関係について実質的な利害関係を有する者（被担当者）以外の者（担当者）が法律上当然に，または被担当者からの授権に基づいて，当事者適格を認められる場合のことをいいます

（⇒第4講，第5講）。

　被担当者は，本来は当事者として訴訟追行をすることができる者であり，訴訟物をめぐる紛争の主体となりうる者ですので，被担当者にも担当者が受けた判決の効力を拡張する必要があります。判決効拡張を正当化する根拠は，第三者の訴訟担当の種類によって異なります。被担当者からの授権に基づく場合（任意的訴訟担当）の正当化根拠は，授権の存在のほか，担当者による適切な訴訟追行が期待できることです。法律上当然に行われる場合（法定訴訟担当）のうちの**職務上の当事者**（例，遺言執行者）については，担当者が被担当者の利益を保護すべき職務上の地位にあり，被担当者のために適切な訴訟追行をなしうることが正当化根拠です。他方，債権者代位訴訟を提起する債権者のように，担当者の権利の実現または保全を図るために認められる法定訴訟担当（担当者のための法定訴訟担当）については，被担当者に訴訟参加の機会が保障されていることによって，判決効拡張が正当化されるといわれています（⇒第26講）。

(3)　口頭弁論終結後の承継人（民訴115条1項3号，民執23条1項3号）

　訴訟の基準時である事実審の口頭弁論終結時よりも後に，当事者または訴訟担当における被担当者（当事者等）以外の者が，訴訟物たる権利関係またはそれから派生する権利関係について，利害関係をもつにいたる場合があります。たとえば，訴訟の基準時後に当事者等について相続・合併などの事由が生じれば，相続人や合併後の新会社が新たな利害関係人となります。また，訴訟の基準時後に，当事者等との契約等により，第三者が訴訟物たる権利関係またはそれから派生する権利関係について利害関係人になることもあります。そうした利害関係人の例としては，①原告から被告に対する動産の所有権確認・引渡請求訴訟の基準時後に，被告から目的動産を譲り受けた者や②原告から被告に対する売買代金支払請求訴訟の基準時後に，原告から訴訟物たる債権を譲り受けた者が考えられます。

　これらの者は，「**口頭弁論終結後の承継人**」として前訴判決の効力を受けます。そうでないと，基準時後に紛争主体が変動した場合には，前訴判決による紛争解決の実効性が失われてしまうからです。とくに，敗訴した当事者の基準時後の処分行為により新たな紛争主体になった者（上記①における敗訴被告から目的

動産を譲り受けた者，②における敗訴原告から債権を譲り受けた者）がいる場合に，この者に前訴判決の効力が及ばないとすると，勝訴した当事者はこの者を相手に再度の訴訟をしなければならなくなり，前訴で勝訴した意味がなくなってしまいます。

　もっとも，口頭弁論終結後の承継人は，当事者のように，前訴において訴訟上の権利行使を保障されていたわけではありません。また，訴訟担当における被担当者のように，前訴当事者に訴訟追行の権限を与えていたとか，前訴当事者による適切な訴訟追行を期待できたとか，前訴にみずから参加することができたというわけでもありません。そのため，口頭弁論終結後の承継人には，前訴の当事者や訴訟担当における被担当者と同じように前訴判決の効力を及ぼしてよいのかが，問題になります（後述する【承継人に対する既判力拡張】【承継人に対する執行力拡張】参照）。

(4)　請求の目的物の所持者（民訴 115 条 1 項 4 号，民執 23 条 3 項）

　確定判決の効力は，当事者，訴訟担当における被担当者，または基準時後の承継人のために請求の目的物を所持する者に対しても拡張されます。「請求の目的物」とは，訴訟物が特定物の引渡請求権である場合における引渡しの対象（不動産，動産）を指します。「所持する者」とは，その特定物の所持について固有の利益をもたず，もっぱら当事者等のために所持している者をいいます。たとえば，トランクルーム事業者のような寄託契約における受寄者，別荘の管理人，同居者などがこれにあたります。これに対して，賃借人や質権者は，目的物を自己の利益のために占有しているので，請求の目的物の所持者にはあたりません。

　請求の目的物の所持者に対して判決効が拡張されることの正当化根拠は，この者には請求の目的物の所持について保護すべき固有の利益がないため，独自の訴訟追行を保障する必要がないことに求められます。

承継人に対する既判力拡張

(1)　固有の防御方法を有する承継人を保護する必要性

　以上のとおり，前訴の当事者ではなかった者に例外的に前訴判決の効力が拡

張される場合の中で，口頭弁論終結後の承継人に対する判決効拡張は，他の場合に比べて正当化が困難だといえます。前訴判決による紛争解決の実効性を維持するために必要だからといって口頭弁論終結後の承継人にむやみに判決効を拡張すれば，この者の正当な利益を損なうことにもなりかねません。そこでかつての有力学説（「実質説」と呼ばれています）は，口頭弁論終結後の承継人が，前主（＝前訴の当事者）の地位に由来しない，**固有の防御方法**を有する場合には，前訴判決の既判力が拡張される承継人にはあたらない，と解することによって，この者の正当な利益を保護しようとしました。たとえば，以下の各場合のＺは，承継人ではないとされています。

[例1] Ｘは，その所有する骨董品甲の売却をＹに依頼し，甲をＹに預けていましたが，Ｘが提示した条件（金額および期間）では売れなかったので，Ｙとの契約を解除し，甲の返還を求めました。しかし，Ｙが甲を返還しなかったため，Ｘは，Ｙに対して，所有権に基づいて甲の引渡しを求める訴え（前訴）を提起し，Ｘ勝訴の判決が確定しました。この確定判決に基づいて，ＸはＹに対して甲の引渡しの強制執行を行おうとしましたが，Ｙは，訴訟の基準時後にＺに甲を有償で譲渡し，引き渡していました。Ｚは，甲はＹが所有するものと信じており，そのことについてＺに過失はありません。

[例2] Ｘは，その所有する土地乙をＹに賃貸し，Ｙは乙上に建物丙を所有していました。Ｘが，Ｙに対して，賃貸借契約の終了を理由として建物丙を収去して土地乙を明け渡すように求める訴え（前訴）を提起し，Ｘ勝訴の判決が確定しました。この訴訟の基準時後に，ＹはＺに丙の所有権を譲渡し，ＹからＺへの所有権移転登記がなされました。Ｚは，この訴訟の基準時前に，Ｘから乙について賃借権の設定を受けていました。

(2) **実質説の考え方**

[例1] のＺは，民法192条に基づき甲の所有権を取得しています。Ｚの所有権は，Ｙから承継したものではなく，Ｚが原始取得したものですから，民法192条に基づく所有権の取得の主張は，Ｚに固有の防御方法ということになります。[例2] のＺも，Ｙを介することなく，Ｘから直接，土地乙について賃借権を設定されています。これらのＺが，ＸＹ間の確定判決の既判力を拡張され

る口頭弁論終結後の承継人にあたるかについて，実質説は以下のように考えていました。

　かりにZが口頭弁論終結後の承継人にあたるとすると，Zは，前主であるYと同様の立場でX勝訴の確定判決の効力を受けることになるので，［例1］におけるXの所有権に基づく甲の引渡請求権および［例2］におけるXの建物収去土地明渡請求権の存在を争うことはできない。これでは，訴訟物たる権利の目的について実体法がZに権利を認めていることが無視される結果となり，妥当ではない。それゆえZは，口頭弁論終結後の承継人にはあたらないというべきである。

　この考え方は，Zが口頭弁論終結後の承継人にあたるかどうかを，Zに実体法上の保護が与えられるかどうかを審理した結果に基づいて判断するものです。［例1］では，ZはYが無権利者であることについて善意無過失だったので，承継人にはあたりませんでしたが，善意無過失であることを主張立証することができなかった場合には，承継人として前訴確定判決の既判力を受けます。［例2］においても，XがZのために賃借権を有効に設定したと認められれば，Zは承継人にはあたりませんが，そうでない場合には，Zは承継人として前訴確定判決の既判力を受けることになります。

(3)　形式説の考え方

　現在の通説（「形式説」と呼ばれています）は，Zのように固有の防御方法をもつ者も承継人に該当し，XY間の確定判決の既判力を受けるとします。しかし，Zに既判力が拡張されることの意味は，実質説の理解とは異なっています。すなわち，［例1］でXがZに対して甲の引渡しを求める訴え（後訴）を提起した場合にZが争えなくなるのは，XY間の確定判決における「前訴の基準時において，XがYに対して甲の引渡請求権を有していた」という判断であって，「XがZに対して甲の引渡請求権を有している」ことではありません。Zが後訴において「Zは前訴の基準時後に民法192条に基づき甲の所有権を取得した」と主張することは，前訴確定判決の既判力に抵触しません。［例2］でXがZに対して建物収去土地明渡しを求める後訴を提起した場合にも同様に，Zは前訴確定判決の既判力を受けますが，ZがXから賃借権の設定を受けたことを後訴で主張することは，既判力に抵触しません[3]。

⑷ **実質説と形式説の比較**

実質説でも形式説でも，固有の防御方法を有する承継人が保護される点は共通です。違いがあるのは，理論上の論点についてだといわれています。

実質説の理論上の問題点として指摘されるのは，既判力が拡張される承継人であるかどうかの判断が，Ｚが後訴で「善意無過失」や「Ｘによる賃借権の設定」を主張立証したかどうかによって異なることです。形式説からは，これは，既判力の存在が職権調査事項であること（⇒第13講）と整合しない，と批判されています[4]。また，固有の防御方法を有するＺが口頭弁論終結後の承継人でないとすれば，前訴判決の既判力はXZ間の後訴に及ばないことになりますが，そうすると，［例1］［例2］と異なり前訴でＸが敗訴した場合に，Ｘは，Ｙに対しては争うことのできない前訴判決の既判力ある判断をＺとの関係では争えることになって不当である，という指摘もされています[5]。

承継人に対する執行力拡張

他方，口頭弁論終結後の承継人に対する執行力の拡張については，議論の状況が異なります。既判力の拡張については形式説を妥当とする見解も，執行力の拡張については形式説によるべきではないとしているのです[6]。以下で述べるように，既判力拡張と執行力拡張とでは承継人に対する影響が異なるため，形式説では，執行力拡張の場面で承継人の保護を図ることができないからです。

承継人に対して既判力が拡張される場合には，承継人に固有の防御方法の有無は，後訴において審理されます。そもそも既判力は，前訴判決主文中の判断が後訴の当事者および裁判所に及ぼす拘束力ですから，承継人に対する既判力拡張が問題になるのは，［例1］［例2］においてＸがＺに対して訴えを提起した場合ということになります。

これに対して，［例1］［例2］において承継人Ｚに対して執行力が拡張される場合には，前訴の勝訴者であるＸは，Ｚに対して訴えを提起せずに，Ｚに対

3) 実質説・形式説という名称を提唱し，その対立の構図を明らかにしたのは，新堂幸司「訴訟当事者から登記を得た者の地位」争点効（上）297頁以下，327頁以下（初出1971年）です。
4) 新堂・前掲注3）330頁，高橋・重点（上）694頁。
5) 新堂・前掲注3）329-330頁，水谷暢「判批」民商71巻2号（1974年）362頁。
6) 新堂741-742頁。

する強制執行を行うことができます。Yに対する勝訴判決にZに対する承継執行文の付与（民執27条2項）を受ければ，Zに対する訴えの提起と勝訴判決の獲得という過程を省略して，Zに対して強制執行を行うことができるのです。承継執行文を付与するのは裁判所書記官であり，承継人Zに対して執行力が拡張されることが裁判所書記官に明白であるか，またはXが執行力拡張を証明する文書を提出した場合に，承継執行文が付与されます。承継執行文の付与にあたって，口頭弁論が開かれることはなく，口頭弁論に代わる審尋（87条2項）も保障されていません。Zに固有の防御方法がありXとの訴訟では勝訴できるような場合に，Zを承継人と扱い，簡易な承継執行文付与の手続を経るのみで強制執行を行うのは，明らかに不当です。この点に関しては，争いはありません。

　問題は，Zに固有の防御方法が認められるかどうかを，どのような手続において審理判断するのかです。この点については見解が分かれていますが，執行法の領域の問題ですので，これ以上は深入りしないことにします。

既判力が拡張される承継人についての判例の考え方

　口頭弁論終結後の承継人に対する既判力の拡張について，判例は実質説と形式説のどちらを採っているのでしょうか。

　実質説を採っているとみる見解は，次の最高裁判決を挙げています。しかし，本判決をそのように理解することに疑問を提起する見解もあります[7]。この判決が扱っているのはどのような問題なのかというところから，検討していきましょう。

◇　最判昭和48年6月21日
　　民集27巻6号712頁［百選〔5版〕87］［執保百選〔3版〕6］

事実の概要

　本訴は，X（原告・被控訴人・被上告人）がY（被告・控訴人・上告人）に対して，

---

7)　中野貞一郎「弁論終結後の承継人」同『民事訴訟法の論点Ⅰ』（判例タイムズ社，1994年，初出1993年）219頁。菱田雄郷「口頭弁論終結後の承継人（最判昭和48・6・21）」法教469号（2019年）41頁も参照。

土地（本件土地）の所有権確認と真正な登記名義回復のための所有権移転登記手続を求めた訴えです[8]。Ｘが本件提起にいたるまでには，以下のような経緯がありました。

本件土地はもとＡの所有名義で登記されていましたが，Ｙの破産管財人が，真実の所有者はＹであり，登記はＹとＡの通謀虚偽表示によるものであると主張して，Ａに対して，所有権移転登記手続を求める訴えを提起しました（前訴）。前訴の第一審においては，Ａ欠席のまま昭和43年4月17日に口頭弁論が終結され，同月26日にＹ勝訴の判決が言い渡されて確定しました。Ｘは，以上の事情を知らずに，Ａを執行債務者とする不動産強制競売事件において本件土地を競落し（昭和43年6月27日），所有権移転登記を経由しました（同年7月22日）。

その後Ｙは，Ｘは前訴被告Ａの口頭弁論終結後の承継人であるとして，Ｘに対する承継執行文の付与を受けて，本件土地について所有権移転登記を経由しました。Ｘは，この承継執行文の付与は違法であるから，Ｙが経由した所有権移転登記は無効であると主張して，本訴を提起しました。

Ｙ──→Ａ　所有権移転登記手続請求（前訴）（基準時　昭和43・4・17）

　　　　Ｘ　本件土地を競落（昭和43・6・27），所有権移転登記（昭和43・7・22）

　　　Ｙ→Ｘ　承継執行文の付与，ＸからＹに所有権移転登記

Ｘ──→Ｙ　所有権確認・所有権移転登記手続請求（本訴）

第一審は，Ｘ勝訴の判決を言い渡しました。その理由の要旨は，以下のとおりです。

（1）Ｘは，Ａの口頭弁論終結後の承継人として前訴判決の既判力を受ける者であるが，口頭弁論終結後の承継人は，口頭弁論終結時における前主と相手方の権利関係について確定判決の内容に抵触するような主張ができないだけであって，その時以後に生じた新たな事実に基づく主張はできる。

---

8)　本来は所有権移転登記の抹消登記手続を求めるべきところ，登記手続を簡略化するために所有権移転登記手続を求めるものです（⇒第15講注2))。後述する前訴も，真正な登記名義回復のための所有権移転登記手続請求訴訟です。

（2）Ｘは，Ａが本件土地について無権利者であったことについて善意であり，民法94条2項が類推適用される者であるから，Ｙは，Ｘが本件土地について所有権を取得したことを否定できない立場にあった。

（3）Ｙは，Ａに対する確定判決に承継執行文を得てＸに対して強制執行をすることはできなかったのであるから，Ｙが本件土地について経由した所有権移転登記は無効である。

控訴審も，第一審と同様の理由によりＹの控訴を棄却したため，Ｙが上告しました。

判　旨

上告棄却。

「Ｙは，本件土地につきＡ名義でなされた前記所有権取得登記が，通謀虚偽表示によるもので無効であることを，善意の第三者であるＸに対抗することはできないものであるから，Ｘは本件土地の所有権を取得するに至ったものであるというべきである。このことはＹとＡとの間の前記確定判決の存在によって左右されない。そして，ＸはＡのＹに対する本件土地所有権移転登記義務を承継するものではないから，Ｙが，右確定判決につき，Ａの承継人としてＸに対する承継執行文の付与を受けて執行することは許されないといわなければならない。」

本判決の理解

本件における争点は，ＹがＸに対する承継執行文の付与を受けたことが違法かどうかであり，第一審も控訴審もそして最高裁も，違法であるとしました。つまり，Ｙは，Ａに対する確定判決にＸに対する承継執行文の付与を受けてＸに対して強制執行をすることはできない，とされたのです。

既判力が拡張される承継人についての形式説と実質説の対立を，第一審は意識していたようであり，形式説を採ることを明らかにしています。しかし，本判決が実質説を採っているかどうかは，明らかではありません。

まず本判決は，民法94条2項の善意の第三者であるＸが本件土地の所有権を取得していることは，「ＹとＡとの間の前記確定判決の存在によって左右されない」と述べています。しかし，「Ｘは口頭弁論終結後の承継人にあたらな

いから，YA間の確定判決の既判力を受けない」とまで述べているわけではありません。また，「XはAのYに対する本件土地所有権移転登記義務を承継するものではないから，Yが，……Xに対する承継執行文の付与を受けて執行することは許されない」という判示からは，本判決が執行力拡張について形式説を採っていないことはうかがわれます。しかし，既判力拡張についても形式説を採らない趣旨かどうかは，やはり明らかではありません。

▱ 発展問題

　本判決が口頭弁論終結後の承継人に対する既判力拡張に関する判例とはいえないのは，YがXに対する承継執行文の付与を受けて，所有権移転登記を経由しているという事情があったためです。事案を変えて，YがXに対して所有権移転登記手続を求める後訴を提起していたものとすれば，Xに対する既判力拡張が問題になったはずです[9]。

前訴　Y──→A　所有権移転登記手続請求　Y勝訴の判決が確定

　　前訴の基準時後に，XがAの所有名義の本件土地を競落し，所有権移転登記を経由

後訴　Y──→X　所有権移転登記手続請求

　通説によれば，Xに対してYA間の確定判決の既判力が及ぶ結果，Xは，YがAに対して所有権移転登記請求権を有していることを争えない。それゆえ，Xが，Yは前訴の基準時において本件土地の所有権者ではなかったと主張することは，前訴確定判決の既判力に抵触する。しかし，基準時後にXが民法94条2項により本件土地の所有権を取得したと主張することは，既判力に抵触しない，ということになります。

　ところが最近になって，形式説と実質説の対立とは別の観点から，XにYA間の確定判決の既判力は及ばないとする見解が提唱されるようになりました[10]。

---

9)　後訴に訴えの利益が認められるのかについては議論があります。Yは，Xに対する承継執行文の付与を受けることはできないものの，Xに対して執行文付与の訴え（民執33条）を提起することはできるからです。しかし，ここでは訴えの利益があるものとしましょう。

この見解は，以下のように論じます。

　前訴と後訴の間には，訴訟物が同一である，前訴の訴訟物が後訴の訴訟物の前提問題である，前訴と後訴の訴訟物が矛盾関係にある，のいずれの関係もない。したがって，前訴判決の既判力は後訴には及ばず，Ｘは，Ｙが前訴の基準時において本件土地の所有者であったことを争うことができる。こうした結果を回避するために，Ｙは前訴で，Ａに対して本件土地の所有権確認請求を併合しておくべきであった。

　この議論は，所有権に基づく登記請求権と所有権それ自体とは実体法上，別個の権利であり，所有権に基づく移転登記請求権の存在について既判力が生じても，所有権の存在まで既判力によって確定されるわけではないことを前提とします。そうであるとしても，Ｙは，前訴の基準時後にあらわれるかもしれないＸのことを考慮して所有権確認請求を併合しなければならないというべきか，ＡがＹの所有権を争っていなければ，この請求には訴えの利益が認められないのではないか，は問題になるように思われます。

　当事者間の公平を考えれば，通説の結論を認めるべきという議論は可能ですが，問題はその理由づけです。この点については，上記の前訴と後訴は，既判力が及ぶとされてきた場合のどれにもあたらないけれども，既判力拡張を否定してしまっては，民訴法115条1項3号を設けた意味が損なわれてしまう，という考え方があります。この議論の妥当性について，考えてみましょう[11]。

---

10)　山本弘「弁論終結後の承継人に対する既判力の拡張に関する覚書」同『民事訴訟法・倒産法の研究』（有斐閣，2019年，初出2015年）273頁以下。山本克己・百選〔5版〕185頁も参照。

11)　田中512-513頁は，実際に紛争になる場合として多いのは，口頭弁論終結後の承継人が（i）前訴の訴訟物である権利義務を承継した場合や（ii）前訴の訴訟物である権利義務を先決関係とする権利義務を承継した場合のように，既判力拡張として説明することができる場合ではなく，論理的に既判力の拡張として説明することのできない（iii）実体法上，前訴の当事者の地位に依存する関係に立つ場合だとします。そして，（iii）の場合も含めて，口頭弁論終結後の承継人には前訴確定判決の既判力を及ぼすというのが，民訴法115条1項3号の「立法的割切り」だと説明しています。

第 17 講

債権者と債務者を当事者とする訴訟の確定判決は，保証人や連帯債務者に対してどのような効力を及ぼすか

——反射効

[1] 最判昭和 51・10・21 民集 30 巻 9 号 903 頁 ［百選〔5 版〕90]
[2] 最判昭和 53・3・23 判時 886 号 35 頁，金判 548 号 16 頁
［百選〔5 版〕89]

▶キーワード　既判力と反射効，保証債務の付従性，連帯債務者の
　　　　　　　　1 人による相殺の絶対的効力，実体法説と訴訟法説
　　　　　　　（既判力の本質論）

反射効とはどのような効力か

　訴訟の判決が確定すると，当事者である原告と被告は既判力による拘束を受けます（115 条 1 項 1 号）。訴訟の当事者ではなかった者が，①当事者が訴訟担当者として訴訟を追行した場合の被担当者（同項 2 号），②当事者または被担当者の訴訟の基準時後の承継人（同項 3 号），③当事者，被担当者または訴訟の基準時後の承継人のために請求の目的物を所持する者（同項 4 号）のいずれかに該当する場合には，この者にも既判力が拡張されます（⇒第 16 講）。

　それでは，債権者 X が債務者 Y に対して債務の履行を求める訴えを提起し，請求棄却（Y 勝訴）の判決が確定した場合に，この確定判決の効力は，Y の保証人または連帯債務者にも及ぶでしょうか。

　保証人または連帯債務者は，上記①から③までのいずれにも該当しませんが，主債務者または他の債務者が債務を全部履行した場合には，債務の負担を免れます。その意味で，債務者と「実体法上の従属関係ないし依存関係にある」といわれています。

　民事訴訟法の理論として，既判力の拘束を受ける当事者の一方とこのような関係にある第三者には，当事者間に存する既判力が反射的に有利または不利な影響を及ぼす，という考え方があります。この効力は「反射効」という名称で呼ばれています。

▽ 反射効が認められる場合に保証人・連帯債務者が受ける効力

　反射効が認められるとすれば，債務者 Y が債権者 X に勝訴した上記の場合には，保証人または連帯債務者に以下のような効力が生じることになります。

　[例1] 主債務者 Y が債権者 X に勝訴した判決が確定した後に，X が保証人 Z に対して提起した保証債務の履行を求める訴えにおいて，Z が Y 勝訴の判決を援用し，XY 間で主債務の不存在が確定している以上，保証債務も存在しないと主張したとします。この場合には，裁判所は，主債務の不存在を前提として判決をしなければなりません。民法上，主債務が存在しなければ保証債務も存在しないとされていますので（民 448 条 1 項。保証債務の付従性），X の Z に対する請求も棄却されることになります。

　[例2] 債権者 X が連帯債務者の 1 人である Y に対して債務の履行を求めた訴えにおいて，Y の相殺の抗弁を認めて X の請求を棄却する判決がされ，確定した後に，X が他の連帯債務者 Z に対して債務の履行を求める訴えを提起しました。この訴えにおいて，Z が Y 勝訴の判決を援用し，XY 間で認められた相殺の効力は他の連帯債務者全員に及んでいる（民 439 条。相殺の絶対的効力）と主張した場合，裁判所は，この主張に基づいて，X の Z に対する請求を棄却することになります。

　以下では，民事訴訟法に明文の規定はないにもかかわらず，「反射効」が認められるべきと主張されるのはなぜか，「反射効」が認められないと，どのような不都合が生じるのか，あるいは「反射効」を認めることにはどのような問題があるとされているのか，「反射効」は既判力とは別の効力なのか，といった論点について，学説と判例を検討していきます。

▽ 反射効理論はなぜ提唱されたのか

(1)　反射効理論誕生の背景——既判力の本質論をめぐる学説の対立

　反射効理論は，わが国では兼子一博士によって提唱され[1]，有力な学説となりましたが，もともとは，19 世紀末から 20 世紀初頭にかけてドイツで主張さ

---

　1)　兼子一「連帯債務者の一人の受けた判決の効果」同『民事法研究第 1 巻』（酒井書店，1950 年，初出 1938 年）369 頁以下，同『実体法と訴訟法』（有斐閣，1957 年）163 頁以下，兼子 352-353 頁を参照。

れていた考え方です。この時期に反射効理論が生まれた背景には，既判力の本質論（当事者および後訴裁判所が既判力によって拘束されるのはなぜか，内容が不当な判決にも既判力が生じるのはなぜか，をめぐる議論）についての**実体法説**と**訴訟法説**の対立がありました。

実体法説は，判決が確定すると，それによって当事者間の実体法上の権利関係が判決内容と同一のものに変更されると考えます。確定判決の効力について，当事者間に和解契約が締結された場合と同じように考えるのです。すなわち，両当事者がその間の権利関係について和解契約を締結し，以後はその内容のとおりの権利関係に変更することを合意した場合には，その合意が有効である限り，当事者も裁判所も変更後の権利関係を前提としなければなりません。判決の確定後もこれと同様に，当事者も後訴裁判所も判決によって変更された権利関係を前提としなければならない，誤って存在しない権利関係を認めた判決がされたとしても，確定すれば判決内容のとおりの権利関係が存在することになる，というのが実体法説の主張です。

これに対して訴訟法説は，既判力の拘束力は，裁判所間の判断の統一を図るためのものであって，実体法上の権利関係とは無関係であるとします。前訴裁判所がした判決が確定すると，その訴訟法上の効果として，後訴裁判所は前訴裁判所の判断に抵触する判断をすることが許されなくなり，当事者もこれを前提として行動せざるをえなくなる，と説明されます。

(2) **訴訟法説の下での反射効理論**

実体法説には，既判力の存在が職権調査事項であること（⇒第13講）や既判力は原則として当事者間にのみ及ぶこと（⇒第16講）の説明が困難であるなどの問題があり，訴訟法説がドイツでもわが国でも通説となっていったのですが，実体法説のほうがうまく説明できる事柄もありました。それは，第三者に対する既判力の拡張です。

かつてのドイツでは，保証人のような，当事者の一方と実体法上の従属関係にある第三者には判決の効力が拡張されるという考え方（「従属関係説」と呼ばれます）が有力であり，実体法説の論者も訴訟法説の論者も，この考え方を支持していました。実体法説によれば，これは既判力の拡張と説明されます。たとえば，債権者と主債務者の間の主債務履行請求訴訟で主債務は存在しないと

いう判決が確定した場合には，主債務は実体法上，消滅するため，保証債務も
付従性により消滅する，したがって，債権者が保証人に対して保証債務の履行
を請求することは既判力に抵触する，ということになります。

これに対して訴訟法説は，判決の確定により主債務が実体法上，消滅するの
ではなく，主債務が存在しないという判断が債権者と主債務者の間で拘束力を
もつと説明します。そのうえで，保証人に対する判決効拡張も認めようとした
のですが，これを既判力の拡張といったのでは，実体法説に戻ってしまいます。
保証人に拡張される判決効は既判力とは異なる効力だといわなければならない。
これを反射効と呼ぼう，ということになったのです[2]。

わが国の議論の状況

ドイツの反射効理論によれば，反射効は実体法上の効力です。既判力とは異
なり，職権調査事項ではなく，裁判所は，当事者による援用をまって反射効を
考慮すれば足りるなどの特徴があります[3]。

わが国で反射効理論を支持する見解（以下「反射効肯定説」といいます）[4]も，反
射効を既判力とは異なる実体法上の効力として認めています。しかし，反射効
肯定説は通説を形成するまでにはいたらず，ほかにもさまざまな見解が主張さ
れています。

まず，反射効を否定する見解があります。その中には，主債務者勝訴の判決
が保証人に対して及ぼす効力は，既判力として説明するべきであるという見解
（以下「既判力拡張説」といいます）[5]と，保証人に対する判決効の拡張は，反射効
であれ，既判力拡張であれ，認めるべきではないという見解（以下「反射効全面
否定説」といいます）[6]が区別されます。

次に，既判力拡張説とも反射効全面否定説とも異なり，保証人に対する判決

---

2) 以上については，鈴木正裕「判決の反射的効果」判タ261号（1971年）7-8頁を参
  照。

3) 鈴木・前掲注2）4頁。

4) 近時，反射効肯定説を支持する見解として，山本和彦『民事訴訟法の基本問題』
  （判例タイムズ社，2002年）173頁以下があります。

5) 鈴木・前掲注2）9頁以下，竹下守夫「判決の反射的効果についての覚え書」一橋
  論叢95巻1号（1986年）30頁以下，野村秀敏「判決の反射的効力」新堂幸司監修
  『実務民事訴訟法講座［第3期］第3巻』（日本評論社，2013年）363頁以下，377頁。

効の法的性質を問わずに，これを認めるべきであるとする見解もあります[7]。

以上のほか，最近は，反射効を訴訟法上の効力と性質決定したうえで，理論構成としては信義則によることを提唱する見解もあらわれています[8]。

 ## 主債務者勝訴判決が確定した場合（[例1]）における反射効──[1]判決の検討

学説が反射効に関して多様な議論を展開しているのとは対照的に，判例は，反射効に対して距離をおいているようにみえます。まず，主債務者と保証人の事例に関する次の判例を検討しましょう。

◇ [1] 最判昭和51年10月21日
民集30巻9号903頁［百選〔5版〕90］

事実の概要

本件は，X（原告・被控訴人・上告人）がY（被告・控訴人・被上告人）に対して提起した請求異議の訴え（本訴）に関するものです。Xは，訴外AのYに対する債務（主債務）について連帯保証をしており，以下の事情から本訴提起にいたりました。

Aの死亡後，Yは，主債務が弁済されていないと主張して，Aの相続人であるBらおよびXを共同被告として，債務の履行を求める訴え（前訴）を提起しました。XがYの主張をすべて認めたのに対して，Bらは争ったので，Xに関する弁論が分離され，YのXに対する請求を認容する判決がされて確定しました。他方，YとBらの間においては，審理の結果，AのYに対する主債務の成立が否定され，Yの請求を棄却する判決が確定しました。

その後，YがXに対する前訴確定判決に基づいて強制執行手続を開始したため，Xは，その停止を求めて本訴を提起しました。請求異議の事由（民執35条

6) 三ケ月・全集35頁，伊藤607-611頁，上野泰男「既判力の主観的範囲に関する一考察」関西大学法学論集41巻3号（1991年）941頁以下。
7) 新堂744頁，746-747頁，高橋（上）749頁以下，754-755頁。
8) 垣内秀介「反射効の理論に関する一視角」加藤新太郎先生古稀祝賀『民事裁判の法理と実践』（弘文堂，2020年）341頁以下，359頁。

2項）について，Xは，Xに対して連帯保証債務の履行を命じる前訴判決が確定した後に，YとBらの間の確定判決によって主債務の不存在が確定されたことを主張しています。

　第一審は，X勝訴の判決をしましたが，控訴審は，次のように述べて第一審判決を取り消し，Xの請求を棄却しました。

　「保証人が，〔主債務者勝訴の〕確定判決を援用して，自己の保証債務の履行を拒絶し得ることがあり得ようが，〔それ〕は，債権者の保証人に対する給付の確定判決がない場合に限るのであって，既に保証人に対する給付の確定判決がある場合には，保証人は，その後になされた債権者と主たる債務者間の確定判決を援用して，自己の保証債務の履行を拒絶することはできないと解すべきである」[9]。

　これに対してXが上告しました。

判　旨

上告棄却。

　「一般に保証人が，債権者からの保証債務履行請求訴訟において，主債務者勝訴の確定判決を援用することにより保証人勝訴の判決を導きうると解せられるにしても，保証人がすでに保証人敗訴の確定判決を受けているときは，保証人敗訴の判決確定後に主債務者勝訴の判決が確定しても，同判決が保証人敗訴の確定判決の基礎となった事実審口頭弁論終結の時までに生じた事実を理由としてされている以上，保証人は右主債務者勝訴の確定判決を保証人敗訴の確定判決に対する請求異議の事由にする余地はないものと解すべきである。けだし，保証人が主債務者勝訴の確定判決を援用することが許されるにしても，これは，右確定判決の既判力が保証人に拡張されることに基づくものではないと解すべきであり，また，保証人は，保証人敗訴の確定判決の効力として，その判決の基礎となった事実審口頭弁論終結の時までに提出できたにもかかわらず提出しなかった事実に基づいてはもはや債権者の権利を争うことは許されないと解すべきところ，保証人敗訴判決の確定後において主債務者勝訴の確定判決があっても，その勝訴の理由が保証人敗訴判決の基礎となった事実審口頭弁論の終結

---

　9)　高松高判昭和49・7・29高民集27巻3号319頁，323-324頁。

後に生じた事由に基づくものでない限り，この主債務者勝訴判決を援用して，
保証人敗訴の確定判決に対する請求異議事由とするのを認めることは，実質的
には前記保証人敗訴の確定判決の効力により保証人が主張することのできない
事実に基づいて再び債権者の権利を争うことを容認するのとなんら異なるとこ
ろがないといえるからである。

そして，原審認定の前記事実〔＝主債務の不成立〕に照らせば，本件は連帯保
証人であるXにおいて主債務者勝訴の確定判決を援用することが許されない
場合であるというべきであるから，Xの右援用を否定した原審の判断は正当と
して是認することができる。」

[1]判決の考え方

[1]判決の事案では，〔例1〕と同様に主債務者勝訴の判決が確定しています
が，〔例1〕と異なり，保証人敗訴の判決がこれよりも先に確定しています。つ
まり，債権者と保証人の間では，保証債務が存在することが既判力をもって確
定されているのです。控訴審判決は，このような場合には，保証人はその後に
なされた主債務者勝訴の確定判決を援用して保証債務の履行を拒絶することは
できないとしました。そうでないとすると「保証人に対して確定判決がなされ
た後に，これと牴触する判決をすることを認め，しかもこれを先の確定判決に
優先させることになって，極めて不合理なことになる」としています[10]。

[1]判決は，控訴審判決と結論は同じですが，理由づけについて，保証人敗
訴の判決が確定した後に主債務者勝訴の判決が確定したことは，本件では，請
求異議の事由にならないと述べています。

控訴審の認定によれば，前訴におけるBら勝訴の理由は，AのYに対する
主債務が成立していなかったことです。これは，Xが前訴の基準時までに提出
することができたのに提出しなかった事実ですから，Xがこの事実を請求異議
の事由とすることは，**既判力の遮断効**（⇒第13講）により禁じられます。かり
に，Bらの勝訴判決が確定した事実をXが請求異議の事由として主張しうる
とすると，Xは，XY間の確定判決の既判力により主張することができない事
実に基づいてYの権利を再び争えることになり，不当である，というのが

---

10)　高民集27巻3号324頁。

[1]判決の考え方です[11]。

　保証債務履行請求訴訟において，保証人は，確定した主債務
者勝訴判決を援用して請求棄却判決を得ることができるか

　もっとも [1]判決は，債権者から保証債務履行請求訴訟を提起された保証
人が，主債務者勝訴の確定判決を援用することにより自己に有利な判決を得る
という [例 1] の帰結を，一般論としては認めているかにみえます（判旨の下線
部参照）。学説も，反射効全面否定説を除けば，同様の見解を採っているとい
えます。そのような見解の論拠としてまず考えられるのは，以下のような議論
です。

　[例 1] の帰結が認められないとすると，債権者と主債務者の間で主債務は存
在しないとする判決が確定しているにもかかわらず，債権者と保証人の間では
保証債務の存在を認める判決がされることになる。これは，保証債務の付従性
を定めた民法の趣旨に反する。

　たしかに，判決の内容が民法の規律に反しているのは望ましいことではあり
ません。しかし，民事訴訟法が**既判力の相対性**（⇒第 16 講）を採用している以
上，そうした事態は起こりえます。たとえば，特定の不動産について，甲と乙
の間の訴訟では甲の所有権を認める判決が確定した後，甲と丙の間の訴訟では
丙の所有権を認める判決が確定することもあります。同一不動産に甲と丙がと
もに所有権を有することは，民法の一物一権主義には反しますが，甲乙間の訴
訟における確定判決の既判力は甲丙間の訴訟に及ばない以上，こうした結果も
やむをえないとされています。このような既判力の相対性を前提としてもなお，
主債務が存在しないことについて，債権者・主債務者間の訴訟と債権者・保証

---

11)　[1]判決に対しては，反射効肯定説から，たとえ保証人敗訴の判決が先に確定し
ていようと，その後に主債務者勝訴判決が確定すれば主債務が実体法上消滅したのと
同様の効果が生じるのだから，基準時後に新事由が生じた場合として請求異議の事由
を認めるべきであった，という反論が提起されています。吉野正三郎・百選〔2 版〕
248 頁。山本・前掲注 4) 184 頁は，主債務者敗訴判決の確定により主債務が訴求不
能なものに実体的に変容したのに応じて，保証債務も訴求不能なものになったという
理由づけにより，同じ結論を導いています。しかし，主債務者勝訴判決の確定により，
主債務の実体法上の消滅，あるいは訴求不能なものへの変容の効果が生じたという議
論は，現在の通説である訴訟法説とは整合しないように思います。また，民法にも，
主債務者勝訴判決が確定するとこうした効果が生じることを定めた規定はありません。

204

人間の訴訟で統一的な判断がされるべきなのはなぜでしょうか。

(1) 保証人が主債務者に対して求償権を行使する可能性

　この問題については，統一的な判断がされないと，主債務者は，債権者に勝訴しても，後に保証人が債権者に敗訴すれば保証人から求償権（民459条1項・462条1項）を行使されるので，勝訴の結果を確保できないことが指摘されています[12]。すなわち，債権者と主債務者の間の訴訟で主債務の不存在が確定していても，その効力は保証人と主債務者の間の求償請求訴訟には及ばないので，主債務が存在するという判断に基づいて主債務者が求償を命じられることがありえます。その場合には，主債務者は債権者に対して不当利得返還請求の訴えを提起しなければなりません（この問題は「求償の循環」と呼ばれています）。これでは不経済なので，保証人が債権者に対して勝訴できるように，主債務の不存在について反射効を認めるべきだという議論もあります[13]。

　主債務者から債権者に対する不当利得返還請求権については，実体法上，成立しないとする見解も有力ですが[14]，そのことは，反射効をめぐる議論の決め手にはなりません。これにより求償の循環は避けられるので，反射効を認める必要はない，ということもできますし，逆に，主債務者は債権者に対して不当利得返還請求をすることができないからこそ，主債務者が債権者に勝訴した結果を確保するためには保証人による主債務者勝訴判決の援用を認めて，保証人を勝訴させる必要がある，ということもできるからです。

(2) 主債務者に敗訴した債権者が保証人に対して主債務の存在を主張することの許否

　以上の議論が，債権者との訴訟で勝訴した主債務者の利益に焦点を合わせていたのに対し，主債務者に対して敗訴した債権者の訴訟上の地位に着眼した議

---

12)　竹下・前掲注5）42頁，条解604頁［竹下守夫］，野村・前掲注5）372頁。
13)　谷口安平『口述民事訴訟法』（成文堂，1987年）367頁。
14)　伊藤609頁。その理由については，債権者に利得が生じたのは債権者が保証人に勝訴したからであり，主債務者に損失が生じたのは主債務者が求償請求訴訟で保証人に敗訴したからであって，損失と利得の間に因果関係がない，と説明されています。高橋（上）757頁注11，山本弘「確定判決の反射的効力（反射効）」法教370号（2011年）102頁。

論もあります。

　まず，保証人による主債務者勝訴判決の援用を肯定する見解は，これを認めても，債権者から保証人との間で訴訟を追行する機会を不当に奪うことにはならないとします。すなわち，債権者が主債務者との間の訴訟で主債務の存否を争い，裁判所が主債務は不存在であるとの判断をしたにもかかわらず，債権者がさらに保証人との間で主債務の存在を主張するのは，紛争の蒸し返しとして許されない，債権者は，保証人に対する関係でも主債務の不存在を争えないとするのが公平である，とされています[15]。

　これに対して反射効全面否定説は，主債務と保証債務は実体法上別個の権利関係なのだから，たとえ同一の事実（主債務の存否）が争点となるときでも，債権者はそれぞれについて手続保障を与えられなければならない，と主張しています[16]。

　[1]判決の事案のように，債権者が主債務者と保証人を共同被告として訴えた場合には，債権者は主債務者と保証人に対してそれぞれ主債務の存在を主張する機会を与えられ，主債務者に対して敗訴しても保証人に対しては勝訴することがありえます。これがベースラインだとするならば，主債務者と保証人を別々に訴えた場合にも，債権者にはそれぞれに対する関係で主債務の存在を主張する機会が与えられるべきであるという議論は考えられます。他方で，主債務の存否について最も強い利害関係を有する主債務者との関係で主債務は不存在とされ，債権者敗訴判決が確定したにもかかわらず，債権者がさらに保証人との関係で主債務の存在を主張するのは不当であるという評価も成り立ちえます。債権者の手続保障の観点からも，議論は拮抗しています。

連帯債務者の1人が相殺の抗弁を提出して勝訴した判決が確定した場合（[例2]）における反射効──[2]判決の検討

　判例は，[2]判決において[例2]のような効果も否定しているようにみえます。事案は共同不法行為に関するものなので，被告の債務は不真正連帯債務とされていますが，不真正連帯債務も，債務者の1人が弁済をすれば他の債務

15）　新堂746-747頁。竹下・前掲注5）42頁，条解604頁［竹下］も同旨。
16）　伊藤609頁。上野・前掲注6）946頁も同旨。

者も債務を免れる点は，連帯債務と共通です。連帯債務と同様に，債務者の1人がした相殺が他の債務者にもその効力を及ぼすかについては議論があります が[17]，［2］判決はこれを積極に解しているので（判旨の下線部を参照），［2］判決の射程は連帯債務の事例にも及ぶと考えられます。

◇ ［2］最判昭和53年3月23日
　　　　判時886号35頁，金判548号16頁［百選〔5版〕89］

事実の概要

　Aの運転する貨物自動車と，B社が運行の用に供しCが運転する貨物自動車が衝突し，Aが死亡しました。Aの相続人であるXら（原告・被控訴人・上告人）は，B社およびY（国。被告・控訴人・被上告人）に対して損害賠償を求める訴えを提起しました。Yに対する訴えは，Yの道路管理の瑕疵が事故の原因であることを理由とするものです。

　第一審においては，B社が，同一事故により生じたXらに対する損害賠償請求権を自働債権（反対債権）とする相殺の抗弁を提出しました。第一審判決は，その一部を認めて，Xらの損害賠償請求権の額から相殺が認められた反対債権の額を控除した残額についてXらのB社に対する請求を認容しました。この判決に対しては控訴がなく，確定しました。他方，XらとYとの間では相殺の主張がされなかったため，XらのYに対する請求の認容額は，XらのB社に対する請求の認容額よりも相殺分だけ高額になりました。

　Yは控訴して，次のように主張しました。

　XらとB社の間で上記の内容の第一審判決が確定しており，YとB社はXらに対して不真正連帯債務を負う関係にあるから，YのXらに対する賠償義務

---

17)　民法の伝統的な見解は，不真正連帯債務においては債務者の間に主観的な関連がないため，債務者の1人について生じた事由は，弁済のように債権を満足させるものを除き，他の債務者に効力を及ぼさないと解していました。我妻栄『新訂 債権総論』（岩波書店，1964年）444-445頁。この見解によれば，連帯債務における相殺の絶対的効力を定めた規定（平成29年改正前436条［現行439条］）は不真正連帯債務には適用されないことになります。ただし，相殺は債務を消滅させる点で弁済に準じると解するならば（平井宜雄『債権総論〔第2版〕』（弘文堂，1994年）334頁），伝統的見解を採っても不真正連帯債務について相殺の絶対的効力を認めることは可能でした。

も上記相殺額の限度で消滅した。

　控訴審は，この主張を容れて第一審判決を変更し，Ｂ社のＸらに対する反対債権の存在を認定することなく，Ｙに対してもＢ社と同額の損害賠償を命じました。

　これに対してＸらが上告しました。

判　旨

破棄・差戻し。

　「不真正連帯債務者中の１人と債権者との間の確定判決は，他の債務者にその効力を及ぼすものではなく，このことは，民訴法 199 条２項［現行 114 条２項。以下同じ］により確定判決の既判力が相殺のために主張された反対債権の存否について生ずる場合においても同様であると解すべきである。もとより，不真正連帯債務者の１人と債権者との間で実体法上有効な相殺がなされれば，これによって債権の消滅した限度で他の債務者の債務も消滅するが，他の債務者と債権者との間の訴訟においてこの債務消滅を認めて判決の基礎とするためには，右相殺が実体法上有効であることを認定判断することを要し，相殺の当事者たる債務者と債権者との間にその相殺の効力を肯定した確定判決が存在する場合であっても，この判決の効力は他の債務者と債権者との間の訴訟に及ぶものではないと解すべきであるから，右認定判断はこれを省略することはできない。したがって，ＸらとＢ社の間に前記のような内容の確定判決が存在することから，直ちにＹの債務が右判決によって認められた相殺の金額の限度で消滅したものとした原判決は，判決の効力に関する法の解釈を誤ったか，理由不備の違法を犯したものであり，右法解釈の誤りが判決に影響を及ぼすことは明らかであるから，原判決は破棄を免れない。

　そしてＢ社が相殺に供したＸらに対する反対債権が実体法上有効に存在するものであるならば，右反対債権を以てする相殺が民法 509 条により許されないものであるにせよ（〔最判昭和 32・4・30 民集 11 巻 4 号 646 頁，最判昭和 49・6・28 民集 28 巻 5 号 666 頁〕参照），民訴法 199 条２項による確定判決の既判力の効果として，Ｂ社は右反対債権を行使することができなくなり，その反面としてＸらはそれだけの利益を受けたことになるのであって，右事実はＢ社が弁済等その出捐によりＸらの債権を満足させて消滅せしめた場合と同視すること

ができるから，YのXらに対する損害賠償債務もその限度で消滅したことになるものと解すべきである。XらとYとの間においては未だ訴訟上右反対債権の存在は確定されていないのであるから，この点について審理を尽くさせるため本件を原審に差し戻すのを相当とする。」

 連帯債務者の1人と債権者の間の訴訟において相殺による債務の消滅を認めた判決の効力は，他の連帯債務者と債権者の間の訴訟にも及ぶか

　不法行為によって生じた債権を受働債権とする相殺は禁止されています（民509条）。自働債権が同一の交通事故から生じた損害賠償請求権である場合にも相殺は許されないことは，判旨が引用する最判昭和49・6・28（民集28巻5号666頁）において確認されており，判旨も，B社による相殺は許されないとしています。

　他方で判旨は，「B社が相殺に供したXらに対する反対債権が実体法上有効に存在するものであるならば，〔中略〕YのXらに対する損害賠償債務もその限度で消滅したことになる」とも述べています。ただし，裁判所がYの損害賠償債務を相殺額の限度で減額する判決を行うためには，B社が相殺に供した反対債権の存在を認定する必要があるとしました。その理由については，不真正連帯債務者の1人が債権者との間の訴訟で相殺をし，その相殺の効力を認める判決が確定している場合であっても，この判決の効力は，他の債務者と債権者との間の訴訟には及ばないことを指摘しています。

　[2]判決によれば，債権者と不真正連帯債務者の1人との間で相殺の効力を認めた判決が確定していても，債権者と他の債務者との間の訴訟において相殺に供された反対債権の存在が認められなければ，他の債務者の債務を減額する判決はされないことになります。他の債務者が判決で支払を命じられた額が負担部分を超えている場合には，超過分について求償権を行使することが可能であり，保証人の事例と同様に，求償の循環が問題となりえます。また，債権者がすでに相殺の効力を争う機会を与えられている点も，保証人の事例と同様です。そのため，保証人の事例について反射効または既判力拡張を認めるならば，連帯債務または不真正連帯債務の事例についても同様に解することになりそうです[18]。他方で，債権者と債務者の1人との間で債務を減額する判決が確定していても，それが相殺や弁済などの絶対的効力が認められる事由によるもので

あることは理由中の判断であることから，債権者が信義則または争点効（⇒第15講）により理由中の判断に拘束される場合であれば，他の債務者は，この理由中の判断の拘束力を自己に有利に援用することができるとする見解もあります[19]。

課　題

　反射効についていろいろな考え方があることはおわかりいただけたと思いますが，どれか1つに決まらないことに不満を感じた方もおられるかもしれません。しかし，ここでの問題は，どの見解が論理的に正しいかではありません。さまざまな事情を考慮したバランスのよい解決を可能にするのはどの見解かであり，それは，各人によって判断が分かれうるところなのです[20]。

　あなたにとってのそうした見解はどれでしょうか。理由も含めて考えてみてください。

---

18)　ただし，保証人事例については反射効または既判力拡張を認めつつ，連帯債務の事例については否定すべきとする見解もあります。鈴木正裕「連帯債務と判決効」判タ391号（1979年）4頁以下，10-11頁，山本・前掲注4) 186-187頁。

19)　竹下・前掲注5) 46頁，条解606頁［竹下］，野村・前掲注5) 379頁。

20)　野村・前掲注5) 384頁は，「法律学の問題点の多くは多かれ少なかれそのような性格のものであろう」と指摘しています。

▌第 18 講▐

判決以外の方法で訴訟手続を終了する場合には，どのような 規律が適用されるのか ──当事者の意思による訴訟の終了

[1] 最判昭和 46・6・25 民集 25 巻 4 号 640 頁［百選〔5 版〕91］
[2] 最判昭和 33・6・14 民集 12 巻 9 号 1492 頁［百選〔5 版〕93］
[3] 最判昭和 43・2・15 民集 22 巻 2 号 184 頁［百選〔5 版〕94］

▶キーワード　処分権主義，訴えの取下げ，請求の放棄・認諾，訴訟 上の和解，訴訟行為，訴訟能力，和解調書等の効力

訴訟の終了方法についての処分権主義

　前講までは，確定判決の効力について検討してきましたが，訴えが提起され ても，必ず判決にまでいたるわけではありません。**処分権主義**（⇒第 0 講）の 下では，民事訴訟の手続を開始するかどうか，審判対象（訴訟上の請求または訴 訟物）としてどのような権利または法律関係を設定するかのほか，**訴訟手続を どのような方法で終了するか**についても，当事者の主導権が認められ，その意 思が尊重されます。民事訴訟法は，当事者がその意思によって訴訟を終了する 方法として，**訴えの取下げ，請求の放棄・認諾および訴訟上の和解**を定めていま す。

　これらの中では訴訟上の和解の利用が最も多く，地方裁判所における第一審 通常訴訟の既済事件全体の約 3 分の 1 を占めています。次に多いのは訴えの取 下げであり，既済事件全体に占める割合は 10 パーセントから 20 パーセントの 間です。これに対して請求の放棄・認諾の利用は少なく，両方を合わせても 1 パーセントに届きません[1]。本講で扱う判例も，訴えの取下げおよび訴訟上の 和解に関するものです。

---

1)　これらの統計については，最高裁判所事務総局・司法統計年報 1 民事・行政編 「第 19 表 第一審通常訴訟既済事件数─事件の種類及び終局区分別─全地方裁判所」 を参照してください。インターネット上の裁判所のサイトから検索することもできま す。検索画面の URL は，https://www.courts.go.jp/app/sihotokei_jp/search_detail で す。

当事者の訴訟行為としての訴えの取下げ，請求の放棄・認諾および訴訟上の和解

判決は，裁判所が訴訟物たる権利または法律関係の存否を審理・判断して行われます。当事者は，事実や法律問題についての主張を行ったり，証拠を申し出たりしますが，これらの当事者の**訴訟行為**（訴訟法上の効果を生じさせる行為）は，自己に有利な判決を得ることを目的とするものであり，それ自体で訴訟を終了させる効果をもつものではありません。これに対して**訴えの取下げ，請求の放棄・認諾および訴訟上の和解**は，**当事者の訴訟行為である**点は，主張や立証と同様ですが，判決によらずに訴訟を終了させることができる点で異なります[2]。

　訴訟を終了させるこれらの訴訟行為のうち，訴えの取下げおよび請求の放棄・認諾は，**当事者の一方の訴訟行為**です。すなわち，訴えの取下げおよび請求の放棄は原告によって行われ，請求の認諾は被告によって行われます。これに対して訴訟上の和解は，**当事者双方の合意に基づく訴訟行為**です。

　訴訟物たる権利または法律関係について当事者間の紛争解決基準を確立するかどうかという点では，訴えの取下げが，紛争解決基準を確立することなく訴訟を終了させるのに対し，請求の放棄・認諾および訴訟上の和解は，紛争解決基準を確立したうえで訴訟を終了させます。すなわち，請求の放棄は，被告の全面勝訴，請求の認諾は，原告の全面勝訴という紛争解決基準を示し，訴訟上の和解は，どちらか一方の全面勝訴ではなく，双方が訴訟物についての主張を譲り合って合意した内容に基づいて紛争を解決するのです[3]。

---

2)　主張や立証のように，有利な裁判または裁判所の特定の行為が得られてはじめてその目的を達する訴訟行為は，**取効的訴訟行為**，訴えの取下げ，請求の放棄・認諾および訴訟上の和解のように，裁判を介することなく直接，訴訟上の効果を生ずる訴訟行為は，**与効的訴訟行為**と呼ばれています。

3)　訴えの取下げは，被告が本案について口頭弁論などの訴訟行為を行った後には，被告の同意を得なければすることができません（261条2項本文。⇒第8講【相殺の抗弁と二重起訴の禁止】(2)**学説の状況**参照）。他方，請求の放棄については，このような場合も含めて被告の同意は必要とされません。どちらも，原告の訴訟行為によって一方的に訴訟を終了させる点は共通であるにもかかわらず，こうした違いがあるのは，請求の放棄は被告の全面勝訴という紛争解決をもたらすので，請求棄却判決を求めて防御活動を行っている被告の利益を損なうことはないのに対し，訴えの取下げでは紛争解決が保障されず，被告がそれまでに行った防御活動が無駄になってしまうためです。

訴えの取下げ，請求の放棄・認諾または訴訟上の和解による訴訟終了の効果

　請求の放棄・認諾または訴訟上の和解による訴訟終了の効果は，これらが調書に記載されたときに生じ，以後は，調書の記載が確定判決と同一の効力を有します（267条。⇒【和解調書に既判力は認められるか】参照）。

　これに対して訴えの取下げは，訴えの提起時に遡って訴訟係属を消滅させます。すなわち，訴えの取下げが行われた部分（これは，訴え全体のこともあれば，併合されている複数の請求の一部または1つの請求の一部であることもあります）については，訴訟は初めから係属していなかったものと扱われるのです（262条1項）。その結果として，訴え提起時以降に行われた当事者の訴訟行為は，なかったものとされます。たとえば，訴え提起による出訴期間遵守の効果は，訴えの取下げによって消滅します[4]。取下げ前に行われていた主張・立証や自白の効果も，消滅します。取下げ前に相殺権や取消権などの形成権が訴訟上行使されていた場合に，その実体法上の効果も消滅するのかについては議論がありますが，多数説は，原則として消滅すると解しています。形成権を訴訟上行使する旨の意思表示は，訴訟行為としての効力が失われれば撤回する趣旨でされているので，訴えの取下げによって訴訟行為としての効力が失われた場合には，原則として実体法上の効果も失われる，という理由によるものです。

　訴え提起時以降に行われた裁判所の訴訟行為の効果も，訴えの取下げによって消滅します。訴えの取下げは，判決が確定するまで可能ですから（261条1項），裁判所が請求棄却または請求認容の本案判決を行った後に，原告が訴えを取り下げることもあります。この場合にも，訴えの取下げによって判決は効力を失います。ただし，原告が同一の訴えを再度提起することはできません（262条2項）。再訴が禁止される趣旨は，通説・判例（最判昭和52・7・19民集31巻4号693頁［百選〔3版〕99・百選〔5版〕A29]）によれば，裁判所が判決によって当事者間の紛争の解決基準を示したのに，その後に訴えを取り下げて裁判所の努力を無駄にした原告に対して制裁をくわえることにあるとされています。

　4）　これに対して，訴えの提起による時効の完成猶予の効果は，訴えの取下げによって直ちには消滅せず，訴訟手続の終了時から6か月間は継続します（民147条1項柱書括弧書）。

訴えの取下げ，請求の放棄・認諾または訴訟上の和解の訴訟行為としての有効性

　訴えの取下げ，請求の放棄・認諾または訴訟上の和解によって訴訟を終了するためには，いくつかの要件を満たす必要があります。その要件は，それぞれによって異なる部分もありますが，すべてに共通する要件は，**訴訟行為として有効であること**です。

　当事者の訴訟行為が有効になされたといえるためには，当事者に**訴訟能力**があることが必要です。訴訟能力は，当事者がみずから訴訟行為をし，また，相手方や裁判所の訴訟行為を受けるために必要な能力であり，民法上の行為能力に対応します（28条）。したがって，民法上，行為能力がある者には，訴訟能力が認められます。行為能力のない者（未成年者，成年被後見人）は，民事訴訟法上は**訴訟無能力者**と呼ばれ（102条1項参照），法定代理人によらなければ訴訟行為をすることができません（31条本文）。民法上，行為能力を制限されている被保佐人および被補助人は，訴訟能力も制限されており，**制限訴訟能力者**と呼ばれます。被保佐人・被補助人は，保佐人・補助人の同意を得ればみずから訴訟行為をすることができ，相手方の提起した訴えまたは上訴について訴訟行為をする場合には，保佐人・補助人の同意を要しないのですが（32条1項），訴えの取下げ，請求の放棄・認諾または訴訟上の和解をするには，**保佐人・補助人の特別の授権**が必要とされています（同条2項1号）。訴えの取下げ，請求の放棄・認諾および訴訟上の和解は，訴訟の終了という重大な結果をもたらすために，要件が加重されているのです。

　当事者が訴訟代理人を選任しており，訴訟代理人が訴えの取下げ，請求の放棄・認諾または訴訟上の和解をする場合にも，同じ理由から，**当事者本人の特別の委任**が必要とされています（55条2項2号）。

訴えの取下げ，請求の放棄・認諾または訴訟上の和解の意思表示に瑕疵がある場合の効果

　訴えの取下げ，請求の放棄・認諾および訴訟上の和解は，当事者の訴訟行為であるとともに，**当事者の意思表示**でもあります。すなわち，訴えの取下げは，原告がその提起した訴えの全部または一部を撤回する旨の意思表示であり，請求の放棄は，訴訟上の請求に理由がないことを認めて争わない旨の原告の意思

表示であり，請求の認諾は，訴訟上の請求に理由があることを認めて争わない旨の被告の意思表示です。訴訟上の和解は，当事者双方がともに訴訟物たる権利義務について合意した内容を認めて争わない旨の意思表示（双方の意思表示の合致）です。

　そうだとすると，当事者の意思表示に錯誤，詐欺，強迫といった瑕疵がある場合には，訴えの取下げ，請求の放棄・認諾または訴訟上の和解（以下「訴えの取下げ等」といいます）の効力は認められないというべきかが問題となります[5]。この点については，見解が分かれています。対立点は，訴訟行為である訴えの取下げ等に民法の意思表示の瑕疵に関する規定が適用されるかをめぐるものです。

　伝統的な見解は，以下のように解しています。

　訴訟行為は，訴訟手続において積み重ねられていくものであり，また，裁判所に対してなされる行為でもあるから，訴訟手続の安定と行為の明確を期する必要がある。そのため，民法の意思表示の瑕疵に関する規定は訴訟行為には適用されない。ただし，訴訟行為が詐欺・脅迫等の刑事上罰すべき他人の行為によってなされたときは，再審事由に関する民訴法338条1項5号の類推適用により，例外的にその効力が否定される。訴えの取下げ等も訴訟行為である以上，これと異なる扱いを認めるべきではない[6]。

　他方，近時有力な見解は，訴訟行為である訴えの取下げ等にも意思表示の瑕疵に関する民法の規定が適用または準用されるとし，当事者が意思表示を取り消した場合には，訴えの取下げ等は無効となる，と解しています[7]。この見解は，伝統的な見解が訴訟行為の種類を問わず，意思表示の瑕疵に基づく無効を

---

5)　平成29年改正前の民法95条は，錯誤に基づく意思表示は無効と規定していました。現行民法95条の下では，詐欺または強迫と同様に取り消すことができる意思表示とされていますが，意思表示をした当事者が取消しの意思表示をすれば遡って無効とされるので（民121条），改正前との違いは大きくはありません。

6)　兼子213頁，294頁，301頁。

7)　新堂350頁，367頁，376頁，同『判例民事手続法』（弘文堂，1994年，初出1973年）352-359頁，伊藤348頁，河野322頁，河野正憲「訴訟行為と意思の瑕疵」同『当事者行為の法的構造』（弘文堂，1988年，初出1974年）155頁以下，松本＝上野548頁，556頁，568頁［松本］，松本博之「当事者の訴訟行為と意思の瑕疵」新堂幸司編集代表『講座民事訴訟（4）』（弘文堂，1985年）283頁以下，条解911頁［竹下守夫］，1446頁，1470頁，1477頁［竹下守夫＝上原敏夫］。

認めていないことを批判し，訴えの取下げ等については，それで手続は終了し，以後，訴訟行為が積み重ねられることはないのだから，意思表示の瑕疵に基づく無効を認めても手続の安定が損なわれることはない，と指摘します[8]。そして，訴えの取下げ等の意思表示が他人の詐欺や脅迫によってされた場合だけでなく，当事者の錯誤による場合にも，無効の主張を認めるべきであるとしています。

　判例は，[1]判決において，訴えの取下げについて伝統的見解と同様の考え方を採っています。どのような事案に関するものであったのかというところから，確認しましょう。

◇　[1]　最判昭和46年6月25日
　　　　　民集25巻4号640頁［百選〔5版〕91］

事実の概要

　X（原告・被控訴人・被上告人）は，その母で法定代理人であるAを通じてY（被告・控訴人・上告人）に対して認知の訴え（民787条）を提起しました。第一審では，父子関係を認めてXの請求を認容する判決がされ，これに対してYが控訴しましたが，控訴審でAの署名押印のある訴えの取下書がYから裁判所に提出されました。ところがその翌日，取下げはAの真意に基づくものではなくYの強迫によるものであるから取り消す旨のAの上申書が裁判所に提出されました。X側は，訴えの取下げはYの強迫によるものであり無効である，そうでないとしても要素の錯誤により無効であると主張し，Y側は，これを争いました。

　控訴審判決（高松高判昭和45・10・20民集25巻4号647頁・判時614号61頁）は，「訴の取下は純粋の訴訟行為であるから，手続安定の要請から一般には取消，無効の主張は許されないのであるが，右取下が刑事上罰すべき他人の行為に基づいてなされたものである場合には再審の訴に関する民訴法420条1項5号［現行338条1項5号］の精神に則り，尚これが無効の主張を許すべきものと解するのが相当である」と述べたうえ，以下の事実を認定して，Aがした訴え

8）　新堂350頁。

の取下げは無効であるとしました。

　本訴が提起された後，ＹはたびたびＡに対して訴えの取下げを要求していた。第一審判決後，たまたまＡがＹの態度に腹をたててＹ所有の自動車の車体を毀損したことから，Ｙは，告訴の意思があるとはいえないのに上記事実をもって警察に告訴する旨をＡに告げるとともに，訴えの取下げを強く要求した。Ａは，Ｙの告訴により幼児を抱えて警察で取調べを受け，ひいて刑事処分を受けるおそれもあることを畏怖して，Ｙの持参した「取下書」と題する書面に署名押印した。

　控訴審判決は，本案については第一審判決を維持し，Ｙの控訴を棄却したため，Ｙが上告しました。上告理由としてＹは，訴訟行為である訴えの取下げについては，意思表示の瑕疵を理由とする無効の主張は許されないこと，かりに訴えの取下げが刑事上罰すべき他人の行為に基づいてされたものである場合には無効の主張が許されるとしても，そのためには当該行為について告訴をしていることが必要であることなどを主張しました。

判　旨

上告棄却。

　「訴の取下は訴訟行為であるから，一般に行為者の意思の瑕疵がただちにその効力を左右するものではないが，詐欺脅迫等明らかに刑事上罰すべき他人の行為により訴の取下がなされるにいたったときは，民訴法 420 条 1 項 5 号［現行 338 条 1 項 5 号］の法意に照らし，その取下は無効と解すべきであり，また，右無効の主張については，いったん確定した判決に対する不服の申立である再審の訴を提起する場合とは異なり，同条 2 項の適用はなく，必ずしも右刑事上罰すべき他人の行為につき，有罪判決の確定ないしこれに準ずべき要件の具備，または告訴の提起等を必要としないものと解するのが相当である。」

本判決の評価

　Ａがした訴えの取下げは無効であるという控訴審判決および［1］判決の結論については，学説においても異論はありません。議論があるのは，その理由づけについてです。すなわち，［1］判決についての評釈は，［1］判決が，訴えの取下げは訴訟行為であることを理由に，行為者の意思表示に瑕疵があっても

その効力が否定されるわけではないと述べていることを批判します。こうした抽象論ではなく，訴えの取下げがどのような種類の訴訟行為か，訴えの取下げが有効か無効かをめぐって原告・被告間にはどのような利害の対立があり，それをどのように解決するのが公平かといった，具体的な考察が必要であるとしています[9]。

　こうした方法論を採った場合には，本事案のように詐欺・強迫をしたのが被告である場合のほか，第三者である場合にも原告の無効の主張を認めるべきか，が問題になりえます[10]。また，本事案では訴えの取下げの翌日に無効の主張がされていますが，無効の主張がされるまでに相当な期間が経過し，被告が訴えの取下げによって訴訟は終了したものと信頼している場合もありうることから，無効の主張をなしうる期間を制限するべきである，という提言もされています[11]。

◢ 訴訟上の和解の錯誤による無効

　[1]判決は，錯誤を理由とする訴えの取下げの無効の主張が許されるか否かについては，触れていません。その後の最高裁判決にも，この問題を扱ったものはありません。

　他方で，訴訟上の和解については，判例は，大審院時代から要素の錯誤による無効の主張を許容しています（大決昭和6・4・22民集10巻380頁［百選〔初版〕78］など）。その理由は，訴訟上の和解は，訴訟物たる権利または法律関係についてなされた私法上の契約であるから，その意思表示に要素の錯誤があるときは無効である，というものです。

　これに対して伝統的な見解は，訴訟上の和解は純然たる訴訟行為であるから，民法の意思表示の瑕疵に関する規定は適用されないと解しています[12]。さらにこの見解は，訴訟上の和解が調書に記載されれば確定判決と同一の効力を有す

9)　松本博之・判タ267号（1971年）77頁以下，78頁，81頁，柏木邦良・昭和46重判解100頁以下，102頁，新堂・前掲注7）『判例民事手続法』353-359頁。

10)　柏木・前掲注9）102頁。

11)　松本・前掲注9）82頁および新堂・前掲注7）『判例民事手続法』357頁注9は，再審期間についての民訴法424条［現行342条］を類推し，無効の主張をなしうる期間は詐欺・強迫を知ったときから30日以内，訴え取下げ後5年以内だとしています。

12)　兼子一『判例民事訴訟法』（弘文堂，1950年，初出1933年）312-313頁。

るので，その瑕疵の主張は，確定判決に対する再審の訴えの事由および形式に
準じて行わなければならない，とします。すなわち，瑕疵の主張が許されるの
は，現行法338条1項3号または5号に該当する事由がある場合に限られ，意
思表示の錯誤を理由とすることはできない。瑕疵を主張して訴訟の続行を求め
ることはできず，再審の訴えに準ずる訴えを提起するべきである，としていま
す[13]。

　ここで検討するべき問題は，訴訟上の和解を調書に記載したときは，その記
載は，**確定判決と同一の効力を有する**と規定する民訴法267条の解釈です。

和解調書に既判力は認められるか

　「確定判決と同一の効力」に，訴訟手続を終了させる効力（訴訟終了効）のほか，
確定した給付判決に生じる**執行力**および確定した形成判決に生じる**形成力**が含
まれることには争いがありません。たとえば，和解調書に給付義務が記載され
ていれば，この和解調書を債務名義として強制執行をすることができます（民
執22条7号）。また，離婚訴訟における訴訟上の和解により離婚が成立した場
合には，調書の記載に確定した離婚判決と同様の効力（原告と被告とを離婚する
効力）が生じるため，この記載に基づいて戸籍を訂正することができます。こ
れに対して，調書の記載に**既判力**が生じるかをめぐっては，見解が分かれてい
ます。

　伝統的な見解は，和解調書にも既判力が生じるとします（既判力肯定説）。こ
こから，訴訟上の和解の無効の主張は，再審事由に該当する事由がある場合に
限り，再審の訴えに準じる独立の訴えによってなしうるにとどまると結論づけ
たのです[14]。

　他方，近時の有力説は，訴訟上の和解が当事者の意思に基礎をおいているこ
とを重視し，和解調書の既判力を否定します（既判力否定説）。この見解によれ
ば，当事者は，民法の意思表示に関する規定にしたがって訴訟上の和解の無効
または取消しを主張することができます。その方法も，独立の訴えに限られず，
訴訟手続が継続していることを理由とする**期日指定の申立て**でもよいというこ

13）　兼子・前掲注12）313-314頁。
14）　兼子309-310頁。小山444頁も同旨。

とになります[15]。

　このほか，訴訟上の和解に意思表示の瑕疵がある場合には，既判力を否定し，意思表示の瑕疵がない場合には，既判力を肯定する見解（制限的既判力説）もあります[16]。

　判例は，前掲大決昭和 6・4・22 において，訴訟上の和解が錯誤により無効であるとの主張を期日指定の申立ての方法ですることを認めています。大判昭和 10・9・3（民集 14 巻 1886 頁）も，錯誤に基づく訴訟上の和解は当然に無効であるとして，請求異議の訴えの方法による無効の主張を認めました。これらはいずれも，再審事由がなくても無効の主張を認め，再審の訴えに準じる訴えの方法によることも必要としていないので，既判力肯定説は採っていないと考えられます。

　このような判例の立場は，最高裁判所になってからの次の判決にも引き継がれているでしょうか。考えてみましょう。

◇ [2] 最判昭和 33 年 6 月 14 日

民集 12 巻 9 号 1492 頁［百選〔5 版〕93］

▨▨▨ 事実の概要 ▨▨▨

　X（原告・被控訴人・被上告人）が Y（被告・控訴人・上告人）に対して，X が Y に売り渡した商品の代金等 62 万円余りの支払を求める訴えを提起したところ，第一審の口頭弁論期日において，次の内容の訴訟上の和解が成立しました。

　Y は X に対し，商品代金 62 万円余りの支払義務があることを認め，内金 40 万円の支払に代えて，Y 所有で X が仮差押えをしていた「特選金菊印苺ジャム」150 箱を X に譲渡し，翌日引き渡す。X は，ジャムの引取りと引換えに，Y にジャムの評価額 45 万円との差額 5 万円を支払う。Y がジャムを X に引き渡したときは，X は残額 22 万円余りの支払を免除する。

　その後 X は，ジャムは粗悪品であり市場価値はなかったとして，訴訟上の和解は錯誤により無効であると主張し，第一審裁判所に期日指定の申立てをし

---

15)　三ケ月・全集 444 頁，新堂 373-374 頁，松本 = 上野 566 頁［松本］，河野 346 頁。
16)　伊藤 510-511 頁。

ました。第一審は，Xの錯誤無効の主張を認め，Xの請求を認容する判決をし，控訴審もYの控訴を棄却しました。

　Yは上告して，控訴審判決が和解は錯誤により無効であるとしたのは法令の解釈を誤っている，訴訟上の和解には実質的確定力があるので，再訴は許されない，などと主張しました。

■■■■　判　旨　■■■■

上告棄却。

　「原判決の適法に確定したところによれば，本件和解は，本件請求金額 62 万9777 円 50 銭の支払義務あるか否かが争の目的であって，当事者である X, Yが原判示のごとく互に譲歩をして右争を止めるために仮差押にかかる本件ジャムを市場で一般に通用している特選金菊印苺ジャムであることを前提とし，これを一箱当り 3000 円（一罐平均 62 円 50 銭相当）と見込んで Y から X に代物弁済として引渡すことを約したものであるところ，本件ジャムは，原判示のごとき粗悪品であったから，本件和解に関与した X の訴訟代理人の意思表示にはその重要な部分に錯誤があったというのであるから，原判決には所論のごとき法令の解釈に誤りがあるとは認められない。」

　「原判決は，本件和解は要素の錯誤により無効である旨判示しているから，所論のごとき実質的確定力を有しないこと論をまたない。それ故，所論は，その前提において採るを得ない。」

◤[2] 判決の位置づけ

　すでに述べたように，前掲大決昭和 6・4・22 は，訴訟上の和解は私法上の契約の性質を有しているから，要素の錯誤に基づくものであるときは無効である，としていました。[2] 判決は，訴訟上の和解の前提とされたジャムの価値について錯誤があったことを理由として訴訟上の和解の効力を否定しているので，大審院判例を踏襲していると考えられます。

　大審院判例が明示していなかった訴訟上の和解の既判力（判決文では「実質的確定力」）については，「本件和解は……無効である」から認められないとしています。これが，訴訟上の和解が有効である場合には既判力が認められるという趣旨かどうかはわかりません。かりにそうであったとしても，本件では訴訟

上の和解は無効とされているので，傍論にとどまります。和解調書の無効が主張される場面では，既判力否定説でも制限的既判力説でも，結論に違いはないといえます[17]。

▽ 訴訟上の和解の効力を争う方法

　[2]判決は，前掲大決昭和 6・4・22 と同様に，期日指定の申立ての方法で訴訟上の和解の無効を主張することを認めました。判例はさらに，請求異議の訴えまたは和解無効確認の訴えを提起する方法も認めています[18]。

　期日指定の申立てがされた場合には，裁判所は無効の主張の当否を審理し，無効と認めれば，それまでの訴訟を続行し，無効ではないと認めれば，訴訟終了宣言判決をします。この方法による場合には，無効と認められたときは，それまでの手続で提出された訴訟資料（事実の主張および証拠調べの結果）を利用することができるメリットがある反面，上訴審で訴訟上の和解がされた場合には和解無効の審理に三審級が保障されないなどの問題があるといわれています。どちらを重視するかによって，期日指定の申立てを原則とする見解と別訴（和解無効確認の訴えまたは請求異議の訴え）提起を原則とする見解に分かれますが，判例と同様に複数の救済方法を認め，どれを採るかは当事者の選択に委ねる見解もあります[19]。また，最後の見解を採った場合にも，期日指定の申立てが可能であるならば，和解無効確認の訴えや請求異議の訴えに訴えの利益が認められるのか，という論点があります[20]。

　訴訟上の和解の効力を争う方法としてなにが適切かは，和解の内容である契約（和解契約）が解除された場合にも問題になります。この点については，

---

17)　既判力否定説と制限的既判力説のいずれを採るかによって，無効の主張に適用される規律は異なるか，という問題があります。たとえば，永井博史「訴訟上の和解とその効力」新堂幸司監修『実務民事訴訟講座［第 3 期］第 3 巻』（日本評論社，2013年）439 頁以下，449 頁は，訴訟上の和解に制限的に既判力を認めるべきという立場から，錯誤を理由とする訴訟上の和解の無効の主張には，再審の訴えについての出訴期間の制限（342 条）が類推適用されるべきであるとしています。この提言は，訴訟上の和解の有効性に対する相手方の信頼に配慮した妥当なものですが，既判力否定説の下でも可能な議論であるように思われます。前掲注 11）を参照。

18)　請求異議の訴えにつき，前掲大判昭和 10・9・3，大判昭和 14・8・12 民集 18 巻 903 頁，和解無効確認の訴えにつき，大判大正 14・4・24 民集 4 巻 195 頁。

19)　新堂 377-378 頁，河野 349 頁。

[3]判決を素材として検討しましょう。

◇ [3] 最判昭和 43 年 2 月 15 日

民集 22 巻 2 号 184 頁［百選〔5 版〕94］

事実の概要

　本件の事実関係は複雑なので，和解契約の解除に関する部分に絞って紹介します。

　X（原告・被控訴人・被上告人）はその所有する土地（本件土地）を Y（被告・控訴人・上告人）に賃貸し，Y は本件土地上に家屋を所有していましたが，昭和 23 年 11 月 8 日に，X が Y に対し家屋収去土地明渡しを求める訴え（旧訴）を提起しました。

　第一審の口頭弁論期日（昭和 26 年 11 月 2 日）において，XY 間に以下の内容の訴訟上の和解が成立しました。

① 　X は Y に対し，本件土地のうち Y が占有する部分を 30 万円で売り渡す。

② 　Y は X に対し，上記 30 万円のうち，10 万円を昭和 27 年 2 月末日までに，10 万円を同年 8 月末日までに，10 万円を昭和 28 年 2 月末日までに支払う。

③ 　X は Y に対し，上記 30 万円の完済と同時に上記土地についての所有権移転登記手続を行う。

　ところが，Y は昭和 27 年 2 月末日までに 10 万円を支払わなかったので，X は Y に対し，上記 10 万円を昭和 27 年 8 月 10 日までに支払うこと，もし同日までに支払わないときは，和解を解除する旨の催告および条件付解除の意思表示を内容証明郵便で行いました。内容証明郵便は Y に到達しましたが，Y は同日までに 10 万円を支払わなかったため，和解は昭和 27 年 8 月 11 日をもって解除されました。

　昭和 33 年に，X はあらためて Y に対し家屋の収去および Y の占有する土地の明渡しを求める訴え（本訴）を提起しました。これに対して Y は，X が私法上の和解契約を解除したため訴訟終了の合意の効力は生ぜず，旧訴はなお係属

---

20)　[2]判決の解説である高田裕成「訴訟上の和解と錯誤」百選〔5 版〕197 頁および垣内秀介「和解」基礎演習 217 頁を参照してください。

しているから，本訴は二重起訴として却下されるべきである，と主張しました。

第一審はYの主張を認めず，Xの請求を容認しました。これに対するYの控訴も棄却されたため，Yが上告しました。

判　旨

上告棄却。

「訴訟が訴訟上の和解によって終了した場合においては，その後その和解の内容たる私法上の契約が債務不履行のため解除されるに至ったとしても，そのことによっては，単にその契約に基づく私法上の権利関係が消滅するのみであって，和解によって一旦終了した訴訟が復活するものではないと解するのが相当である。従って右と異なる見解に立って，本件の訴提起が二重起訴に該当するとの所論は採用し得ない。」

和解契約の解除が訴訟に及ぼす影響

訴訟上の和解の成立後に当事者の一方が和解条項を履行しなかった場合に，相手方が和解契約を解除できることについては，学説上争いがありません。しかし，解除により訴訟終了の効果も失われ，旧訴が復活するのかについては議論があり，解除の効力を主張する当事者が採るべき救済方法と関連して論じられていました。すなわち，旧訴は復活すると解するならば，期日指定の申立てをすべきであり，復活しないと解するならば，和解無効確認の訴えや請求異議の訴えなどの新訴を提起すべきことになります[21]。

[3]判決以前の判例は，期日指定の申立てがされた事案につき，和解契約は解除により遡って効力を失うので訴訟終了の効果も生じず，旧訴はなお係属していると判示していました[22]。旧訴は復活しないと判示した[3]判決により，従来の判例の見解は変更されたという見方もあります[23]。

[3]判決が，当事者が期日指定の申立てをした事案に関するものであれば，

---

21)　学説の状況については，[3]判決の解説である中山幸二「和解契約の解除と訴訟の終了」百選〔5版〕199頁を参照してください。

22)　大決昭和8・11・29大審院裁判例7巻民273頁，京都地判昭和31・10・19下民集7巻10号2938頁。

23)　奥村長生・最判解民昭和43年度189頁。

判例変更があったといえますが，実際にはそうではなく，Xみずから新訴提起を選択しているのです。Xはなぜこうした選択をしたのでしょうか。

　[3]判決の事案では，訴訟上の和解が成立してから新訴が提起されるまで約7年が経過しています。一般に裁判官は3年ほどで転勤しますので，かりに期日指定の申立てが認められたとしても，訴訟上の和解に関与した旧訴の裁判官が手続を担当することは期待できません。旧訴の訴訟資料が審理にどの程度役立つかにも疑問があります。旧訴は復活しないという判示を支えているのは，本件の事情を考慮すればXの新訴の提起には合理性があるという判断だったのかもしれません。

課　題

　訴訟上の和解については，どのような手続で進められるのかという論点も重要です。口頭弁論のように，両当事者が対席し，相手方の主張に対して反論する機会が与えられるのかどうか，訴訟物たる権利関係以外の権利関係を対象としたり，当事者以外の者を和解の主体に加えたりすることができるのかどうかについて，教科書を読んで検討してください。

《参考判例》

最判昭和38・2・21民集17巻1号182頁［百選〔5版〕19］

Part5
上訴・再審

第 19 講

上訴が適法であるためには，どのような要件を満たさなければならないか。上訴裁判所が原判決を変更することができる範囲には，どのような制限があるか

——上訴の利益と不利益変更の禁止

[1] 最判昭和 31・4・3 民集 10 巻 4 号 297 頁 [百選〔5 版〕110]
[2] 名古屋高金沢支判平成元・1・30 判時 1308 号 125 頁
　　　　　　　　　　　　　　　　　　　　　　　[百選〔5 版〕A37]
[3] 最判昭和 61・9・4 判時 1215 号 47 頁，判タ 624 号 138 頁，
　　　　　　　　　　　　　　金判 759 号 23 頁 [百選〔5 版〕112]

　　　　　▶キーワード　上訴の利益, 形式的不服説, 判決理由中の判断に対する
　　　　　　　　　　　　不服, 不利益変更禁止の原則, 附帯控訴, 予備的相殺
　　　　　　　　　　　　の抗弁

 　　上訴概説——上訴制度の目的，上訴の種類，上訴提起の
　　　　効果，附帯控訴・附帯上告，上訴の適法要件

　上訴は，不当な裁判からの当事者の救済を目的とする制度です。対象となる裁判の種類によって上訴の種類も異なります。すなわち，判決を対象とする上訴は，控訴および上告・上告受理の申立てであり，決定または命令を対象とする上訴は，抗告です[1]。本講では，控訴および上告を扱います。控訴は，第一審の終局判決に対する第 2 の事実審への上訴であり，上告は，第一審または控訴審の終局判決に対する法律審への上訴です。

　判決は，上訴期間（控訴期間・上告期間）が過ぎると確定しますが（116 条 1 項），上訴期間内に上訴が提起されると，上訴期間が過ぎても確定せず（同条 2 項），

---

1)　判決が，訴訟物たる権利または法律関係についての終局的な判断または中間的な判断を行うものであるのに対し，決定および命令は，訴訟手続に関するその他の事項について判断するものです。決定の例としては，裁判官の除斥・忌避の裁判（25 条），補助参加の申出についての裁判（44 条 1 項），文書提出命令の申立てについての裁判（223 条）などがあります。命令の例としては，訴状の補正命令・却下命令（137 条）などがあります。決定を行うのは裁判所であり，命令を行うのは裁判官であるというのが，両者の違いです。

事件の係属は原裁判所から上訴裁判所に移ります。以上の効果は，**確定遮断の効力**（確定遮断効）および**移審の効力**（移審効）と呼ばれています。

　上訴提起の効果は，**上訴人**（控訴人・上告人）が上訴をした判決全体について生じます。これを**上訴不可分の原則**といいます。たとえば，原告の被告に対する請求は 1000 万円の金銭の支払であり，そのうち 400 万円のみを認容し，残りの 600 万円を棄却する判決がされ，これに対して原告が 1000 万円全額の支払を求めて控訴したとします。この場合の控訴提起の効果は，原告が不服を申し立てている 600 万円の請求棄却部分だけでなく，不服を申し立てていない 400 万円の請求認容部分にも及びます。この部分についても，判決の確定は遮断され，事件の係属は控訴裁判所に移っているので，被告は控訴審でこの部分について**附帯控訴**をし，請求棄却判決を求めることもできます。附帯控訴とは，**被控訴人**（控訴を申し立てられた相手方）自身は，すでに控訴期間が経過しているなど，控訴することができなくなっている場合でも，控訴審の口頭弁論が終結するまでの間，原判決に対する不服申立てをして，原判決を自己に有利に変更することを求めることができる制度です（293 条 1 項）。同様の制度は，上告審では**附帯上告**といいます（附帯控訴に関する 293 条は，313 条により上告審の訴訟手続についても準用されます）。

　上訴裁判所は，上訴人（控訴人・上告人）の不服申立ての当否について審理し，申立てに理由がなければ上訴を棄却し，理由があれば，原判決を取り消します。こうした不服申立ての当否についての判決（本案判決）をするためには，上訴が適法でなければなりません。**上訴の適法要件**（上訴要件）は，第一審における訴訟要件に相当するものであり，これを欠く上訴は却下されます。

◤ 上訴の利益

　上訴の適法要件にはさまざまなものがありますが，学説および判例において議論されているのは，**上訴の利益**の存在です。これは，上訴人には原判決に対して不服を申し立てる利益があるかどうかという問題です。

　どのような場合に上訴の利益が認められるかについては，**形式的不服説**と呼ばれる見解が通説の地位を占めてきました。この見解によれば，上訴人の原審における申立てと原判決とを比較して，**原判決が申立てを下回っている場合に**上訴の利益が認められます。すなわち，請求認容判決を求める原告は，請求を

全部または一部棄却する第一審判決に対して控訴する利益を有し，請求棄却判決を求める被告は，請求を全部または一部認容する第一審判決に対して控訴する利益を有します。訴え却下判決は，訴訟物たる権利の存否について既判力を生じさせるものではないので，請求認容判決を求める原告にも，請求棄却判決を求める被告にも，控訴の利益が認められます[2]。これに対して，請求を全部認容する判決を得た原告または全部棄却する判決を得た被告は，申立てを全部認められているので，控訴の利益はありません。その当事者が判決理由中の判断に不服をもっている場合でも，同じです。このことを上告の利益について判示したのが，次の最高裁判決です。

◇［1］最判昭和31年4月3日
民集10巻4号297頁［百選〔5版〕110］

事実の概要

X（原告・被控訴人・被上告人）は，Y（被告・控訴人・上告人）に対する債務を担保する目的で，X所有の甲不動産の一部およびXの子Aが所有する乙・丙不動産に抵当権を設定し，抵当権設定登記を経ました。その後，甲不動産の一部について抵当権設定登記が抹消され，甲不動産全部について，XからYへの売買（本件売買）を原因とする所有権移転登記がされました。乙・丙不動産については，Yのための抵当権設定登記が残っており，その後のAの死亡により，XおよびZ（参加人・被控訴人・被上告人）の共有となっています。

本件は，XがYに対し，（イ）甲不動産はYに対する債務の担保のために売渡担保の目的とされたものであるが，すでに債務を完済したと主張して，所有権移転登記手続を求めた訴えと（ロ）乙・丙不動産についての抵当権設定登記の抹消登記手続を求めた訴えに関するものです。Yは，（イ）（ロ）のいずれに

---

2) 被告が答弁書その他の準備書面を提出せずに欠席した場合には，請求棄却判決を求めているかどうかは明らかではありませんが，この場合にも請求認容判決に対して控訴する利益を認めるべきことに争いはありません。そのため，被告が明示的に訴え却下判決を求めていない限り，請求棄却判決を求めているものと擬制し，訴え却下判決に対しても控訴する利益を認めるべきことになります。なお，明示的に訴え却下判決を求めていた被告が，請求棄却判決に対して控訴する利益を有するかについては，多数説は否定しますが，訴訟要件の種類によっては肯定する見解もあります。

ついても請求棄却判決を求めたほか，（ハ）Xに対して損害賠償を求める反訴を提起しました。

　第一審は，（イ）（ロ）の請求をいずれも認容し，（ハ）の請求を棄却したので，Yが控訴しました。

　控訴審は，甲不動産はXのYに対する債務を担保するために売渡担保の目的とされたものであり，債務は完済されていないとして，（イ）の請求を棄却し，（ロ）および（ハ）の請求についてはY敗訴の判決をしました。

　これに対してYが上告し，もっぱら（イ）の請求に関して，所有権移転登記の原因である本件売買は，売渡担保ではなく，真実の売買であったなどと主張しました。

判　旨

上告棄却。

　「本件上告理由を見るに，すべてYが勝訴したXの（イ）の請求につき，原審がなした判決理由中の判断を攻撃するにとどまり，Yが敗訴した（ロ）及び（ハ）の請求に対する不服でないことが明らかである。〔中略〕所論は結局上告の前提たる利益を欠くものと云わなければならない。」

　Yは，（ロ）および（ハ）の請求については敗訴しているので，これらについて不服を申し立てたならば上訴の利益が認められたはずです。ところがYは，勝訴した（イ）の請求について不服を申し立て，原判決がXからYへの所有権移転登記は売渡担保によるものであると判示したのは誤りであり，売買によるものであると主張しています。しかし，当然のことながら，Yには（イ）の請求を棄却するという結論に不服があるわけではありません。なお，本判決はYの上告を棄却していますが，上告の利益を欠くとしているので，正しくは上告却下とすべきであったと考えられます[3]。

---

3)　三淵乾太郎・最判解民昭和31年度41頁は，本件では（ロ）または（ハ）の請求に対しては上告の利益が認められるので，上告却下ではなく棄却とされたと説明していますが，上告理由の主張を欠く上告は不適法と考えられますので，（ロ）および（ハ）の請求についても上告却下が正当であったことになります。上野泰男・百選II〔補正版〕407頁参照。

判決理由中の判断についての不服が上訴の利益を
基礎づけない理由

　Yはなぜ，XからYへの所有権移転登記は売買によるものであるとの判決を
求めたのでしょうか。

　売渡担保によるものだとすると，本判決後にXが債務を完済したと主張し
て再度，所有権移転登記手続を求めてくる可能性があります。売買によるもの
であるとすれば，再度の訴えが提起される可能性は低いので，そのほうが有利
だと考えたのかもしれません。しかし，所有権移転登記の原因が売渡担保であ
るか売買であるかという判決理由中の判断に，既判力は生じません（⇒第15
講）。したがって，たとえ本件で所有権移転登記は売買によるものであるとの
理由でXの請求が棄却されたとしても，Xが本訴とは訴訟物の異なる訴えを提
起して所有権移転登記は売渡担保によるものだと主張した場合には，これを既
判力によって排斥することはできないのです。逆に，売渡担保によるものであ
るとする控訴審判決が確定したとしても，後にYがXに対し，所有権移転登
記は売買によるものであったと主張することも，既判力によっては妨げられま
せん。原判決に対する当事者の不服とは，訴訟物たる権利関係についての主文
の判断に対する不服である，換言すれば，当事者が求めた既判力ある判断が完
全には認められていない場合に上訴の利益が認められる，形式的不服説はその
ことをいっているのだとすれば，理由中の判断に対するYの不服が上訴の利
益を基礎づけないのは当然ということになります。

 全部勝訴判決を得た当事者に上訴の利益が認められる
場合はあるか

　もっとも，形式的不服説の下でも，請求棄却判決を得た被告が判決理由中の
判断に対する不服を理由に控訴することが認められる場合があります。たとえ
ば，金銭債権の支払を求める訴えにおいて，被告が第一次的には弁済の主張を
し，予備的に相殺の主張をしたところ，裁判所は，**弁済の主張を排斥し，予備
的相殺の抗弁を認めて原告の請求を棄却する判決**をしたとします。この場合には，
被告は，相殺ではなく，弁済を理由とする請求棄却判決を求めて控訴すること
ができます。この判決が確定すると，**被告が相殺に供した反対債権の不存在につ
いて既判力が生じてしまうので**（114条2項），被告にとっては，弁済を理由に請

求を棄却する判決のほうが有利だからです。

　このほかにも，全部勝訴判決を得た当事者に例外的に上訴の利益が認められる場合を形式的不服説は許容しています。その一例は，**離婚訴訟の第一審で請求棄却判決を得た被告が離婚の反訴を提起するために上訴する場合**です。請求棄却判決がこのまま確定してしまうと，第一審で反訴を提起していなかった被告がみずから離婚の訴えを提起することはできないため（人訴25条2項），控訴審で反訴を提起する機会を与えるべきであるという判断によるものです[4]。

　上告の利益に関しては，第一審判決の取消差戻判決を求めて控訴し，申立てのとおり取消差戻判決を得た当事者に，例外的に上告の利益が認められる場合があります。それは，**取消しの理由とされた判断によってその当事者が不利益を受ける場合**です[5]。この判断は，裁判所法4条により，差戻し後の第一審のほか，控訴審および上告審も拘束します[6]。拘束力の発生を防ぐためには，控訴審で申立てを認められた当事者も，上告してこの判断を争っておく必要があるのです。

◁▷ 黙示の一部請求を全部認容する判決を得た原告の控訴の利益

　形式的不服説のいま1つの例外として，黙示の一部請求を全部認容する判決を得た原告に控訴の利益が認められるかという問題があります。[2]判決はこれを肯定したものです。

---

4)　ただし，被告は第一審で反訴を提起することもできたはずであるから，例外を認めるべきではないとする見解もあります。伊藤734頁。

5)　最判昭和45・1・22民集24巻1号1頁は，一般論としてこの場合には上告の利益が認められるとしています。

6)　裁判所法4条は，事件に関する意見が上級裁判所と下級裁判所の間で異なる場合に，両者の間を事件が往復し，審級制度が成り立たなくなることを防止するために，上級裁判所の判断に拘束力を認めたものと解されています。拘束されるのは，差戻し後の第一のみであるという解釈もありますが，通説・判例（最判昭和30・9・2民集9巻10号1197頁）は，差戻し後の控訴審・上告審に対する拘束力も認めています。柳川俊一・最判解民昭和45年度（上）17-19頁。そうでないと，控訴審の間や上告審の間で判断が分かれた場合にはやはり事件の往復が生じることになるからです。高橋（下）604頁。

◇［2］名古屋高金沢支判平成元年 1 月 30 日

判時 1308 号 125 頁 ［百選〔5 版〕A37］

■■■■■■■■　**事実の概要**　■■■■■■■■

　X（原告・控訴人）は，A に 400 万円を貸し付けていました。A が死亡し，A の法定相続人は A の子である Y（被告・被控訴人）を含む 7 名であり，Y の法定相続分は 12 分の 1 でした。以上を前提として，X は Y に対し，400 万円の 12 分の 1 にあたる 33 万 3333 円および利息金・遅延損害金の支払を求める訴えを提起しました。

　第一審係属中である昭和 61 年 12 月 13 日に，A の法定相続人のうち 4 名が相続を放棄したため，Y の法定相続分は 4 分の 1 となりました。X の訴訟代理人はこの事実を知りましたが，Y に対する請求を拡張しなかったため，第一審裁判所は，昭和 62 年 10 月 27 日に口頭弁論を終結し，昭和 63 年 5 月 31 日に，X の請求を全部認容する判決を言い渡しました。

　X は，請求を拡張するために控訴し，Y に対し，貸金 100 万円および利息金・遅延損害金の支払を求めました。これに対して Y は，第一審で全部勝訴の判決を得ている X には控訴の利益がないなどと主張しました。

■■■■■■■■　**判　　旨**　■■■■■■■■

原判決変更，拡張後の請求認容。

　「全部勝訴の判決を受けた当事者は，原則として控訴の利益がなく，訴えの変更又は反訴の提起をなすためのものであっても同様であるが，人事訴訟手続法 9 条 2 項（別訴の禁止），民事執行法 34 条 2 項（異議事由の同時主張）等の如く，特別の政策的理由から別訴の提起が禁止されている場合には，別訴で主張できるものも，同一訴訟手続内で主張しておかないと，訴訟上主張する機会を奪われてしまうという不利益を受けるので，それらの請求については，同一訴訟手続内での主張の機会をできるだけ多く与える必要があり，また，この不利益は，全部勝訴の一審判決後は控訴という形で判決の確定を妨げることによってしか排除し得ないので，例外として，これらの場合には，訴えの変更又は反訴の提起をなすために控訴をする利益を認めるべきである。」

　「いわゆる一部請求の場合につき，一個の債権の一部についてのみ判決を求

める趣旨が明示されていないときは，請求額を訴訟物たる債権の全部として訴求したものと解すべく，ある金額の支払を請求権の全部として訴求し勝訴の確定判決を得た後，別訴において，右請求を請求権の一部である旨主張しその残額を訴求することは，許されないと解されるので（最高判昭和 32 年 6 月 7 日民集 11 巻 6 号 948 頁参照），この場合には，一部請求についての確定判決は残額の請求を遮断し，債権者はもはや残額を訴求する機会を失ってしまうことになり，前述の別訴禁止が法律上規定されている場合と同一となる。したがって，黙示の一部請求につき全部勝訴の判決を受けた当事者についても，例外として請求拡張のための控訴の利益を認めるのが相当ということになる。」

　下線を引いた箇所は，**実体的不服説**と呼ばれる考え方を否定するものです。
　実体的不服説は，上訴審で原判決よりも有利な判決が得られる可能性があれば上訴の利益を認めるため，第一審で全部勝訴した当事者が控訴審で訴えの変更や反訴提起をするために控訴をすることも可能ということになります。しかし，これでは上訴の利益を無制限に認めることにもなりかねないことから，形式的不服説が通説となったという経緯があります。[2]判決はこのことを踏まえて，訴えの変更または反訴の提起をするために控訴をする利益が認められるのは例外的な場合であるとしています。その 1 つは，政策上，別訴提起が禁止されており，控訴審で訴えの変更または反訴の提起をする機会を与えないと失権してしまう場合です。そして，一個の債権の一部について判決を求めることが明示されていない，黙示の一部請求についても，判例によれば，勝訴判決後に別訴で残額を請求することは許されないことになっているので，控訴審で請求を拡張するために例外的に控訴の利益を認めるべきだとしています。

　学説においては，一部請求についての判決が確定した後に残部を請求することが許されるかをめぐって，さまざまな見解が主張されています（⇒第 14 講）。そのうち，前訴で一部請求であることが明示されていたか否か，前訴判決が原告の全部勝訴であったか否かを問わず，残部請求を否定する見解（否定説）によれば，第一審で請求の全部を認容された原告は，第一審判決がこのまま確定してしまうと別訴で残部を請求することができなくなってしまうので，例外的に控訴審で請求を拡張するために控訴の利益を認められるべきであるということになります[7]。また，上訴の利益に関する**新実体的不服説**と呼ばれる見解に

よれば，判決をそのまま確定させてしまうと，既判力その他の判決の効力により後訴で救済が得られなくなる場合に上訴の利益が認められるので，第一審で全面的に勝訴した原告にも，控訴の利益は認められることになります[8]。

　もっとも，一般論としては一部請求を全部認容された原告に控訴の利益を認めるべきであるとしても，本件のＸにも控訴の利益を認めるべきかについては，さらに検討の余地があるように思われます。**[事実の概要]**でも述べたように，Ｘの訴訟代理人は，第一審係属中にＹの法定相続分の増加を知っていたため，第一審の口頭弁論終結前にＸが請求を拡張することはできたはずでした。そうであるにもかかわらず，[2]判決はＸに控訴の利益を認めました。その理由については，以下のように述べています。

　「攻撃防禦方法は，別段の規定ある場合を除き，口頭弁論の終結に至るまで提出することができ，訴えの変更についても同様であって，控訴審においても許されていること，もっとも訴訟手続を著しく遅滞せしむべき場合は訴えの変更は許されないが，訴えの変更の許否は，訴訟手続を遅滞せしめるか否かにかかっており，原審において変更できたのにしなかったことに過失があるか否かを基準としてはいないこと，攻撃防禦方法の提出の制限についても『故意又は重大な過失』を要件としており，単なる過失は含まれないこと，Ｘが原審で請求拡張ができるのにそれを失念していたというのは，単なる過失であって重大な過失でなく，Ｘの請求拡張のための控訴の利益を否定すると，かえってＸは訴訟手続により残額を請求する機会を永久に奪われてしまうという重大な不利益を受けることになって，右過失と結果との間に不均衡を生ずることなどの理由から，Ｘが原審で請求拡張を失念したという一事によって，本件控訴の利益を否定するのは相当でないというべきである。」

　[2]判決は，原審で請求を拡張しなかったＸの過失よりも，このまま第一審判決が確定すれば別訴で残額を請求することができなくなるＸの不利益を重視しているといえます。これに対しては，[2]判決はＸの利益保護に偏っている，残額請求はないことへのＹの信頼を保護する必要はないのか，という議論もあります[9]。どちらの考え方に共感するか，考えてみてください。

---

7)　兼子 440 頁，新堂 918 頁，高橋（下）602 頁。
8)　上野㤗男「上訴の利益」新堂幸司編著『特別講義民事訴訟法』（有斐閣，1988 年）285 頁以下。

控訴審の審理と判決において第一審判決を取消し・変更することができる範囲

　控訴審は，第一審と同様に事実審です。しかし，第一審とは別個に事実に関する審理を行うのではなく，第一審に続けて事実の審理を行います。第一審で行われた訴訟行為は，控訴審でも効力を有し（298条1項），第一審において提出された資料に控訴審で新たに提出された資料を加えたものが，控訴審における事実認定の資料になります（296条2項および297条が準用する156条・156条の2）。以上を指して，控訴審の審理については**続審主義**（続審制）が採用されているといいます。

　控訴審の審判の対象は，控訴の適否と第一審判決に対する当事者の不服申立て（原判決の取消し・変更の申立て）の当否です。口頭弁論は，当事者が第一審判決の変更を求める限度においてのみ行われます（296条1項）。審理の結果，第一審判決を相当とするときは，控訴を棄却する判決をします（302条1項）。

　第一審判決を不当とするときは，これを取り消す判決をしますが（305条），取消し・変更をすることができる範囲は，当事者が控訴または附帯控訴によってした不服申立ての限度内に限られます（304条）。控訴人の立場からいえば，相手方が控訴も附帯控訴もしていないのであれば，第一審判決を自己に不利益に変更されることはなく，悪くても控訴が棄却されるにとどまります。これは，**不利益変更禁止の原則**と呼ばれています。たとえば，被告に対して500万円の金銭の支払を求める原告の請求を300万円の限度で認容した第一審判決に対して，原告は500万円全額の支払を求めて控訴しましたが，被告は控訴も附帯控訴もしなかったとします。控訴審での審理の結果，控訴裁判所が，第一審判決が300万円の支払を認めたのは不当であり，被告が支払うべき金額は100万円にすぎないと判断したとしても，第一審判決を変更して被告に対して100万円の支払を命じる判決をすることはできず，原告の控訴を棄却することになります。

　304条は，控訴人の不服申立ての範囲を超えて控訴人に有利に第一審判決を変更することも禁じています。上記の例で，原告が400万円の支払を求めて控

　9）　越山和広「一部請求と控訴の利益」上野泰男先生古稀祝賀『現代民事手続の法理』（弘文堂，2017年）427頁以下。

訴した場合には，控訴裁判所は，300万円の支払しか認めなかった第一審判決は不当であり，500万円全額の支払を命じるべきであると判断したとしても，400万円の支払を命じるにとどめることになります。これは**利益変更禁止の原則**と呼ばれます。不利益変更禁止も利益変更禁止も，**第一審判決のうち，どちらの当事者からも不服申立てのない部分を取消し・変更することを禁ずる**点は共通です。その趣旨は，処分権主義の下で，当事者が申し立てていない事項について判決をすることが禁じられている（246条）のと同様に，判決事項についての当事者の意思を尊重することにあります[10]。

次の［3］判決は，被告の相殺の抗弁を認めて原告の請求を棄却した判決に対して原告のみが控訴した場合に，不利益変更禁止の原則の適用により，原告の控訴を棄却したものです。不利益変更禁止の原則が適用されない場合には，どのような判決がされることになり，それは原告にどのような不利益をもたらすのかを検討していきましょう。

◇［3］最判昭和61年9月4日
　　判時1215号47頁，判夕624号138頁，金判759号23頁
　　　　　　　　　　　　　　　　　　　　［百選〔5版〕112］

■ **事実の概要** ■

X（原告・控訴人・被上告人）は，Y（被告・被控訴人・上告人）に対して貸金の支払を求める訴えを提起しました。Yは，①本件貸金は賭博を開帳するための資金として貸し付けられたものであり，不法原因給付にあたるという抗弁のほか，予備的に，②YがXに対して有する金銭債権（売買代金返還請求債権）を反対債権として相殺するという抗弁を提出しました。

第一審は，①の抗弁を排斥し，②の抗弁を認めてXの請求を棄却する判決をしました。これに対してXは控訴しましたが，Yは控訴も附帯控訴もしませんでした。

控訴審は，①の抗弁を排斥し，②の抗弁もYの反対債権は存在しないとい

---

10)　不利益変更禁止の原則については，上訴の申立てをしやすくすることで，誤った判決を是正する機会を増やそうとする政策的判断に基づくという説明もあります。高橋（下）630頁。

う理由で排斥して，第一審判決を取り消し，Xの請求を認容する判決をしました。これに対してYが上告しました。

　最高裁判所は，本件消費貸借契約は公序良俗に反して無効であるから，原判決は破棄を免れないとしました。そして，Xの請求は，Yの主張する相殺の抗弁について判断するまでもなく，棄却すべきであるとしました。しかし，結論としてはこの判断に反する第一審判決を維持し，Xの控訴を棄却しました[11]。その理由づけをみてみましょう。

判　旨

破棄自判，控訴棄却。

　「本件のように，訴求債権が有効に成立したことを認めながら，被告の主張する相殺の抗弁を採用して原告の請求を棄却した第一審判決に対し，原告のみが控訴し被告が控訴も附帯控訴もしなかった場合において，控訴審が訴求債権の有効な成立を否定したときに，<u>第一審判決を取消して改めて請求棄却の判決をすることは，民訴法199条2項［現行114条2項］に徴すると，控訴した原告に不利益であることが明らかであるから，不利益変更禁止の原則に違反して許されないものというべきであり，</u>控訴審としては被告の主張した相殺の抗弁を採用した第一審判決を維持し，原告の控訴を棄却するにとどめなければならないものと解するのが相当である。そうすると，本件では，第一審判決を右の趣旨において維持することとし，Xの本件控訴を棄却〔中略〕すべきことになる。」

　本判決を理解するうえで重要なのは，下線部分が意味する内容です。

　【上訴の利益】の項でも検討したように，訴求債権が存在しないという被告の主張を排斥し，予備的相殺の抗弁を認めて原告の請求を棄却する判決は，確定すると被告の反対債権の不存在について既判力が生じる（114条2項）点で，

---

11)　法律審である上告審においては，事実の審理は，職権調査事項に関するものを除きすることができないので，通常は事件を原裁判所に差し戻すのですが，本件は，さらに事実の審理をしなくても事件についての裁判をすることができる場合であったため，差戻しはせずに，最高裁判所みずから控訴審に代わってXの控訴につき判断（自判）しました。

訴求債権が存在しないという理由で請求を棄却する判決よりも被告にとって不利益です。逆に原告にとっては，予備的相殺の抗弁を認めて請求を棄却した判決であれば，別訴で反対債権を訴求された場合に既判力の作用で請求棄却判決が得られますが，訴求債権が存在しないという理由による請求棄却判決にはそのような効力が認められないので，より不利益だということになります。そのため本判決は，第一審判決を取り消してあらためて請求棄却判決をすることは，不利益変更禁止の原則に違反するとしたのです。

不利益変更禁止の原則は，第一審判決のうちどちらの当事者からも不服が申し立てられていない部分の変更を禁じたものだと理解すれば，次のような説明も可能です。

本件で原告が控訴した趣旨は，相殺の抗弁を排斥して請求を認容する判決をしてほしいというものです。第一審判決が原告の訴求債権の存在を認めたことについて，原告に不服はありません。不服があるのは被告のほうであり，そうであるからこそ，被告には，訴求債権の不存在を理由とする請求棄却判決を求めて控訴する利益が認められているのです。その被告が控訴も附帯控訴もしていないのに，訴求債権の不存在を理由とする請求棄却判決をすることは，当事者の不服申立ての範囲を超えて判決することになるので，不利益変更禁止の原則に違反します。

▚ 訴求債権の存否は控訴審における審理の対象にならないか

学説には，本件のような場合，控訴審は，訴求債権が存在するという第一審判決の判断を前提として，被告の反対債権の存否のみを審理しなければならない，とする見解もありますが，それでは，訴求債権の存在について既判力を認めたのと同様の結果になってしまいます。訴求債権の存否も控訴審における審理の対象となり，被告は，この点に関して第一審で行った主張・立証にくわえ，新たな主張・立証を追加することもできますが，訴求債権の不存在を理由とする請求棄却判決を得るためには控訴または附帯控訴を必要とするというべきです。304条によって制限されるのは，控訴審において原判決を変更することのできる範囲であって，控訴審における審理の対象ではないということは，多数説の認めるところであり，本判決もそれを前提としていると思われます[12]。

┌課　題┐

　訴えを不適法として却下した第一審判決に対しては，原告に控訴の利益が認められるだけでなく，被告にも請求棄却判決を求めて控訴する利益があります（【上訴の利益】の項を参照）。訴え却下判決に対して原告のみが控訴し，被告は控訴も附帯控訴もしなかったところ，控訴裁判所は，訴えは適法であるが，原告の請求に理由はない，また，第一審において本案についての審理が行われているので，第一審に差し戻す必要はない（307条ただし書）と判断したとします。

　この場合に，控訴裁判所が第一審判決を取り消して原告の請求を棄却する判決をすることの可否については議論がありますが，判例（最判昭和35・3・25集民40号669頁）は，これは原告に不利益な変更にあたるから許されないとしています。判例の立場にたって，不利益変更禁止の原則に違反する理由を説明してください。

---

12)　[3]判決の解説である青木哲・百選〔5版〕234-235頁参照。

▌第 20 講▐

被告あてに補充送達によって送達された訴訟関係書類が
被告に交付されなかったために，被告が訴訟に関与する
機会を与えられないまま，被告敗訴の判決がされて確定
した場合に，被告に認められる救済方法はなにか

──補充送達の効力と再審の訴え

[1] 最判平成 4・9・10 民集 46 巻 6 号 553 頁［百選〔5 版〕116］
[2] 最決平成 19・3・20 民集 61 巻 2 号 586 頁［百選〔5 版〕40］

▶キーワード　補充送達，再審の訴え，再審事由，再審の補充性，
控訴の追完

◁▔ 被告に対する訴状の送達

　原告が訴えを提起するために裁判所に提出した訴状は，裁判長による審査（137 条）を経て不備がないと認められれば，第一回口頭弁論期日の呼出状とともに被告に送達されます（138 条 1 項・139 条。以下，訴状および第一回口頭弁論期日の呼出状を「訴状等」といいます）。訴状等の送達は，被告に対して訴えが提起されていることを知らせ，訴訟手続に関与する機会を与える機能を果たします。被告の手続権を保障するために欠かせないプロセスです。

　本講では，被告を名宛人とする訴状等が被告の同居者に交付する方法で送達（補充送達といいます）されたものの，同居者が訴状等を被告に渡さなかったため，被告が訴訟手続に関与することができないまま，被告敗訴の判決がされて確定した場合に関する 2 件の最高裁判例を扱います。どちらにおいても，被告とされた人は補充送達の効力を争い，確定判決の取消しを求めて再審の訴えを提起し，最高裁判所は再審事由の存在を認めました。しかし，一方では補充送達は無効とされ，他方では有効とされています。訴状等の送達が無効であることは，再審事由の存在が認められるための要件ではないとすると，必要とされるのはどのような要件でしょうか。

　以下では，この問題を検討していきます。まずは，補充送達と再審の訴えに関する基本的な事項の確認から始めましょう。

補充送達の意義・要件

　送達は，送達を受けるべき者（**受送達者**または**送達名宛人**と呼ばれます）に対して現実に書類を交付する方法（**交付送達**といいます）で行うのが原則です（101条）。ただし，送達場所で送達を受けるべき者に出会わないときは，この者以外の者に書類を交付することができます。これが**補充送達**です。

　補充送達により書類を交付することができる相手は，送達場所が，送達を受けるべき者の住所，居所，営業所または事務所である場合（103条1項本文）と就業場所である場合（103条2項）とで若干異なりますが，「書類の受領について相当のわきまえ」のある者でなければならない点は共通です（106条1項・2項）。すなわち，書類を受領した者に，送達の趣旨を理解して送達書類を受送達者に渡すことを期待できる程度の能力がなければ，補充送達は無効になります。たとえば，送達場所が送達を受けるべき者の住所である場合には，同居している子に書類を交付することもできますが，子の年齢によっては，上記の要件を満たさないとされることもあります。[1]判決は，まさにその理由で訴状等の補充送達を無効としたものです。なお，[1]判決当時は，書類を受領することができる者には「事理ヲ弁識スルニ足ルヘキ知能」が必要とされていましたが（旧法171条1項），これは，現行法の「書類の受領について〔の〕相当のわきまえ」と異なるものではありません。

再審の訴え──再審事由と再審の補充性

　再審の訴えは，確定判決の成立過程や裁判資料に著しい誤りがある場合に，事件の再審理と確定判決の取消しを求めるものです。確定判決に対する特別な不服申立てですから，**再審事由**が存在する場合でなければ認められません（338条1項本文）。また，当事者が控訴または上告によって再審事由を主張したときや再審事由の存在を知りながら主張しなかったときは，やはり再審の訴えは認められません（同項ただし書）。このことは，**再審の補充性**と呼ばれています。

　判例にしばしばあらわれる再審事由は，338条1項3号の「法定代理権，訴訟代理権又は代理人が訴訟行為をするのに必要な授権を欠いたこと」です（以下，「**3号再審事由**」といいます）。ここで想定されているのは，確定判決が無権代理人の訴訟行為に基づいてなされた場合ですが，いわゆる**氏名冒用訴訟**においても，名前を使われた本人が当事者として既判力を受ける場合には，3号再

審事由が認められています（⇒第 2 講 [1] 大判昭和 10・10・28 民集 14 巻 1785 頁）。

[1]判決および [2]決定においても，3 号再審事由が認められました。その理由づけはどのようなものだったのか，考えてみましょう。なお，[1]は判決で [2]は決定なのは，旧法下では再審事由の存否に関する判断は判決手続でされていましたが，現行法では，決定手続でされることに変更されたためです。

◇ [1] 最判平成 4 年 9 月 10 日

民集 46 巻 6 号 553 頁 [百選 [5 版] 116]

事実の概要

X（原告・被控訴人・上告人）は，Y（被告・控訴人・被上告人）に対して，再審の訴え（本訴）を提起しました。対象となった確定判決は，信販会社である Y が X に対し立替金の支払を求めた訴え（前訴）につき Y の請求を認容したものです。再審事由について X は，X に対する訴状等の送達がなかったことが 3 号再審事由に該当すると主張しています。

前訴で Y が X に求めた立替金の支払は，X の妻 A が X の名を使って Y との間で締結した，商品購入代金の立替払契約に基づくものでした（Y は，X のほか，X の連帯保証人であった A を共同被告として前訴を提起しています）。X を受送達者とする訴状等は，昭和 55（1980）年 10 月 4 日に，X の住所において送達されましたが，X が不在であったため当時 7 歳 9 か月であった X の子 B が受領しました。B は訴状等を X に交付しなかったため，X は前訴が提起された事実を知らないまま，第一回口頭弁論期日に欠席しました。この期日に口頭弁論が終結され，X は Y の主張する請求原因事実を自白したものとされて，Y の請求を認容する判決（前訴判決）が言い渡されました[1]。

前訴判決の言渡期日の呼出状は昭和 55 年 11 月 3 日に，判決正本は同月 17 日に，X の住所において送達され，それぞれ A が受領しましたが，A はこの事

---

1) この判決は，実務上，**欠席判決**と呼ばれています。被告が第一回口頭弁論に欠席し，答弁書その他の準備書面を提出していない場合には，原告の主張した事実を自白したものと擬制され（擬制自白），被告が口頭弁論終結時までに争わない限り，証拠調べを行う必要がありません（159 条 3 項が準用する同条 1 項）。裁判所は，裁判をするに熟したとして口頭弁論を終結し，第二回口頭弁論期日で原告の請求を認容する判決を言い渡すことができます（243 条 1 項）。

実を X に知らせなかったため X は控訴せず，前訴判決は確定しました。

　X は，平成元（1989）年 5 月，Y から本件立替金の支払を請求されて調査した結果，前訴確定判決の存在を知り，本訴を提起しました。

　第一審は，7 歳 9 か月の B に訴状等を交付してされた送達は，補充送達の要件を満たしていないから，X に対する訴状等の送達は無効であり，これは 3 号再審事由に該当する，X は Y と立替払契約を締結していない，として前訴確定判決を取り消し，Y の X に対する請求を棄却しました。

　Y の控訴に対して原審は，以下の理由で第一審判決を取り消し，本訴を却下しました。

　前訴の訴状等の送達は，事理弁識能力のない B に書類を交付してされているので無効であるが，前訴の判決正本の送達は，補充送達として有効である。X は，前訴の判決正本の送達を受けた時に訴状の送達の瑕疵を知ったものとみられるから，本訴で X が主張する再審事由は，前訴判決に対する控訴によって主張することができたはずである。しかし，X は控訴していないから，本訴は 420 条 1 項ただし書［現行 338 条 1 項ただし書］により不適法である。

　これに対して X が上告しました。

判　旨

原判決破棄，原審に差戻し。

　「1　民訴法 171 条 1 項［現行 106 条 1 項］に規定する『事理ヲ弁識スルニ足ルヘキ知能ヲ具フル者』とは，送達の趣旨を理解して交付を受けた書類を受送達者に交付することを期待することができる程度の能力を有する者をいうものと解されるから，原審が，……当時 7 歳 9 月の女子であった B は右能力を備える者とは認められないとしたことは正当というべきである。

　2　そして，有効に訴状の送達がされず，その故に被告とされた者が訴訟に関与する機会が与えられないまま判決がされた場合には，当事者の代理人として訴訟行為をした者に代理権の欠缺があった場合と別異に扱う理由はないから，民訴法 420 条 1 項 3 号［現行 338 条 1 項 3 号］の事由があるものと解するのが相当である。

　3　また，民訴法 420 条 1 項ただし書［現行 338 条 1 項ただし書］は，再審事由を知って上訴をしなかった場合には再審の訴えを提起することが許されな

い旨規定するが，再審事由を現実に了知することができなかった場合は同項ただし書に当たらないものと解すべきである。けだし，同項ただし書の趣旨は，再審の訴えが上訴をすることができなくなった後の非常の不服申立方法であることから，上訴が可能であったにもかかわらずそれをしなかった者について再審の訴えによる不服申立てを否定するものであるからである。これを本件についてみるのに，<u>前訴の判決は，その正本が有効に送達されて確定したものであるが</u>，Ｘは，前訴の訴状が有効に送達されず，その故に前訴に関与する機会を与えられなかったとの前記再審事由を現実に了知することができなかったのであるから，右判決に対して控訴しなかったことをもって，同項ただし書に規定する場合に当たるとすることはできないものというべきである。」

Ｘと前訴に関して事実上の利害関係の対立があるＡを送達受領者とする補充送達の効力

　前訴における訴状等の補充送達がＢの送達受領能力の欠如のために無効とされたことについては，学説上，異論がありません。訴状の送達が無効であったために，被告とされた者が訴訟に関与する機会を与えられないまま判決がされた場合には，3号再審事由があるとされたことについても，同様です。議論があるのは，Ａを送達受領者（現実に送達書類を受領する者）とする判決書の補充送達が有効とされた点です（下線部参照）。

　Ａは成人ですから，送達受領能力は認められますが，Ｘに無断でＸの名を使ってＹと立替払契約を締結しています。そのことが原因でＸがＹから前訴を提起され，敗訴判決を受けた事実をＡはＸに知られたくなかったはずです。実際にＡは，判決書が送達されたことをＸに知らせず，判決書をＸに渡してもいません。

　このように，受送達者と送達受領者の間に訴訟に関して事実上の利害関係の対立があり，送達受領者が送達書類を受送達者に交付することが期待できない場合の補充送達の効力について，［1］判決以前の裁判例には，無効としたものがありました[2]。他方で，受送達者と送達受領者の間の事実上の利害関係の対立の有無によって送達の効力が左右されるとすると手続の安定を欠くとして，有効とする裁判例もありました[3]。学説においても，見解が分かれています[4]。

　こうした中で，［1］判決は有効説を採用しました。このことは，本件との関

係では以下のような意味があるといわれています。

　本件でかりに無効説をとったとすると，判決書の送達はまだ行われておらず，控訴期間は開始していないので，前訴判決は確定していないことになります（116 条 1 項参照）。再審は確定した判決に対する非常の不服申立てですから，未確定の判決に対して再審の訴えを提起することがはたしてできるのかが問題になります。有効説をとることで，前訴判決は確定していることになり，以上の問題を回避することができたのです[5]。

▷ 判決書の送達が有効であることと再審の補充性との関係

　もっとも [1] 判決は，判決書の補充送達が有効である以上，X は前訴判決に対して控訴して，再審事由の存在を主張することができたはずである，と論じてはいません。原審が，こうした立論により，本訴は再審の補充性の要件を満たさないので不適法であるとしたのに対し，再審原告が「再審事由を現実に了知することができなかった場合」には，再審の補充性の要件は適用されないとしたのです。現に，X は判決書が A に交付された事実を知らず，判決書をみることもなかったのですから，前訴判決に対して控訴して，再審事由（訴状等の送達が無効であったため，訴訟に関与する機会がなかったこと）を主張することはできなかったと考えられます。

　同様の事情は，無効とされた訴状等の補充送達についても認められます。B が受領した訴状等を X に交付しなかったために，X は Y から訴えを提起されていることを知らず，第一回口頭弁論期日に出席して Y の主張を争うことはできなかった。その結果，X 敗訴の判決が言い渡されてしまったのです。

　X に対する訴状等の送達は無効とされ，判決書の送達は有効とされましたが，その後に X が訴訟に関与することができなかった点は，両者に共通です。そ

---

　2)　東京地判昭和 49・9・4 判タ 315 号 284 頁，釧路簡判昭和 61・8・28 NBL 433 号 40 頁，大阪高判平成 4・2・27 判タ 793 号 268 頁。

　3)　神戸地判昭和 61・12・23 判時 1247 号 114 頁，名古屋地決昭和 62・11・16 判時 1273 号 87 頁，札幌簡判平成 2・1・25 NBL 454 号 43 頁。

　4)　無効説をとる見解として，山本弘「送達の瑕疵と民訴法 338 条 1 項 3 号に関する最近の最高裁判例の検討」同『民事訴訟法・倒産法の研究』（有斐閣，2019 年）339 頁以下，345 頁，有効説をとる見解として，秋山ほかⅡ〔3 版〕422 頁。

　5)　高橋宏志「[1] 判決評釈」リマークス 8 号（1994 年）151 頁参照。

うだとすると，Xが訴状等を受け取っていないために，Yから訴えが提起されている事実を知らず，訴訟に関与することができなかったならば，たとえXに対する訴状等の送達が有効とされたとしても，3号再審事由が認められるのではないか，とも考えられます。実際に，[2]決定はそのような判断を行っています。

◇ [2] 最決平成 19 年 3 月 20 日

民集 61 巻 2 号 586 頁 [百選 [5 版] 40]

事実の概要

　本件の前訴は，Y（再審被告・相手方・相手方）が主債務者Aおよび連帯保証人X（再審原告・抗告人・抗告人）を被告として提起した貸金請求訴訟です。AはXの義父であり，Xと同居していました。AおよびXに対する訴状等の送達は，AおよびXの住所で，どちらもAに書類を交付して行われています。すなわち，Xを受送達者とする訴状等の送達は，Aを送達受領者とする補充送達だったことになります。

　AもXも，第一回口頭弁論期日に欠席し，答弁書その他の準備書面も提出しなかったため，口頭弁論は終結され，第二回口頭弁論期日においてYの請求を認容する判決が言い渡されました[6]。AおよびXに対する判決書に代わる調書[7]の送達は，当初，AおよびXの住所で行うことが試みられましたが，受送達者であるAおよびXの不在により実施できなかったため，**書留郵便に付する送達（付郵便送達）**の方法で行われました。これは，送達書類を書留郵便に付して送達場所にあてて発送する方法によるものです（107 条 1 項・2 項）。送達の効力は発送の時に生じ，受送達者が実際に書類を受け取ったかどうかは問いません（同条 3 項。本件でも，判決書に代わる調書は受送達者不在のため配達できず，郵便局に保管された後，裁判所に返還されていますが，送達の効力は生じています）。A

---

6)　これも，実務上の欠席判決です。注 1) 参照。

7)　判決の言渡しは，判決書の原本に基づいて行われるのが原則ですが（252 条），実務上の欠席判決については，判決書の原本を作成せずに，言渡しをすることが認められています（254 条 1 項 1 号）。この場合には，判決の言渡しをした口頭弁論期日の調書が判決書に代わるものとなります（同条 2 項）。以上の制度は，**調書判決**と呼ばれています。

も X も控訴しなかったため，Y 勝訴の判決が確定しました。

　それから約 2 年後に，X は Y に対して再審の訴え（本訴）を提起し，次のように主張しました。

　X は，みずからの意思で連帯保証人になったことはなく，A が X に無断で X の印章を持ち出して連帯保証契約を締結した。前訴に関しては，X と A の利害が対立しており，A が X あての訴状等の交付を受けたとしても，これが遅滞なく X に交付されることを期待できる状況にはなく，現に交付されなかった。したがって，前訴において，X に対する訴状等の送達は補充送達としての効力を生じていないというべきであり，X に訴訟に関与する機会が与えられないまま前訴判決がされたのであるから，前訴判決には 3 号再審事由がある（ここで，[1]判決を引用しています）。

　第一審および原審は，X に対する訴状等の送達は補充送達として有効であり，3 号再審事由は認められないとして，X の再審請求を棄却しました。原審の決定に対して，X は最高裁判所への抗告（許可抗告）を申し立て，原審は抗告を許可しました（337 条 1 項・2 項）。

判　旨

原決定破棄，原審に差戻し。

　「(1) 民訴法 106 条 1 項は，就業場所以外の送達をすべき場所において受送達者に出会わないときは，『使用人その他の従業者又は同居者であって，書類の受領について相当のわきまえのあるもの』（以下「同居者等」という。）に書類を交付すれば，受送達者に対する送達の効力が生ずるものとしており，その後，書類が同居者等から受送達者に交付されたか否か，同居者等が上記交付の事実を受送達者に告知したか否かは，送達の効力に影響を及ぼすものではない（最高裁昭和 42 年（オ）第 1017 号同 45 年 5 月 22 日第二小法廷判決・裁判集民事 99 号 201 頁参照）。

　したがって，受送達者あての訴訟関係書類の交付を受けた同居者等が，その訴訟において受送達者の相手方当事者又はこれと同視し得る者に当たる場合は別として（民法 108 条参照），その訴訟に関して受送達者との間に事実上の利害関係の対立があるにすぎない場合には，当該同居者等に対して上記書類を交付することによって，受送達者に対する送達の効力が生ずるというべきであ

る。」

「(2) しかし，本件訴状等の送達が補充送達として有効であるからといって，直ちに民訴法 338 条 1 項 3 号の再審事由の存在が否定されることにはならない。同事由の存否は，当事者に保障されるべき手続関与の機会が与えられていたか否かの観点から改めて判断されなければならない。

すなわち，受送達者あての訴訟関係書類の交付を受けた同居者等と受送達者との間に，その訴訟に関して事実上の利害関係の対立があるため，同居者等から受送達者に対して訴訟関係書類が速やかに交付されることを期待することができない場合において，実際にもその交付がされなかったときは，受送達者は，その訴訟手続に関与する機会を与えられたことにならないというべきである。そうすると，上記の場合において，当該同居者等から受送達者に対して訴訟関係書類が実際に交付されず，そのため，受送達者が訴訟が提起されていることを知らないまま判決がされたときには，当事者の代理人として訴訟行為をした者が代理権を欠いた場合と別異に扱う理由はないから，民訴法 338 条 1 項 3 号の再審事由があると解するのが相当である。」

 ### 訴状等の送達が補充送達として有効であっても，3 号再審事由が認められる場合

受送達者あての訴訟関係書類の交付を受けた同居者が，たとえば，離婚訴訟において受送達者の相手方当事者である場合のように，その訴訟に関して受送達者と同居者の間に法律上の利害関係の対立がある場合に，双方代理を禁止した民法 108 条の趣旨[8]から補充送達は無効とされることに争いはありません。両者の間に事実上の利害関係の対立があるにすぎない場合については，すでに述べたように裁判例の判断が分かれていましたが，[1]判決において，補充送達は有効であるとの判断がされました。[2]決定はこれを踏襲しつつ，訴状等の補充送達が有効であっても，訴状等が実際に受送達者である被告に交付されず，被告が訴訟手続に関与する機会を与えられていなければ，3 号再審事由があるとしました。

---

8) 民法 108 条の趣旨が問題になるのは，送達受領に関しては同居者が受送達者の法定代理人と解されているためです。秋山ほかⅡ〔3 版〕421 頁，伊藤 259 頁など。

　本件では，3 号再審事由の存在は，訴状等の補充送達の効力と関連づけられ
てはいません。被告と同居者の間に事実上の利害関係の対立があるために，被
告が同居者から訴状等を速やかに交付されることを期待できず，実際にも交付
されなかった場合には，被告は訴訟手続に関与する機会を与えられなかったと
いえる（下線部参照）。このことから，3 号再審事由が認められているのです。

課　題── [2]決定の射程

　訴状等の送達が有効であっても，3 号再審事由が認められる場合があると
いう [2]決定の判示は，訴状等の送達が付郵便送達や公示送達[9]の方法で行
われた場合にもあてはまるでしょうか。4 人の学生の次の議論を参考にして，
考えてください。

学生 A：訴状等の送達が付郵便送達で行われた場合，送達は有効でも被告は
　　　訴状等を受け取っていないことがある。公示送達にいたっては，被告が訴
　　　状等を受け取ることはまずないといっていい。被告が訴訟手続に関与する
　　　機会は保障されていないといえるから，3 号再審事由が認められるべき
　　　じゃないかな。

学生 B：付郵便送達は，交付送達も補充送達もできない場合に行われ（107
　　　条 1 項），公示送達は，ほかに送達の方法がない場合に行われる（110 条 1
　　　項）。どちらも，原告の訴え提起を可能にするための制度であり，被告が
　　　訴訟手続に関与する機会はもともと保障されていない。3 号再審事由を認
　　　めれば，これらの制度が成り立たなくなるように思うけど，どうかな。

学生 C：3 号再審事由が認められないとすると，被告は，判決が送達された
　　　事実を知ったときから 1 週間以内に控訴の追完をすることになるね（97 条
　　　1 項）。期間制限がない 3 号再審事由（342 条 3 項）との違いが大きいけれど，
　　　それでいいのかな。

学生 D：それは事案によるんじゃないかな。たとえば，被告の就業場所に
　　　ついて原告が十分な調査をせずに就業場所は不明と回答したため，被告の

---

[9]　付郵便送達については，[2]決定の**【事実の概要】**で触れました。公示送達は，裁
　　判所書記官が送達すべき書類を保管し，受送達者が出頭すればいつでもその書類を交
　　付する旨の書面を裁判所の掲示場に掲示する方法で行われます（111 条）。公示送達
　　も，受送達者が実際に書類を受け取ったかどうかを問わず，その効力が生じます
　　（112 条参照）。

住所あてに付郵便送達がされたケース（最判平成 10・9・10 判時 1661 号 81 頁①事件，最判平成 10・9・10 判時 1661 号 81 頁②事件［百選〔5 版〕39 ①②］参照）のように，付郵便送達が行われた原因が原告の側にある場合に，被告に控訴の追完しか認めないのは当事者間の公平に反すると思う。

Part6
多数当事者訴訟

第21講
通常共同訴訟における処分権主義・弁論主義
──共同訴訟人独立の原則

最判昭和43・9・12民集22巻9号1896頁［百選〔5版〕95］

▶キーワード　共同訴訟，共同訴訟人，通常共同訴訟と必要的共同訴訟，
共同訴訟人独立の原則，弁論主義の第3テーゼ，
自由心証主義，共同訴訟人間の証拠共通・主張共通

共同訴訟の意義・種類

　1つの訴訟手続に複数の原告または被告が関与する訴訟形態を共同訴訟といいます。共同訴訟において同一の側に立つ複数の原告または被告は，共同訴訟人（共同原告または共同被告）と呼ばれます。

　共同訴訟には，通常共同訴訟と必要的共同訴訟の区別があります。

　通常共同訴訟は，各共同訴訟人について訴訟の結果が一律に決せられる必要がない（審理・判決の統一が必要とされない）共同訴訟です。通常共同訴訟の範囲は広く，各共同訴訟人の請求または各共同訴訟人に対する請求の間に論理的な関連性がある場合（例，主債務者と保証人が共同被告とされている訴訟）も含まれます。各共同訴訟人に対する請求が法律上両立しえない関係にある場合（例，代理人との間で結んだ契約が有効であることを前提とする契約当事者に対する請求とその契約が無権代理によるものであることを前提とする無権代理人に対する請求）も通常共同訴訟ですが，原告の申出があれば，後述する共同訴訟人独立の原則の一部が修正されます（同時審判申出共同訴訟。41条）。

　これに対して必要的共同訴訟は，各共同訴訟人について訴訟の結果が一律に決せられなければならない（このことを「合一確定が要請される」といいます）共同訴訟です。必要的共同訴訟には，固有必要的共同訴訟と類似必要的共同訴訟の2種類があります（これらについては，第22講，第23講で扱います）。

通常共同訴訟における共同訴訟人独立の原則（39条）

　通常共同訴訟は，共同原告の請求または共同被告に対する請求を同一の訴訟

手続で審理することが便宜であるという理由から，共同訴訟とされているものです。共同訴訟にすることが紛争を解決する上で必要だというわけではなく，各共同訴訟人は，個別に訴えたり訴えられたりすることもできます。そのため，各共同訴訟人が個別に訴えまたは訴えられた場合に保障される訴訟上の地位は，通常共同訴訟においても保障されます。すなわち，各共同訴訟人は，他の共同訴訟人によって制約されることなく，各自独立して訴訟を追行することができるのです。これは，共同訴訟人独立の原則と呼ばれています。

　共同訴訟人独立の原則の根拠条文は民事訴訟法 39 条であり，以下のように規定しています。

　「共同訴訟人の一人の訴訟行為，共同訴訟人の一人に対する相手方の訴訟行為及び共同訴訟人の一人について生じた事項は，他の共同訴訟人に影響を及ぼさない。」

　この条文から導かれる共同訴訟人独立の原則の内容は，以下のとおりです。

　(1)　各共同訴訟人は，それぞれ相手方当事者との間で，請求の放棄・認諾，訴訟上の和解，訴えの取下げ，上訴，自白をすることができます。これらの訴訟行為の効力は，各共同訴訟人と相手方の間に生じ，他の共同訴訟人には影響を及ぼしません。

　たとえば，1 人の共同訴訟人が上訴（⇒第 19 講）や自白（⇒第 11 講）をしても，その効力は他の共同訴訟人には及びません。他の共同訴訟人は，判決に対して上訴するかしないか，ある事実を争うか争わないかをみずからの判断で決定することができます。

　1 人の共同訴訟人が相手方に対して，または相手方が 1 人の共同訴訟人に対して，請求の放棄・認諾または訴えの取下げ（⇒第 18 講）をしても，それによって訴訟が終了するのは，その共同訴訟人と相手方との間のみです。他の共同訴訟人は，さらに訴訟を続けることができます。

　(2)　共同訴訟人の 1 人について**訴訟手続の中断・中止の事由**[1]が生じても，訴訟手続が停止されるのは，その共同訴訟人と相手方の間のみです。訴訟手続の中断・中止の事由が生じていない他の共同訴訟人と相手方の間では，訴訟手続はそのまま進行していきます。

　(3)　(1) および (2) の結果として，共同訴訟人間で審理の足並みがそろわ

254

なくなることもあります。たとえば，1人の共同訴訟人が相手方の主張をすべて争わないため，証拠調べを行う必要がなく，この者と相手方の間ではすでに終局判決をすることができる状態になっている（243条1項）のに対し，他の共同訴訟人と相手方の間では，争いのある事実について証拠調べが予定されている場合には，裁判所は，争わない共同訴訟人について**弁論を分離**し（152条），**一部判決**（243条2項）をすることができます（同時審判申出共同訴訟においては，原告の申出があれば，弁論の分離や一部判決が禁じられます。41条1項）。

共同訴訟人間の証拠共通の原則

　以上のとおり，共同訴訟人独立の原則の下では，処分権主義や弁論主義は，各共同訴訟人が個別に訴えまたは訴えられた場合と同じように適用されます。しかし，これを厳格に貫徹した場合には，各共同訴訟人間で統一的な事実認定をすることは困難になります。たとえば，1人の共同訴訟人のみが申し出た証拠について証拠調べが行われましたが，証拠調べの結果得られた資料（証拠資料）を他の共同訴訟人は援用していないとします。この場合にも，弁論主義の適用のありかたは各共同訴訟人が個別に訴えまたは訴えられた場合と異ならないとすると，裁判所は，共同訴訟人間に共通する事実について統一的な認定をすることができません。なぜそうなのか，次の事例を基に考えてみましょう。

【**事例1**】債権者が主債務者と保証人を共同被告として債務（主債務および保証債務）の履行を求める訴えを提起しました。主債務者も保証人も主債務は弁

1）　訴訟手続の中断・中止とは，訴訟係属中に手続の進行が停止することをいいます。
　　訴訟手続の中断は，訴訟係属中に一方の当事者の側に訴訟追行者を交替すべき事由が生じた場合に，新追行者が訴訟に関与することができるようになるまで，手続の進行が停止されることをいいます。中断事由は，民事訴訟法124条1項各号に列挙されており，自然人である当事者の死亡（1号），法人である当事者の合併による消滅（2号），当事者の訴訟能力の喪失・法定代理人の死亡・法定代理権の消滅（3号），当事者適格の喪失（4号から6号）などがあります。
　　訴訟手続の中止には，天災その他の事由により裁判所が職務を行うことができないときに，その事由が消滅するまで訴訟手続が当然に停止される場合（130条）と当事者が訴訟手続を続行することができない事情が継続的に生じ，その終期が予測できないときに（例，天災その他の事故によって当事者のいる地域と裁判所との交通が遮断され，当分回復の見込みがない場合），裁判所の決定で訴訟手続を停止する場合（131条）があります。

済されていると主張し，債権者はこれを争ったため，主債務者の申出に基づいて，主債務の領収書とされる文書について証拠調べが行われました。しかし保証人は，この文書について証拠調べの申出をしておらず，また，証拠調べの期日にもその後の期日にも欠席し，証拠調べの結果を援用していません。

　かりに債権者が主債務者と保証人を別々に訴えていたとすれば，債権者と保証人の間の訴訟において，保証人が申し出ていないこの文書について証拠調べをすることはできないはずです。そんなことをしたら，当事者が申し出ていない証拠を裁判所が職権で取り調べることを禁じた**弁論主義の第3テーゼ**に反することになるからです。債権者・保証人間の訴訟でこの文書の証拠調べが行われない以上，証拠調べによって得られるはずのこの文書の記載内容を，弁済の事実を認定する資料にすることもできません。事実認定には**自由心証主義**（**247条**）が適用され，裁判所は，事実の存否を自由な心証に基づいて判断することになっていますが，その際の資料は，「口頭弁論の全趣旨及び証拠調べの結果」に限定されています。ここでいう「証拠調べの結果」というのは，その訴訟において行われた証拠調べの結果をいいます。たとえば，債権者・保証人間の訴訟を担当する裁判官が債権者・主債務者間の訴訟も担当しており，債権者・主債務者間の訴訟でこの文書の証拠調べがされていたとしても，その結果を債権者・保証人間の訴訟で事実認定の資料とすることはできません。その実質的な理由は，保証人は，債権者・主債務者間の訴訟における証拠調べに関与する機会を与えられていなかったことにあります。

　以上の規律が，債権者が主債務者と保証人を共同被告として訴えている場合にもあてはまるとすると，主債務者のみが申し出た証拠を取り調べた結果を保証人が援用していない場合には，証拠調べの結果を用いることができるのは債権者と主債務者の間に限られることになります。その結果として，債権者と主債務者の間では弁済の事実が認められ，債権者と保証人の間では弁済の事実が認められないということも起こりえますが，この結論は合理的とはいえません。弁済の有無という事実は，客観的には1つであるにもかかわらず，そして，同一の訴訟手続で審理が行われているにもかかわらず，別々の（正反対の）事実認定が行われるのは不自然です。そのため通説は，共同訴訟人の1人が申し出た証拠から得られた証拠資料は，他の共同訴訟人がそれを援用していなくても，

共同訴訟人間に共通の事実を認定するための資料になるとしています。これは，証拠共通の原則または共同訴訟人間の証拠共通の原則と呼ばれています[2]。

　共同訴訟人間の証拠共通の原則がなぜ正当化されるのかについては，これを認めないと，裁判官の自由心証を制約して，同一の事実について矛盾する事実認定を強いることになるからだといわれることがあります。しかし，すでに述べたように，各共同訴訟人について別々に訴えが係属しており，これらを同一の裁判官が担当している場合には，同一の事実について矛盾する事実認定をせざるをえないこともあるのです。共同訴訟においてはこの場合と異なり，証拠調べの期日は各共同訴訟人に共通であり，証拠の申出をしなかった共同訴訟人もその証拠の取調べの手続に関与する機会を与えられています。そのことが，証拠共通の原則の正当化根拠であるように思われます。

共同訴訟人間の主張共通

　【事例1】と異なり，主債務者が弁済の事実を主張したのに対し，保証人は主張しなかったとします。この場合（【事例2】）に，主債務者の主張の効果は保証人にも及ぶため，債権者と保証人の間で弁済の事実を判決の基礎にしても，弁論主義の第1テーゼ（⇒第9講）には違反しないというべきでしょうか。

　学説においては，主債務者には保証人のために補助参加をする利益（⇒第24講）があるので，補助参加の申出をしていなくても補助参加をしたのと同一の効果を認めてよい，したがって，主債務者がした弁済の主張の効果は保証人にも及ぶ，という見解（当然の補助参加関係の理論）もあります[3]。しかし，判例は最判昭和43・9・12（民集22巻9号1896頁［百選〔5版〕95］）において，当然の補助参加関係の理論を否定しました。その事件の共同訴訟人は，主債務者と保証人ではなく，たとえ補助参加の申出がされたとしても補助参加は認め

---

2)　通常共同訴訟において共同訴訟人間に証拠共通の原則が妥当することは，判例も認めています。最判昭和45・1・23判時589号50頁。なお，「共同訴訟人間の証拠共通の原則」という名称は，原告・被告間の証拠共通の原則との区別を念頭においたものです。原告・被告間の証拠共通の原則は，原告・被告のいずれかが申し出た証拠を取り調べて得られた証拠資料は，相手方の援用がなくても，両当事者に共通の証拠資料となることをいいます。証拠申出をした当事者の立場からいえば，その証拠の取調べによって得られた資料は，自己にとって有利に働くだけでなく，不利に働くこともあるというのが，この原則の意味するところです。

3)　兼子399頁。

られなかった事案でしたが，本判決は一般論として，申出もないのに補助参加がされたのと同一の効果を認めることはできないと述べています。本判決によれば，【事例2】においては，主債務者が補助参加の申出をしない限り，主債務者がした弁済の主張の効果は保証人には及ばないことになります。

　その後の学説には，1人の共同訴訟人がある主張をし，他の共同訴訟人がこれと抵触する行為を積極的にしていない場合には，その主張が他の共同訴訟人に利益なものである限り，その主張の効果は他の共同訴訟人にも及ぶとする見解もあります[4]。これに対しては，ある主張が他の共同訴訟人にとって利益であるかどうかは必ずしも明らかではないという批判もあり，共同訴訟人間の主張共通を支持する見解が一般的であるとはいえません。

　当然の補助参加関係の理論も主張共通も認められないとすると，【事例2】では，主債務者がした弁済の主張の効果は保証人には及ばず，証拠調べの結果から弁済の事実が認定されたとしても，弁論主義の第1テーゼにより保証人は敗訴することになります。しかし，主債務者のみ勝訴しても，敗訴した保証人が主債務者に対して求償権を行使すれば，勝訴した結果は失われてしまいます（⇒第17講）。審理・判決の統一が保障されていない通常共同訴訟においてはこれもやむをえないのだとすれば，主債務者は，保証人を勝訴させるために補助参加の申出（43条）をしておくべきでしょう。このほかに主債務者が採りうる方法としてどのようなものがあるか，考えてみてください。

---

[4]　新堂796頁。新堂幸司「共同訴訟人の孤立化に対する反省」争点効（下）33頁以下（初出1971年）も参照。

固有必要的共同訴訟の範囲

——共同所有との関係

[1] 最判平成元・3・28 民集 43 巻 3 号 167 頁 [百選〔5 版〕100]
[2] 最判昭和 31・5・10 民集 10 巻 5 号 487 頁 [百選〔4 版〕99]
[3] 最判平成 15・7・11 民集 57 巻 7 号 787 頁 [百選〔5 版〕98]
[4] 最判昭和 46・10・7 民集 25 巻 7 号 885 頁 [百選〔5 版〕A31]
[5] 最判昭和 43・3・15 民集 22 巻 3 号 607 頁 [百選〔5 版〕99]

▶キーワード　固有必要的共同訴訟，訴訟共同の必要

固有必要的共同訴訟の意義・類型

　固有必要的共同訴訟とは，合一確定が要請される必要的共同訴訟（⇒第 21 講【共同訴訟の意義・種類】）のうち，共同訴訟人となるべき者の全員が訴えまたは訴えられなければ，当事者適格が認められず，訴えが不適法とされる（このことを「訴訟共同の必要がある」といいます）ものをいいます。これに対して，合一確定は要請されるけれども，訴訟共同の必要はない必要的共同訴訟は，類似必要的共同訴訟と呼ばれます（⇒第 23 講）。

　原告側の固有必要的共同訴訟においては，共同原告とすべき者全員が訴え提起に同意していなければ，訴えが不適法とされてしまいます。また，被告側の固有必要的共同訴訟においても，原告が訴えを提起するには，共同被告とすべき者全員を特定して訴状に記載しなければなりません。ある訴えが固有必要的共同訴訟とされると，これらの問題が生じることから，固有必要的共同訴訟の範囲をどのように画するかが議論されてきました。

　固有必要的共同訴訟であることに争いのない類型としては，以下のものがあります。

(1) 他人間の権利関係に変動を生じさせる訴訟

　第三者が提起する婚姻の無効または取消しの訴えにおいては，当該婚姻関係の主体である夫婦を共同被告としなければならないとされています（人訴 12 条 2 項）。共同被告とされる夫婦は，訴訟の結果によって重大な影響を受けるので，

どちらか一方を除外した訴訟の判決でその者を拘束することは正当化されません。しかし，だからといって一方のみを被告とする訴訟の判決の効力は原告・被告間にしか及ばないとすると，紛争解決の実効性を欠くことになります。そのため，双方を共同被告とし，双方に判決の効力を及ぼすことが必要とされているのです。株式会社の役員の解任の訴え（会社 854 条）において，株式会社と役員を共同被告としなければならないとされていること（会社 855 条）も，同様の理由によるものです[1]。

(2)　数人が共同で管理処分権を行使すべき財産に関する訴訟

たとえば，数人の受託者のある信託財産に関する訴訟（信託 79 条），数人の破産管財人が選任されている場合の破産財団に関する訴訟（破 76 条 1 項本文），数人の選定当事者の訴訟（30 条）においては，管理処分権を行使すべき者全員が共同訴訟人となって，訴訟を追行しなければならないとされています。

共同所有財産をめぐる訴訟

数人の共同所有に属する財産をめぐる訴訟が固有必要的共同訴訟かどうか，その判断基準はなにに求められるべきかについては，さまざまな議論があります。以下では，判例の考え方を中心に，検討していきましょう。

(1)　共有者間の訴訟

判例は古くから，共有物分割の訴え（民 258 条）は，原告である共有者が他の共有者全員を被告としなければならない固有必要的共同訴訟であると解してきました。その理由については，共有関係を終了させる共有物の分割に各共有者は直接の利害関係を有している，と説明されています[2]。

遺産確認の訴え，すなわち，ある財産が被相続人の遺産に属することの確認

---

1)　株主総会の取締役選任決議の無効確認または取消しの訴え（会社 830 条・831 条）については，会社法上は会社のみが被告とされていますが（会社 834 条 16 号・17 号），会社と取締役とを共同被告にしなければならないとする見解が有力です。谷口安平「判決効の拡張と当事者適格」同『民事手続法論集第 2 巻』201 頁以下（信山社，2013 年，初出 1970 年），新堂 782 頁，高橋（上）314 頁。

2)　大判明治 41・9・25 民録 14 輯 931 頁，大判大正 12・12・17 民集 2 巻 684 頁，大判大正 13・11・20 民集 3 巻 516 頁など。

を求める訴えについても，［1］最判平成元・3・28（民集43巻3号167頁［百選〔5版〕100]）は，共同相続人全員が当事者となるべき固有必要的共同訴訟であるとしました。その理由については，以下のように述べています。

「遺産確認の訴えは，当該財産が現に共同相続人による遺産分割前の共有関係にあることの確認を求める訴えであり，その原告勝訴の確定判決は，当該財産が遺産分割の対象である財産であることを既判力をもって確定し，これに続く遺産分割審判の手続及び右審判の確定後において，当該財産の遺産帰属性を争うことを許さないとすることによって共同相続人間の紛争の解決に資することができるのであって，この点に右訴えの適法性を肯定する実質的根拠があるのであるから〔最判昭和61・3・13民集40巻2号389頁［百選〔5版〕24]を引用]，右訴えは，共同相続人全員が当事者として関与し，その間で合一にのみ確定することを要するいわゆる固有必要的共同訴訟と解するのが相当である。」

遺産分割は，まず共同相続人間の協議によって行い（民907条1項），協議が調わないときまたは協議をすることができないときには，家庭裁判所の審判（家事審判）によることになります（同条2項，家事191条から200条・別表第二12の項）。家事審判の手続は非訟手続であり，その裁判は確定しても既判力を生じません[3]。そのため，遺産分割の審判において，ある財産が被相続人の遺産であることを前提として裁判が行われても，後に共同訴訟人間の民事訴訟において当該財産の遺産帰属性が否定される可能性があり，そうなれば，もう一度，遺産分割の審判をやり直さなければなりません。これを避けるためには，当該財産について遺産確認の訴えを提起し，その遺産帰属性を既判力をもって確定した後に，遺産分割審判の手続を進める必要があります。

以上は，［1］判決が引用する最判昭和61・3・13（民集40巻2号389頁［百選〔5版〕24]）が判示するところであり，［1］判決もそのことを前提として，遺産確認の訴えには共同相続人全員が当事者として関与しなければならないとしました。判旨では触れられていませんが，遺産分割の審判には共同相続人全員が当事者として関与しなければならず，一部の者を除外してなされた審判は無効であると解されています。このことは，共有物分割の訴えには共有者全員が当事者として関与しなければならないとされていることと整合的です。各共同相

3）　最大決昭和41・3・2民集20巻3号360頁。

続人も，遺産共有関係を解消する遺産分割の審判に直接の利害関係を有しているといえるからです。

　遺産分割の審判に共同相続人全員が当事者として関与しなければならないとすれば，遺産確認の訴えにおいて遺産分割の前提となる遺産帰属性を確定する場合にも，共同相続人全員が当事者として関与する必要があるという議論[4]には，合理性があるように思われます。

(2)　共有者が第三者に対して提起する訴え

　共有者が原告となって第三者に対して共有関係を主張する訴えが固有必要的共同訴訟とされるか否かの判断基準については，かつての通説は，共同所有の性質が**通常の共有**（民 249 条以下）であれば固有必要的共同訴訟ではなく，組合財産にみられる**合有**または入会権にみられる**総有**であれば固有必要的共同訴訟であるとしていました。これに対して判例は，通常の共有関係についても，固有必要的共同訴訟となる場合とそうでない場合があるとしています。たとえば，[2]判決および [3]判決は，固有必要的共同訴訟にあたらない場合に関するものです。

　[2] 最判昭和 31・5・10（民集 10 巻 5 号 487 頁 [百選 〔4 版〕99]）の事案は，被相続人Ａが生前に行ったＹへの不動産の所有権移転登記について，Ａの共同相続人の 1 人であるＸがその無効を主張し，Ｙに対して**抹消登記手続を求める訴え**を提起したというものです。本判決は，「ある不動産の共有権者の 1 人がその持分に基き当該不動産につき登記簿上所有名義者たるものに対してその登記の抹消を求めることは，妨害排除の請求に外ならずいわゆる保存行為に属する」として，共同相続人の 1 人は単独で所有権移転登記の全部の抹消を求めることができるとしました。

　[3] 最判平成 15・7・11（民集 57 巻 7 号 787 頁 [百選 〔5 版〕98]）は，4 人の共同相続人のうちの 1 人が自己の持分全部につきＹへの持分移転登記を経由したという事案において，他の共同相続人 2 人（X₁，X₂）がＹに対して提起した**持分移転登記の抹消登記手続を求める訴え**を適法であるとしました。その

---

4)　田中壯太・最判解民平成元年度 105 頁，德田和幸・判評 373 号（判時 1333 号）（1990 年）41 頁，越山和広・百選 〔5 版〕211 頁。

理由については，保存行為には触れず，「不動産の共有者の1人は，その持分権に基づき，共有不動産に対して加えられた妨害を排除することができる」と述べています。

他方で，判例は大審院時代から，共有者が第三者に対して**共有権の確認や共有権に基づく移転登記手続を求める訴え**は，固有必要的共同訴訟であるとしています[5]。たとえば[4]最判昭和46・10・7（民集25巻7号885頁［百選〔5版〕A31]）は，次のように判示しています。

「一個の物を共有する数名の者全員が，共同原告となり，いわゆる共有権（数人が共同して有する一個の所有権）に基づき，その共有権を争う第三者を相手方として，共有権の確認を求めているときは，その訴訟の形態はいわゆる固有必要的共同訴訟と解するのが相当である〔大判大正13・5・19民集3巻211頁を引用〕。けだし，この場合には，共有者全員の有する一個の所有権そのものが紛争の対象となっているのであって，共有者全員が共同して訴訟追行権を有し，その紛争の解決いかんについては共有者全員が法律上利害関係を有するから，その判決による解決は全員に矛盾なくなされることが要請され，かつ，紛争の合理的解決をはかるべき訴訟制度のたてまえからするも，共有者全員につき合一に確定する必要があるというべきだからである。また，これと同様に，一個の不動産を共有する数名の者全員が，共同原告となって，共有権に基づき所有権移転登記手続を求めているときは，その訴訟の形態も固有必要的共同訴訟と解するのが相当であり〔大判大正11・7・10民集1巻386頁を引用〕，その移転登記請求が真正な所有名義の回復の目的に出たものであったとしても，その理は異ならない。」

(3) 第三者が共有者に対して提起する訴え

第三者が共有者を被告として訴えを提起する場合については，判例は，各共有者を個別に訴えることを認める傾向にあります。たとえば[5]最判昭和43・3・15（民集22巻3号607頁［百選〔5版〕99]）は，**土地の所有者が土地上の建物の所有者である共同相続人に対して，所有権に基づいて建物収去土地明渡**

---

5) 共有権の確認につき，大判大正5・6・13民録22輯1200頁，大判大正10・7・18民録27輯1392頁，大判大正13・5・19民集3巻211頁，共有権に基づく移転登記手続請求につき，大判大正11・7・10民集1巻386頁。

しを請求する訴訟は固有必要的共同訴訟ではないとし，その理由として，3点を指摘しています。

　①「共同相続人らの義務はいわゆる不可分債務であるから，〔中略〕土地所有者は共同相続人ら各自に対し，順次その義務の履行を訴求することができ，必ずしも全員に対して同時に訴を提起し，同時に判決を得ることを要しない」。

　②「〔この訴訟〕を固有必要的共同訴訟であると解するならば，〔中略〕原告は，建物収去土地明渡の義務あることについて争う意思を全く有しない共同相続人をも被告としなければならないわけであり，また被告たる共同相続人のうちで訴訟進行中に原告の主張を認めるにいたった者がある場合でも，当該被告がこれを認諾し，または原告がこれに対する訴を取り下げる等の手段に出ることができず，いたずらに無用の手続を重ねなければならないことになる」。

　③「相続登記のない家屋を数人の共同相続人が所有してその敷地を不法に占拠しているような場合には，その所有者が果して何びとであるかを明らかにしえないことで稀ではない。そのような場合は，その一部の者を手続に加えなかったために，既になされた訴訟手続ないし判決が無効に帰するおそれもある」。

　①が意味するのは，土地所有者は，共同相続人の義務の履行を請求するために全員を訴えて合一確定を図る必要はない，各自を個別に訴えて勝訴判決を得ることでも足りる，ということです。

　②は，本件訴訟が固有必要的共同訴訟だとすると，原告の主張を争わない者も被告としなければならず，また，40条1項が適用される結果，不利な訴訟行為（自白や請求の認諾，訴えの取下げに対する同意）は，共同訴訟人全員でしなければ効力を生じないことを前提とするものです。

　③は，被告とすべき者を明らかにすることが困難な事情がある場合に，原告が全員を訴えていなければ訴訟全体が不適法になり，それまでの手続が無駄になってしまうのは合理的ではないという議論です。

　本件訴訟を固有必要的共同訴訟とする必要はないし，固有必要的共同訴訟とすると不当な結果となることに，[5]判決は配慮したといえます。

▌第 23 講▐

類似必要的共同訴訟
──上訴しなかった共同訴訟人の上訴審における地位

[1] 最判昭和 58・4・1 民集 37 巻 3 号 201 頁［百選Ⅱ〔補正版〕166］
[2] 最大判平成 9・4・2 民集 51 巻 4 号 1673 頁［平成 9 重判解民訴 3］
[3] 最判平成 12・7・7 民集 54 巻 6 号 1767 頁［百選〔5 版〕101］

▶キーワード　類似必要的共同訴訟,
　　　　　　　共同訴訟人の 1 人がした上訴の効力, 40 条 1 項

類似必要的共同訴訟の意義

　合一確定が要請される必要的共同訴訟には, 固有必要的共同訴訟のほか, 類似必要的共同訴訟と呼ばれるものがあります。類似必要的共同訴訟においては, 訴訟共同の必要はないので, 当事者適格を有する者が複数いる場合に, 全員が原告または被告となっていなくても, 訴えは不適法ではありません。しかし, 共同で訴えを提起し, または訴えられた場合には, 合一確定の要請により, 訴訟の結果は全員に一律に決せられます。

　類似必要的共同訴訟とされる訴訟は, かりに共同訴訟人の 1 人が単独で訴訟をしたとすれば, その者が受けた判決の効力が他の共同訴訟人に拡張される場合だといわれています。これには, 判決の効力が第三者に拡張されること（対世効）が法定されている場合（例, 人訴 24 条 1 項）と法定訴訟担当の場合があります。前者の例としては, 数人が提起する養子縁組無効の訴え（人訴 2 条 3 号）があります。後者の例としては, 数人の株主が提起する責任追及等の訴え（会社 847 条）があります。責任追及等の訴えを 1 人の株主が提起した場合, その判決の効力は被担当者である会社に及び（115 条 1 項 2 号）, その結果として他の株主も判決の効力に拘束されることになるからです。

必要的共同訴訟における審理・判決の規律

　固有必要的共同訴訟においても類似必要的共同訴訟においても, 訴訟の結果

が共同訴訟人ごとにバラバラにならないように，各共同訴訟人の訴訟進行と判決の基礎となる訴訟資料を統一する必要があります。そのため，共同訴訟人独立の原則（39 条。⇒第 21 講）に代えて，40 条 1 項〜 3 項の以下の規律が適用されます。

　(1) 40 条 1 項は，共同訴訟人の 1 人の訴訟行為は，全員の利益においてのみその効力を生ずると定めています。すなわち，共同訴訟人の 1 人がした訴訟行為は，有利なものであれば当該共同訴訟人だけでなく，全員のためにも効力を生じます。また，不利な訴訟行為は，全員でしなければ効力を生じません。有利な行為は，たとえば，相手方の主張で自己に不利なものを争うことであり，不利な行為は，自白や請求の放棄・認諾などとされています。上訴は，自己に不利な判決の確定を遮断する効果がある（⇒第 19 講）ので，有利な行為とされています。逆に，上訴権の放棄や上訴の取下げは，自己に不利な判決の確定をもたらすので，不利な行為にあたります。

　(2) 40 条 2 項は，共同訴訟人の 1 人に対する相手方の訴訟行為は，全員に対してその効力を生ずると定めています。たとえば，共同訴訟人の一部が欠席した場合に，出席者に対する相手方の訴訟行為は，欠席者に対しても効力を生じることになります。

　(3) 40 条 3 項は，共同訴訟人の 1 人について訴訟手続の中断・中止の事由（⇒第 21 講注 1)）があるときは，全員について手続の進行が停止することを定めています。これによって，手続の進行の統一を図ることができます。

類似必要的共同訴訟における一部の共同訴訟人による上訴の効力

　類似必要的共同訴訟において一部の共同訴訟人のみが上訴した場合に，上訴しなかった共同訴訟人との関係でも判決の確定が遮断され，訴訟全体について移審の効果が生じることには争いがありませんが，さらに，上訴しなかった共同訴訟人も上訴人の地位につくかについては，学説上，議論があり，判例にも変遷があります。

　以下に掲げる 3 つの最高裁判決のうち [1]判決と [2]判決は，平成 14 年改正前の地方自治法 242 条の 2 第 1 項 4 号に基づき，住民が地方自治体に代位して提起した訴え（住民訴訟）に関するものです。[1]判決が，共同訴訟人の一

部が上訴をすれば，上訴しなかった共同訴訟人も上訴人となると解したのに対し，[2]判決はこれを変更して，上訴しなかった共同訴訟人は上訴人にならないとしました。[3]判決は，責任追及等の訴えに対応する株主代表訴訟（平成17年改正前商法267条）に関するものでしたが，[2]判決と同じ見解を採っています。

　見解の変更はどのような理由によるものなのでしょうか。[2]判決および[3]判決の射程は，すべての類似必要的共同訴訟に及ぶのでしょうか。これらの論点について，考えてみましょう。

　[1]　最判昭和58・4・1民集37巻3号201頁［百選Ⅱ〔補正版〕166］
　A市の住民15名（Xら）がA市に代位して住民訴訟を提起し，第一審では請求棄却の判決がされました。これに対して，Xらのうちの5名が控訴し，10名は控訴しませんでした。

　控訴審は控訴を棄却しましたが，判決には，控訴した5名のみを控訴人として表示しました。この5名がさらに上告したところ，最高裁は，原判決の控訴人の表示について以下のように判示しました。

　「本件訴訟を提起した15名の第一審原告らのうち本件上告人ら5名がした第一審判決に対する控訴は，その余の第一審原告らに対しても効力を生じ（民訴法62条1項［現行40条1項]），原審としては，第一審原告ら全員を判決の名宛人として一個の終局判決をすべきところであって，第一審判決に対する控訴をした本件上告人らのみを控訴人としてされた原判決は，違法であることが明らかである。」

　本判決には，木下忠良裁判官の反対意見が付されており，類似必要的共同訴訟の中でも，本件のような訴訟においては，上訴しなかった共同訴訟人は上訴人にはならないとしました。その理由は，以下のとおりです。

　「そもそも，必要的共同訴訟において共同訴訟人の一部の者が上訴すればそれによって他の者も上訴人としての地位に就くものと一般に解されているのは，要するに，本来合一的にのみ確定されるべき性質を持つ判決が区区になることを避けるための方法としてであるにほかならない。しかしながら，右のような目的のためには，必ずしもあらゆる場合において一部の共同訴訟人が上訴すれば他の者も上訴人としての地位に就くものとする必要はないばかりか，自ら上

訴をせず上訴追行の意思を有しない者にも上訴人としての地位を付与し自ら上訴した者と同様の上訴審当事者としての権利，義務を課することはかえって不当でもあり，訴訟経済に反するところでもある。

多数の住民が普通地方公共団体に代位して提起する本件のような訴訟は，当該公共団体が有する同一の請求権を多数の住民がいわば公益の代表者としての立場において行使するものである。この種の訴訟のこのような性質にかんがみるとき，私は，いわゆる類似必要的共同訴訟一般についてはともかく，少なくとも右のような訴訟にあっては，共同訴訟人の一部の者が上訴すれば，それによって判決は全体として確定を遮断され，請求は上訴審に移審して，それが上訴審における審判の対象とはなるが，上訴審における訴訟追行は専ら上訴した共同訴訟人によってのみ行われるべく，自ら上訴しなかった共同訴訟人はいわば脱退して，ただ上訴審判決の効力を受ける地位にあるにとどまるものと解するのが相当であると考える。けだし，それによって判決の合一的確定という要請は充たすことができるし，それがこの種の訴訟における当事者の意思に最も適合するところであると考えられるからである。」

[2] 最大判平成 9・4・2 民集 51 巻 4 号 1673 頁［平成 9 重判解民訴 3］

この事件では，住民訴訟を提起した原告（X ら）の請求を棄却する控訴審判決に対して，X ら全員が上告しましたが，後に X らのうちの 1 名（X_1）が上告を取り下げました。最高裁は，住民訴訟における原告住民がいわば公益の代表者の立場にあることを指摘したうえで，X_1 の上告取下げの効力について，以下のように判示しています。

「類似必要的共同訴訟については，共同訴訟人の一部の者がした訴訟行為は，全員の利益においてのみ効力を生ずるとされている（民訴法 62 条 1 項［現行40 条 1 項。以下同じ］）。上訴は，上訴審に対して原判決の敗訴部分の是正を求める行為であるから，類似必要的共同訴訟において共同訴訟人の一部の者が上訴すれば，それによって原判決の確定が妨げられ，当該訴訟は全体として上訴審に移審し，上訴審の判決の効力は上訴をしなかった共同訴訟人にも及ぶものと解される。しかしながら，合一確定のためには右の限度で上訴が効力を生ずれば足りるものである上，住民訴訟の前記のような性質にかんがみると，公益の代表者となる意思を失った者に対し，その意思に反してまで上訴人の地位

に就き続けることを求めることは，相当でないだけでなく，住民訴訟において
は，複数の住民によって提訴された場合であっても，公益の代表者としての共
同訴訟人らにより同一の違法な財務会計上の行為又は怠る事実の予防又は是正
を求める公益上の請求がされているのであり，元来提訴者各人が自己の個別的
な利益を有しているものではないから，提訴後に共同訴訟人の数が減少しても，
その審判の範囲，審理の態様，判決の効力等には何ら影響がない。そうであれ
ば，住民訴訟については，自ら上訴をしなかった共同訴訟人をその意に反して
上訴人の地位に就かせる効力までが行政事件訴訟法7条，民訴法62条1項に
よって生ずると解するのは相当でなく，自ら上訴をしなかった共同訴訟人は，
上訴人にはならないものと解すべきである。この理は，いったん上訴をしたが
これを取り下げた共同訴訟人についても当てはまるから，上訴をした共同訴訟
人のうちの一部の者が上訴を取り下げても，その者に対する関係において原判
決が確定することにはならないが，その者は上訴人ではなくなるものと解され
る。」

[3] 最判平成12・7・7民集54巻6号1767頁〔百選〔5版〕101〕

　本件は，A社の株主X₁がA社の取締役Yに対して提起した株主代表訴訟で
す。第一審で請求棄却判決がされ，X₁が控訴しました。控訴審において，株
主X₂〜X₄がX₁の側に共同訴訟参加（52条）しましたが，X₁の控訴を棄却し，
X₂〜X₄の請求を棄却する判決がされました。これに対して，X₃およびX₄の
みが上告しました。最高裁は，上告しなかったX₁およびX₂の上告審における
地位について，以下のように判示しています。

　「類似必要的共同訴訟において共同訴訟人の一部の者が上訴すれば，それに
よって原判決の確定が妨げられ，当該訴訟は全体として上訴審に移審し，上訴
審の判決の効力は上訴をしなかった共同訴訟人にも及ぶと解される。しかしな
がら，合一確定のためには右の限度で上訴が効力を生ずれば足りるものである
上，取締役の会社に対する責任を追及する株主代表訴訟においては，既に訴訟
を追行する意思を失った者に対し，その意思に反してまで上訴人の地位に就く
ことを求めることは相当でないし，複数の株主によって株主代表訴訟が追行さ
れている場合であっても，株主各人の個別的な利益が直接問題となっているも
のではないから，提訴後に共同訴訟人たる株主の数が減少しても，その審判の

範囲，審理の態様，判決の効力等には影響がない。そうすると，株主代表訴訟については，自ら上訴をしなかった共同訴訟人を上訴人の地位に就かせる効力までが民訴法40条1項によって生ずると解するのは相当でなく，自ら上訴をしなかった共同訴訟人たる株主は，上訴人にはならないものと解すべきである〔［2］判決を引用〕。」

　［2］判決と［3］判決がともに指摘するのは，①問題の訴訟が，各共同訴訟人の個別的な利益が直接問題となっているものではなく，②提訴後に共同訴訟人の数が減少しても，審判の範囲，審理の態様，判決の効力等には影響がない，ということです。判例は，自ら上訴しなかった共同訴訟人は上訴人にはならないという法理の射程を，こうした訴訟のみに限定しているのかもしれません。たとえば，最決平成23・2・17（判時2120号6頁［平成23重判解民訴4］）は，数人が提起した養子縁組無効の訴えにつき，共同訴訟人の1人がした上訴により他の共同訴訟人も上訴人となることを前提とするかのような判示をしています。この場合には，②はあてはまりますが，①はあてはまらないので，上記法理は適用されないとしたのかもしれません。
　しかし，各共同訴訟人の個別的な利益が問題になっていると，なぜ上訴しなかった者も他人の上訴により上訴人になるのかは，明らかではありません。上記法理の適用範囲については，今後も議論が必要であるように思われます。

第24講
補助参加
——補助参加人の地位と補助参加の利益

[1] 最決平成 13・1・30 民集 55 巻 1 号 30 頁［百選〔3 版〕A40］
[2] 大決昭和 8・9・9 民集 12 巻 2294 頁［百選〔初版〕16］
[3] 東京高決昭和 49・4・17 下民集 25 巻 1 ～ 4 号 309 頁
［百選 II〔補正版〕169］

▶キーワード　補助参加，補助参加人の地位，補助参加の利益

補助参加の意義

　共同訴訟は，複数人が原告または被告として同一の訴訟手続に関与する訴訟形態でした。訴訟の当初から共同訴訟が成立している場合のほか，訴訟の途中から第三者が当事者として参加することによって共同訴訟となる場合もあります。その一例は，**共同訴訟参加**（52 条）です。これは，係属中の訴訟に第三者が原告または被告として参加した結果，類似必要的共同訴訟になる場合です。

　係属中の訴訟に第三者が参加する場合（訴訟参加）の中には，原告側または被告側に当事者に準ずる者として参加するというものもあります。これを**補助参加**といいます。すなわち，補助参加とは，他人間の訴訟の結果に利害関係を有する第三者が，当事者の一方を勝訴させるためにその訴訟に参加し，その当事者を補助して訴訟を追行することによって，自己の利益を守るという訴訟参加です（42 条）。参加する第三者を**補助参加人**，補助される当事者を**被参加人**といいます。

補助参加人の地位——独立性と従属性

　補助参加人は，当事者ではないので，みずからの請求を提示してそれに対する判決を受けることはできません。しかし，被参加人とは独立して，自己の名で訴訟を追行し，一定の要件の下で判決の効力を受けます。その点で，被参加人の代理人とは異なります。

　補助参加人は，被参加人を勝訴させるために，攻撃防御方法の提出，異議の申立て，上訴の提起，再審の訴えの提起その他一切の訴訟行為をすることがで

きます（45条1項本文）。期日の呼出しや訴訟書類の送達は，被参加人とは別に，補助参加人に対して行わなければならないとされています。以上は，**補助参加人の地位の独立性**と呼ばれています。

　他方で，補助参加人の権限には以下のような制限も加えられています。これを**補助参加人の地位の従属性**といいます。

　①　補助参加人が被参加人と相手方の間の訴訟に参加した時点で被参加人がすでになしえなくなっている訴訟行為は，補助参加人もすることができません（45条1項ただし書）。このことは，補助参加人は，**参加の時点における訴訟状態を承認する義務を負っている**と表現されます。たとえば，被参加人ができなくなっている自白の撤回，被参加人が提出したとすれば，時機に後れたものとして却下されることになる攻撃防御方法の提出，被参加人が放棄ないし喪失した責問権の行使をすることはできません。

　以上は，補助参加人の参加により手続が遅延したり混乱したりすることを避け，相手方との関係で不公平が生じないようにするための規律です。

　②　補助参加人が被参加人の訴訟行為と抵触する訴訟行為をしても，その訴訟行為は効力を生じません（45条2項）。たとえば，被参加人が自白している事実を争っても否認の効力は生じません。補助参加人の訴訟行為によって被参加人の訴訟追行の権限を制約することはできないのです。

　③　明文の規定はありませんが，補助参加人は，訴訟を設定・変更・処分する行為をすることができないとされています。したがって，補助参加人が反訴の提起，訴えの変更，訴えの取下げ，請求の放棄・認諾，訴訟上の和解，上訴権の放棄，上訴の取下げをすることはできません。

　④　やはり明文の規定はありませんが，被参加人に不利な行為も補助参加人はすることができないとされています。「被参加人に不利な行為」としては，請求の放棄・認諾，訴訟上の和解，上訴権の放棄などが挙げられていますが，これらは③の訴訟を処分する行為にあたります。自白については争いがありますが，通説は，自白は被参加人の敗訴を招く不利な行為であるとして，補助参加人が単独で自白をすることはできないとしています。

補助参加の手続

　補助参加をするためには，補助参加人となる者が参加の趣旨および理由を明

らかにして，補助参加の申出をする必要があります（43条1項）。参加の趣旨については，参加すべき訴訟とどちらの当事者の側に参加するかを特定します。通常共同訴訟における共同訴訟人は，係属中の訴訟の当事者ではありますが，訴訟の途中から他の共同訴訟人の側に参加することはできるとされています。参加の理由については，補助参加の利益（後述）を示す具体的な事情を明らかにする必要があります。

　債権者から主債務者と保証人が共同被告として訴えられている場合のように，共同訴訟人とその相手方との間の請求相互の関係から，補助参加の利益が認められる場合には，補助参加の申出がなくても補助参加関係を認めてよいとする見解（当然の補助参加関係の理論）もありますが，判例は，それでは訴訟の混乱を招くとして，**補助参加をするためには申出が必要である**としています（最判昭和43・9・12民集22巻9号1896頁［百選〔5版〕95］。⇒第21講）。

　補助参加の申出に対して当事者が異議を述べた場合には，参加申出人は，参加の理由を疎明しなければなりません（44条1項後段）。裁判所は，参加の許否について決定で裁判します（同項前段）。後述する補助参加の利益の存否が問題になるのは，この裁判においてです。当事者が異議を述べなかった場合には，裁判所は，補助参加の利益の存否について調査しないので，参加の申出が不適法でない限り，補助参加は認められることになります。

◤ 補助参加の要件──他人間の訴訟の係属と補助参加の利益

　補助参加の要件の1つは，他人間に訴訟が係属していることです。係属中であれば，どのような段階であってもかまいません。すでに述べたように，補助参加人はみずからの請求について審理・判決を求めるものではないので，上告審で参加することもできます。また，すでに判決が確定している場合でも，補助参加人が再審の訴えを提起すれば，訴訟を再開することができます（45条1項本文）。

　補助参加のいま1つの要件は，補助参加人が訴訟の結果についての利害関係（補助参加の利益）を有していることです（42条）。補助参加の利益が認められるのは，補助参加人の法律上の地位が，訴訟の結果によって影響を受ける場合です。その判断にあたっては，(1) 補助参加人の法律上の地位（法律上の利害関係）とは，どのようなものでなければならないか，(2) 訴訟の結果とはなにか，(3)

訴訟の結果によって補助参加人の法律上の利害関係がどのような影響を受ける場合なのか，が問題になります。

法律上の利害関係

　通説は，補助参加人の法律上の利害関係について，訴訟の結果によっては，補助参加人が被参加人から損害賠償請求をされるおそれがあるといった私法上の利害関係だけでなく，公法上の利害関係であってもよいとしています。具体的には，訴訟の結果によっては，刑事訴追を受けるおそれがある，あるいは営業免許を取り消されるおそれがあるといったことが挙げられます。他方，被参加人が敗訴しては気の毒だといった心情的な利害関係や被参加人が敗訴すると，その責任財産が減少して債権を回収することが困難になるといった経済的な利害関係は，事実上の利害関係にすぎず，法律上の利害関係にはあたらないとしています。

　判例も，通説と同様の見解を採っています。たとえば，[1] 最決平成 13・1・30（民集 55 巻 1 号 30 頁 [百選〔3 版〕A40]）は，次のように述べています。

　「民訴法 42 条所定の補助参加が認められるのは，専ら訴訟の結果につき法律上の利害関係を有する場合に限られ，単に事実上の利害関係を有するにとどまる場合は補助参加は許されない（……）。そして，法律上の利害関係を有する場合とは，当該訴訟の判決が参加人の私法上又は公法上の法的地位又は法的利益に影響を及ぼすおそれがある場合をいうものと解される。」

　もっとも，法律上の利害関係と事実上の利害関係の区別をめぐっては，見解が分かれる場合もあります。たとえば，通説によれば事実上の利害関係にすぎないとされている一般債権者の経済的利益について，法律上の利害関係であり，被参加人が無資力である場合には利益侵害の蓋然性が認められるので，補助参加の利益が肯定されるという見解があります[1]。また，[1]決定の法廷意見と反対意見は，株主代表訴訟において被告取締役の側に補助参加を申し出た会社には，訴訟の結果についての法律上の利害関係が認められるかをめぐり，異なる判断をしています。対立点は，株主代表訴訟においては，会社の意思決定の適法性が争われているのかどうかです。両者を比較して，どちらの見解が説得

---

1)　山本和彦「補助参加の利益」基礎演習 268 頁。

的か，考えてみてください。

法廷意見「取締役会の意思決定が違法であるとして取締役に対し提起された株主代表訴訟において，株式会社は，特段の事情がない限り，取締役を補助するため訴訟に参加することが許されると解するのが相当である。けだし，取締役の個人的な権限逸脱行為ではなく，取締役会の意思決定の違法を原因とする，株式会社の取締役に対する損害賠償請求が認められれば，その取締役会の意思決定を前提として形成された株式会社の私法上又は公法上の法的地位又は法的利益に影響を及ぼすおそれがあるというべきであり，株式会社は，取締役の敗訴を防ぐことに法律上の利害関係を有するということができるからである。」

反対意見「本件本案訴訟において審判の対象となるのは，……取締役らの行動が取締役の負う忠実義務に違反するかどうかであって，その行動が取締役会の意思決定の際のものであっても，その意思決定そのものの適否や効力が審判の対象となるものではない。確かに，本件請求のように粉飾決算を指示し，又は粉飾の事実を見逃したことを忠実義務違反の理由とする場合には，粉飾決算の有無が判断されることとなるが，それは取締役個人の忠実義務違反の存否を確定するために判断されるものであって，〔会社〕がその判断に利害関係を有するとしても，それは事実上のものにとどまり，補助参加の要件としての法律上の利害関係に当たるものと解することはできない。」

訴訟の結果

「訴訟の結果」については，判決主文中で示される訴訟物たる権利または法律関係の存否の判断に限られるとする見解（訴訟物限定説）と判決理由中の判断も含むとする見解（訴訟物非限定説）があります。

訴訟物限定説によれば，補助参加の利益が認められるのは，補助参加人の法律上の地位が判決主文の判断を前提にして論理上，決せられる関係にある場合です。たとえば，[例1]主債務者には，債権者が保証人に対して保証債務の履行を求めた訴訟に補助参加する利益があります。保証債務が存在するとの判決主文の判断が示されれば，主債務者は保証人から求償権を行使されるおそれがあるからです。他方，[例2]同一の事故による多数の被害者のうちの1人が加害者に対して提起した損害賠償請求訴訟に，他の被害者が補助参加する利益は

ありません。他の被害者の損害賠償請求権の存否は，この訴訟における判決主文の判断を論理的な前提にしているとはいえないからです。

訴訟物非限定説によれば，上記の例のいずれにおいても補助参加の利益が認められます。[例2]では，加害者の過失についての判決理由中の判断は，他の被害者の損害賠償請求権の前提になっているからです。

判例には，訴訟物非限定説を採ったとみられるものがあります。たとえば，[2]大決昭和8・9・9（民集12巻2294頁［百選〔初版〕16］）は，村の住民大会で寄付金を負担する旨の決議があったとして住民の1人に対して提起された寄付金請求訴訟に，他の住民が補助参加する利益を認めました。この場合は，[例2]と同様に，被告とされた住民が勝訴または敗訴しても，そのことから他の住民に対する寄付金請求権の存否が論理的に導かれる関係にはありませんが，寄付金負担決議の存否についての理由中の判断次第で，他の住民に対して寄付金請求訴訟が提起されたり，されなかったりする可能性はあります。そのことが，補助参加の利益を基礎づけるものとされたと考えられます。

訴訟の結果が補助参加人の法律上の利害関係に及ぼす影響

訴訟の判決が補助参加人に対して既判力その他の法的な効力を及ぼす場合でなくても補助参加の利益が認められることについては，争いはありません。そうだとすると，訴訟の判決主文の判断または理由中の判断が，補助参加人の法律上の利害関係に**事実上の影響**を及ぼす場合であればよいことになります。「事実上の影響」とは，訴訟の判決において示された判断が，当該訴訟の当事者をはじめとする利害関係人の行動に影響を及ぼし，補助参加人が他人から裁判上または裁判外で請求を受けたり，他人に対して権利主張をすることが困難になるなどの不利益を被ることをいうと考えられます[2]。

[3]東京高決昭和49・4・17（下民集25巻1〜4号309頁［百選Ⅱ〔補正版〕169］）は，スモン病患者であるXらが，キノホルム剤がスモン病の原因であるとして国（Y_1）と製薬会社（Y_2）に対して提起した損害賠償請求訴訟（本訴）に，別のスモン病患者から別訴で損害賠償を求められていた医師（Zら）が補助参加する利益はないとしました。本決定は，補助参加の利益が認められるた

---

2)　長谷部由起子『民事訴訟法〔第3版〕』（岩波書店，2020年）348-349頁。

めには，補助参加人に対して参加的効力（⇒第25講）が及ぶことが必要である
とし，本件ではその要件を満たさないとしています。しかし，本訴においても
別訴においても，キノホルム剤がスモン病の原因であるかどうかが争点であり，
これを解明するために，本訴が別訴を代表する性格のものとして設定され，本
訴における証人尋問の結果は，別訴においてそのまま援用されることになって
いました。上記争点についての判断が本訴でなされればそれを尊重することが，
別訴の当事者を含む関係者の間で合意されていたのだとすれば，本訴の結果が
補助参加人の法律上の利害関係に事実上の影響を及ぼす関係は認められたよう
に思われます。

第 25 講
補助参加人に対する判決の効力

―――参加的効力か，既判力か

最判昭和 45・10・22 民集 24 巻 11 号 1583 頁［百選〔5 版〕103］

▶キーワード　参加的効力，共同訴訟的補助参加

補助参加人に対する判決の効力

　第 24 講で述べたとおり，補助参加人は当事者ではありませんが，被参加人とは独立して訴訟行為をすることができ，46 条の規定に基づき判決の効力を受けます。この効力が補助参加人とだれとの間の効力なのか，判決のどのような判断に生じるのか，どのような趣旨に基づくものなのかをめぐっては，学説において議論があり，判例の考え方にも変遷があります。

参加的効力と既判力の比較―――通説の見解

　現在の通説は，補助参加人に対する判決の効力は，既判力ではなく，参加的効力と呼ばれる特殊な効力であるとしています。参加的効力と既判力の違いは，通説によれば以下の点にあります。

　①　既判力が当事者間で生じるのに対し，参加的効力は補助参加人と被参加人の間で生じます。また，既判力は当事者が訴訟に勝訴しても敗訴しても生じますが，参加的効力は被参加人が敗訴した場合にのみ生じます。

　②　既判力が判決主文中の判断に生じ，相殺の場合を除いて理由中の判断には生じないのに対し，参加的効力は判決主文中の判断だけでなく，理由中の判断にも生じます。

　③　参加的効力は，46 条所定の除外事由がある場合には生じません。これにあたるのは，参加の時期が遅れたために，補助参加人が一定の訴訟行為をすることができなかった場合（1 号），補助参加人の訴訟行為が，被参加人の訴訟行為と抵触するため効力を有しなかった場合（2 号），被参加人が補助参加人の訴訟行為を妨げた場合（3 号），被参加人が補助参加人のすることができない訴訟行為を故意または過失によってしなかった場合（4 号）です。既判力にはこの

ような限定はありません。

④　既判力は，当事者からの指摘がなくても裁判所が職権でその存否を判断しなければならない職権調査事項ですが，参加的効力については，**当事者の援用をまって考慮すれば足ります。**

⑤　既判力は，裁判所の公権的判断に対する蒸し返しを禁ずるという法的安定の要請に基づくものです。これに対して参加的効力は，**被参加人が敗訴した場合には，被参加人に協力して訴訟を追行した補助参加人にも敗訴の責任を分担させるべきであるという衡平の観念に基づいています。**

◢▆ 判例の考え方——既判力拡張から参加的効力へ

かつての判例（大判昭和 15・7・26 民集 19 巻 1395 頁）は，補助参加人に対する判決の効力は，被参加人と相手方の間の既判力が補助参加人と相手方の間に拡張されたものと解していました（既判力拡張説）。しかし，補助参加人に対して既判力が及ぶのだとすると，46 条（当時は 70 条）が 1 号から 4 号までの除外事由を規定していることを説明できません。そのほかにも，既判力拡張説だとしっくりこないことがあります。

たとえば，**債権者が保証人に対して保証債務の履行を求めた訴訟に主債務者が補助参加し，債権者の勝訴判決が確定したとします。**既判力拡張説によれば，保証債務の存在についての既判力が債権者と主債務者の間に及ぶことになりますが，既判力は主債務の存否にまでは及ばないので，これによって，主債務の存否をめぐる両者の間の紛争が解決されるわけではありません。また，主債務者と保証人の間になんらの拘束力も生じないことにも，問題があります。主債務者が補助参加したのは，保証人が敗訴すれば保証人から求償権を行使されるおそれがあるので，保証人を補助して訴訟を追行し，保証人を勝訴させるためです（⇒第 24 講）。46 条所定の除外事由がなく，主債務者は保証人と共同で主債務の不存在を主張立証することができる立場にあったにもかかわらず，主債務は存在するとされて保証人敗訴の判決が確定した場合に，その後，保証人から提起された求償請求訴訟において主債務者が「保証人が敗訴したのは，自分の訴訟追行のせいではない」と主張して主債務の存在を争えるとすれば，衡平ではありません。参加的効力説は，主債務者（補助参加人）は前訴判決の理由中の判断である主債務の存在を争えないとすることによって，保証人（被参加人）

との衡平を図ったのです。

　その後，判例は次の判決において参加的効力説を採用し，前掲大判昭和
15・7・26を変更しています。

　最判昭和45・10・22民集24巻11号1583頁〔百選〔5版〕103〕
　「民訴法70条〔現行46条。以下同じ〕の定める判決の補助参加人に対する
効力……は，いわゆる既判力ではなく，それとは異なる特殊な効力，すなわち，
判決の確定後補助参加人が被参加人に対してその判決が不当であると主張する
ことを禁ずる効力であって，判決の主文に包含された訴訟物たる権利関係の存
否についての判断だけではなく，その前提として判決の理由中でなされた事実
の認定や先決的権利関係の存否についての判断などにも及ぶものと解するのが
相当である。けだし，補助参加の制度は，他人間に係属する訴訟の結果につい
て利害関係を有する第三者，すなわち，補助参加人がその訴訟の当事者の一方，
すなわち，被参加人を勝訴させることにより自己の利益を守るため，被参加人
に協力して訴訟を追行することを認めた制度であるから，補助参加人が被参加
人の訴訟の追行に現実に協力し，または，これに協力しえたにもかかわらず，
被参加人が敗訴の確定判決を受けるに至ったときには，その敗訴の責任はあら
ゆる点で補助参加人にも分担させるのが衡平にかなうというべきであるし，ま
た，民訴法70条が判決の補助参加人に対する効力につき種々の制約を付して
おり，同法78条〔現行53条4項〕が単に訴訟告知を受けたにすぎない者につ
いても右と同一の効力の発生を認めていることからすれば，民訴法70条は補
助参加人につき既判力とは異なる特殊な効力の生じることを定めたものと解す
るのが合理的であるからである。」

学説の発展──補助参加人と相手方の間の拘束力

　こうして，参加的効力説が通説・判例の地位を占めるにいたりましたが，こ
れで議論が終わったわけではありません。上記最高裁判決よりも少し前から，
補助参加人と被参加人の間だけでなく，補助参加人と相手方の間にも拘束力を
認めるべきであるとする学説があらわれるようになりました[1]。この拘束力の
法的性質については論者によって理解が異なりますが，有力な見解は以下のよ
うに解しています[2]。

① 債権者・保証人間の保証債務履行請求訴訟に主債務者が補助参加した場合に，主債務の存否について債権者・保証人間で争点効（⇒第15講）が生じるならば，46条の除外事由がないという条件の下で，債権者と主債務者の間にも争点効が生じます。主要な争点であった主債務の存否について，主債務者も保証人と共同して主張立証を尽くし相手方と争った以上，その結果については，46条の制限の下で，保証人と同じ拘束力に服するのが債権者に対して公平であるというのが，その理由です。

② 債権者・主債務者間の主債務履行請求訴訟に保証人が補助参加した場合には，債権者と主債務者の間の主債務の存否についての既判力が，やはり46条の制限の下で，保証人に対しても拡張されます。この場合にも，保証人は46条の除外事由がない限り，主債務者とともに債権者の請求の当否について訴訟追行をなしうる立場にあったのだから，主債務者敗訴の場合には，主債務の存在につき既判力による拘束を受けるべきであり，逆に債権者が敗訴した場合にも，保証人のために主債務の不存在につき既判力の拡張を認めるのが公平である，とされています。

◤◢ 補助参加人に既判力が及ぶ場合——共同訴訟的補助参加

伝統的な見解によれば，当事者に判決の既判力が及ぶ（115条1項1号）のは，当事者が訴訟上の請求の主体であること（請求を相手方に向ける者であるか，請求を相手方から向けられる者であること）を前提としています。補助参加人は当事者ではなく，請求の主体ではありませんから，補助参加人に既判力が及ばないのは当然だということになります。これに対して有力説は，上記②の保証人のように，相手方から訴訟上の請求を向けられていない補助参加人であっても，当事者である被参加人と同等の訴訟追行をなしうる立場にあったならば，相手方との間で既判力による拘束を受けるとしました。伝統的な考え方にはない，新しい発想に立つものといえます。

そのこととは別に，被参加人と相手方の間の訴訟の判決の既判力が補助参加

1) 鈴木重勝「参加的効力の主観的範囲限定の根拠」中村宗雄先生古稀祝賀『民事訴訟の法理』（敬文堂，1965年）409頁以下，新堂幸司「参加的効力の拡張と補助参加人の従属性」争点効（上）231頁以下（初出1969年）。
2) 新堂821頁。

人にも及ぶことに争いがない場合はあります。その一例は，父の死後に検察官を被告として提起された認知請求訴訟の結果によって相続権を害される第三者が，被告を補助するためにその訴訟に参加する場合（人訴 15 条）です。人事訴訟においては，婚姻関係・親子関係などの身分関係を画一的に確定する必要があることから，第三者に対しても判決の既判力が及ぶものとされています（人訴 24 条）。そのため上記第三者は，補助参加人ではありますが，認知請求訴訟の既判力を受けることになります。そしてこの場合には，45 条 2 項の規定は適用せず，必要的共同訴訟に関する 40 条 1 項から 3 項までの規定を準用することになっています（人訴 15 条 3 項・4 項）。それは，既判力を受ける補助参加人の利益を保護するためには，補助参加人の訴訟上の地位を強化する必要があるとの判断によるものです。

　このように，補助参加人が被参加人と相手方の間の訴訟の判決の既判力を受ける場合の補助参加は，学説上，**共同訴訟的補助参加**と呼ばれ，**補助参加人の地位の従属性**（⇒第 24 講）をはずして，補助参加人に共同訴訟人に準じた訴訟上の地位を認めるべきとされています。判例も，行政処分の取消訴訟の判決の既判力を受ける第三者が被告行政庁の側に補助参加した場合（最判昭和 40・6・24 民集 19 巻 4 号 1001 頁）および株主総会決議不存在確認訴訟において決議の効力が否定されると被告会社の清算人の地位を失う者が被告会社の側に補助参加した場合（最判昭和 45・1・22 民集 24 巻 1 号 1 頁）につき，共同訴訟的補助参加であると認め，45 条 2 項は適用されず，40 条が準用されるとしています。

共同訴訟的補助参加人の地位

　共同訴訟的補助参加人の地位について，通説は，参加人には独自の上訴期間が認められるので，被参加人の上訴期間が徒過した後も，参加人はみずからの上訴期間内であれば上訴することができるとしていました。判例（最決平成 28・2・26 判タ 1422 号 66 頁）もこれを認めています。これに対して，①参加人に中断・中止の事由が生じた場合に，訴訟手続は停止されるか，②被参加人が訴えの取下げ，請求の放棄・認諾，訴訟上の和解などの訴訟を処分する行為を単独ですることができるか，それとも参加人とともに行わない限り，これらの行為は効力を生じないか（40 条 1 項は類推されるか），③参加人は，参加の時点における訴訟状態に拘束されるか（45 条 1 項ただし書は適用されるか），といった

問題について明言した判例はなく，学説においても見解が分かれています。

第 26 講

訴訟告知の効力

——民事訴訟法 53 条と民法 423 条の 6 の比較

仙台高判昭和 55・1・28 高民集 33 巻 1 号 1 頁 〔百選〔2 版〕111〕

▶キーワード　訴訟告知，参加的効力，債権者代位訴訟，法定訴訟担当，
既判力の拡張

2 種類の訴訟告知

　訴訟告知とは，訴訟の係属中に，当事者が第三者に対して，訴訟が係属して
いる旨を，法定の方式によって通知することをいいます。訴訟告知をする者は
告知者，訴訟告知を受ける者は**被告知者**と呼ばれます。

　訴訟告知については，民事訴訟法 53 条のほか，民法や会社法にも規定があ
ります（民 423 条の 6・424 条の 7 第 2 項，会社 849 条 4 項）。同じく「訴訟告知」
と呼ばれてはいますが，民事訴訟法上の訴訟告知と民法・会社法上の訴訟告知
（以下，「実体法上の訴訟告知」といいます）には，さまざまな相違点があります。

　民事訴訟法上の訴訟告知は，当事者であれば原告でも被告でもすることがで
きます（53 条 1 項）。また，訴訟告知を受けた者がさらに訴訟告知をすること
もできます（同条 2 項）。これらの者が訴訟告知をするかどうかは，任意です
（53 条 1 項・2 項は，「訴訟の告知をすることができる」と規定しています）。訴訟告知
を受ける第三者については，係属中の訴訟に「参加することができる第三者」
と規定されています（53 条 1 項）。これにあたるのは，通常は補助参加の利益
を有する第三者ですが，独立当事者参加（47 条）や共同訴訟参加（52 条）をな
しうる者であってもかまわないとされています。

　実体法上の訴訟告知においては，告知者は債権者代位訴訟，詐害行為取消訴
訟または株式会社における責任追及等の訴えの原告，被告知者は債務者または
株式会社等に限定されています。そして，原告は訴訟告知を義務づけられてい
ます（民法 423 条の 6・424 条の 7 第 2 項，および会社法 849 条 4 項は，「訴訟告知をし
なければならない」と規定しています）。

　このほか，訴訟告知の制度趣旨はなにか，訴訟告知の後に被告知者にはどの

ような効力が及ぶのか，といった点にも違いがあります。

　以下では，2種類の訴訟告知のそれぞれについて検討していきます。実体法上の訴訟告知については，これまで議論の蓄積が豊富な債権者代位訴訟における訴訟告知を取り上げます。

◤ 民事訴訟法上の訴訟告知

　訴訟告知によって，被告知者と告知者はそれぞれ，以下のような利益を受けます。

　①　被告知者は，訴訟告知を受けることによって係属中の訴訟の存在を知り，その訴訟に参加して自己の利益を守る機会を与えられます。たとえば，**債権者が保証人に対して提起した保証債務履行請求訴訟において保証人が主債務者に訴訟告知をした場合**には，主債務者は，その訴訟に参加して主債務の不存在を主張し保証人を勝訴させることにより，保証人から後日，求償権が行使されるのを防ぐことができます。

　②　告知者も，訴訟告知をしておけば，その訴訟で敗訴した場合に被告知者に対して参加的効力を及ぼすことができます。上記の例で，主債務の存在が認められて保証人が敗訴した場合には，主債務者に対して参加的効力が生じ，保証人から主債務者に対する求償請求訴訟において，主債務者は主債務の存在を争うことができません。以上は，被告知者が訴訟に参加した場合だけでなく，参加の要件を満たすにもかかわらず参加しなかった場合にもあてはまります。53条4項によれば，被告知者が参加しなかった場合においても，参加することができた時に参加したものとみなして，被告知者に参加的効力を及ぼすことになるのです。

　訴訟告知を被告知者の利益保護のための制度ととらえるか，告知者の利益保護のための制度ととらえるかによって，被告知者に参加的効力を及ぼすための要件は異なってきます。このことを，次の裁判例を素材として考えてみましょう。

　仙台高判昭和55・1・28高民集33巻1号1頁［百選〔2版〕111］

　Xらの先代Aが所有する土地（本件土地）は，AからB，BからCに所有権移転登記がされていました。Xらは，本件土地を共同相続したとして，Cに対

して共有持分権の確認と共有持分権移転登記手続を求める訴えを提起しました（前訴）。この訴訟において，AB 間の売買契約を仲介した Y に A から代理権が授与されていたか否かが争われたため，X らは，Y が無権代理人であれば損害賠償請求権を行使するつもりで，Y に訴訟告知しました。しかし Y は，代理権の存在を主張する点では C と利害を共通にしていたことから，C の側に補助参加しました。裁判所は，代理権授与を認定することは困難であるが，表見代理は認められるとして X らの請求を棄却する判決をし，これが確定しました。

　本訴は，その後 X らが Y に対して提起した損害賠償請求訴訟です。Y が A からの代理権授与を主張したのに対し，X らは，前訴における訴訟告知の効力により，代理権授与が認められないとの前訴判決の判断に Y は拘束され，これと抵触する主張は許されない，と主張しました。

　第一審は，以下のように判示して Y の代理権を認め，X らの請求を棄却しました。

　「参加的効力は，補助参加人が被参加人を勝訴させることによって自己自身の利益を守る立場にあることを前提として，被参加人敗訴の場合に，その責任を分担させようとするものであるから，訴訟告知の場合に被告知者が参加的効力を受けるのは，被告知者において告知者と協同して相手方に対し攻撃防禦を尽すことにつき利害が一致し，そうすることを期待できる立場にあることが前提となるものというべく，そのような場合に，右のように告知者と利害が一致し協同しうる争点に限って，訴訟告知の効果が被告知者に及ぶものと解すべきである。」

　X らが控訴したところ，控訴審は以下のように判示して，原判決を取り消し，X らの請求を一部認容しました。

　「訴訟告知の制度は，告知者が被告知者に訴訟参加をする機会を与えることにより，被告知者との間に告知の効果（民事訴訟法 78 条［現行 53 条 4 項］）を取得することを目的とする制度であり，告知者に対し，同人が係属中の訴訟において敗訴した場合には，後日被告知者との間に提起される訴訟において同一争点につき別異の認定判断がなされないことを保障するものである。したがって，同法 76 条［現行 53 条 1 項］にいう『参加をなしうる第三者』に該当する者であるか否かは，当該第三者の利益を基準として判定されるべきではなく，告知者の主観的利益を基準として判定されるべきである。」

　本件では，AからYへの代理権授与の有無をめぐり，被告知者Yと告知者Xらの利害が対立しています。かりに前訴でYがX側に補助参加していたとすれば，代理権授与についてのYの主張はXらの主張と抵触し，効力を有しなかったはずであり（45条2項），これは参加的効力の除外事由にあたります（46条2号。⇒第25講）。控訴審判決のように，Xらには，代理権授与がなかったことにつき参加的効力を取得する利益があったというだけで，Yに参加的効力を及ぼす考え方は，告知者の利益保護に偏っているとして学説の批判を受けています。

 ## 本判決後の学説の展開

　本判決後の有力な見解は，被告知者に訴訟告知の効果としての参加的効力が及ぶ場合を，告知者が敗訴すれば告知者が被告知者に対して求償請求ないし損害賠償請求をなしうるような実体関係がある場合（例，告知者が保証人，被告知者が主債務者である場合）に限定しています。このような関係があれば，告知者と被告知者は，告知者の勝訴を目指して協力して訴訟を追行することが期待できるからです。

　本件でも，前訴における告知者がCであったならば，Yへの代理権授与が認められずCが敗訴した場合には，CはYに対して損害賠償請求（民117条）をなしうる関係にあるので，Yは，代理権授与についてCに協力して訴訟を追行したと考えられます。それにもかかわらず，代理権授与も表見代理も認められず，Cが敗訴した場合には，Yは，Cからの損害賠償請求訴訟において代理権授与を主張することができなくなる（前訴判決の参加的効力を受ける）といってよいでしょう。

債権者代位訴訟における訴訟告知
──平成 29 年民法改正までの議論

　債権者代位訴訟は，債権者が，債務者に対する債権（被保全債権）を保全するために，債務者の第三債務者に対する権利（被代位権利）を訴訟物として，第三債務者に対して提起する訴えです。債権者を担当者，債務者を被担当者とする**法定訴訟担当**といわれています。判例は，債権者が受けた判決の効力（既判力）は，債務者が債権者代位訴訟に参加したか否かを問わず，また，勝訴判決

であるか敗訴判決であるかを問わず，115 条 1 項 2 号により債務者に及ぶとしています（大判昭和 15・3・15 民集 19 巻 586 頁［百選〔初版〕74]）。学説も，この大審院判決の少し前から同様に解しており[1]，この見解が通説となっていきました。

　ところが，昭和 40 年代半ばにいたって，債務者に対して債権者代位訴訟の判決の効力が及ぶのは，債権者が勝訴した場合に限られるとする見解（片面的効力拡張説）があらわれました。この見解は，法定訴訟担当において担当者が受けた判決の効力をその有利・不利を問わず本人に及ぼしてよいのは，破産管財人や遺言執行者（⇒第 4 講）のように，担当者が本人の権限を全面的に吸収している場合に限られるとします。債権者代位訴訟を提起した債権者と債務者はこれと異なり，訴訟物たる被代位権利の管理権をめぐって利害が対立する関係にあるのだから，債権者が受けた不利な判決の効力まで債務者に及ぼすべきではない，ということになります[2]。

　片面的効力拡張説によれば，債務者の利益は保護される反面，第三債務者は，債権者に対して勝訴しても債務者から再び訴えられることになります。これでは不公平であるため，有力な見解は，不利な判決の効力も債務者に及ぶと解したうえで，債務者の利益を保護するために，債権者は債務者に訴訟告知をして債務者が債権者代位訴訟に参加する途を開くべきであると提案していました[3]。

平成 29 年民法改正後の解釈論

　平成 29 年民法改正によって創設された民法 423 条の 6 は，債権者に，債権者代位訴訟の提起後，遅滞なく，債務者に対して訴訟告知をすることを義務づけました。これには，以上の議論が反映されていると考えられます。**債権者が遅滞なく訴訟告知をしなかった場合の効果**については解釈に委ねられていますが，有力な見解は，債権者代位訴訟は当事者適格を欠く不適法な訴えとなり，却下されると解しています[4]。

---

1)　兼子一『判例民事訴訟法』（弘文堂，1950 年）103-104 頁。
2)　三ケ月章「わが国の代位訴訟・取立訴訟の特異性とその判決の効力の主観的範囲」同『民事訴訟法研究（6）』（有斐閣，1972 年，初出 1969 年）8 頁以下，48 頁以下。
3)　新堂 295 頁，池田辰夫『債権者代位訴訟の構造』（信山社，1995 年，初出 1981 年）82 頁。
4)　勅使川原和彦「他人に帰属する請求権を訴訟上行使する『固有』の原告適格につい

288

　債務者による訴訟参加の形態については，判例は，債務者が債権者の当事者適格（被保全債権の存在）を争うときには，独立当事者参加（⇒第27講）であるとしています（最判昭和48・4・24民集27巻3号596頁［百選〔5版〕108]）。この点は，平成29年改正後も変わりませんが，債務者が債権者の当事者適格を争わない場合については，変更があります。改正前は，債権者代位権が適法に行使された場合には，債務者は被代位権利についての処分権を失うとする判例（大判昭和14・5・16民集18巻557頁［百選Ⅰ〔補正版〕47]）により，債務者は債権者代位訴訟に当事者として参加することはできないとされていました[5]。改正後は，債権者代位権が行使された後も債務者の処分権は失われないものとされたため（民423条の5），当事者としての参加である共同訴訟参加（52条）が認められることになりました。

　　ての覚書」伊藤眞先生古稀祝賀『民事手続の現代的使命』（有斐閣，2015年）424頁，伊藤596頁。このほかの却下説として，高須順一「訴訟告知の効力（上）──債権法改正の文脈において」NBL 1063号（2015年）46頁，山本和彦「債権法改正と民事訴訟法」判時2327号（2017年）121頁。
　5）　ただし，補助参加では，債権者代位訴訟の判決の既判力を受ける債務者の利益保護のためには十分でないことから，共同訴訟的補助参加（⇒第25講）が認められると解されていました。

第 27 講

独立当事者参加

──第 3 の当事者としての訴訟参加

[1] 最判平成 6・9・27 判時 1513 号 111 頁，判タ 867 号 175 頁
[百選〔5 版〕105]
[2] 仙台高判昭和 55・5・30 下民集 33 巻 9 ~ 12 号 1546 頁
[百選〔5 版〕107]
[3] 最判昭和 48・7・20 民集 27 巻 7 号 863 頁［百選〔5 版〕106］

▶キーワード　独立当事者参加，詐害防止参加，権利主張参加，
二当事者間の訴訟上の和解の効力，
敗訴者の 1 人のみによる上訴

独立当事者参加──他の訴訟参加との比較

独立当事者参加とは，他人間に係属中の訴訟に，第三者が原告または被告の
いずれとも異なる当事者として参加する形態をいいます。第三者（参加人）は，
原告・被告の双方または一方に対して請求を定立し，原告・被告間の請求（本
訴請求）についての判決と矛盾のない判決を求めます。補助参加（42 条。⇒第 24
講）と比較すると，当事者として参加し，みずからの請求を定立してそれに対
する審理・判決を求める点で異なります。また，共同訴訟参加（52 条。⇒第 24
講）と比較すると，当事者としての参加である点は共通しますが，原告・被告
のいずれとも共同訴訟関係に立つわけではなく，独立の地位を有する点で異な
ります。

独立当事者参加の種類と要件

独立当事者参加には，**詐害防止参加**（47 条 1 項前段）と**権利主張参加**（同項後
段）の 2 種類があります。

①　詐害防止参加は，訴訟の結果によって権利が害されることを主張する第
三者がその訴訟に参加する場合です。「訴訟の結果によって権利が害される」
とはどのようなことをいうのかをめぐっては，第三者に訴訟の判決の効力（既
判力または反射効）が及ぶ場合だとする見解（判決効説），第三者が訴訟の結果に

ついて補助参加の利益よりも限定された利害関係を有する場合だとする見解
（利害関係説）も主張されています。しかし，判決効説では，共同訴訟参加や共
同訴訟的補助参加との区別が明確ではなく，利害関係説も，補助参加との違い
が明らかではありません。他方，**詐害意思説**と呼ばれる見解は，当事者が訴訟
を通じて第三者を害する意思をもつと客観的に判定される場合，あるいは当事
者間で詐害的な訴訟追行がされる場合に，詐害防止参加が認められるとします。
この見解によれば，他の訴訟参加との違いは明確です。また，判決効説では詐
害防止参加が認められない第三者（例，土地の所有権移転登記の抹消登記手続を求
める訴訟の被告から抵当権設定登記を受けている者）も，当事者間の詐害的な訴訟
追行の結果，不利益を受けるおそれがある場合には詐害防止参加をすることが
できるため，詐害意思説が有力になっています。

　②　権利主張参加は，通説によれば，第三者の請求と原告の請求（本訴請求）
とが論理的に両立しえない関係にある場合に認められます。たとえば，XがY
に対して提起した土地の所有権確認請求訴訟に，その土地の所有者であると主
張するZが参加し，自己の所有権の確認を求める場合がこれにあたります。

　Xが提起したのが所有権移転登記手続請求訴訟である場合に，ZがYに対し
て所有権移転登記手続を求めて権利主張参加をすることができるかについては，
議論があります。通説はこれを認めますが，XとZが二重譲渡事例における譲
受人だとすると，どちらも未登記である限り，両請求は両立するので，権利主
張参加の要件を満たさないとする見解も有力です。

　判例は，[1] 最判平成6・9・27（判時1513号111頁，判タ867号175頁
[百選〔5版〕105]）において，Zの権利主張参加を否定しました。しかし，こ
の事案においては，Zは土地について所有権移転請求権保全の仮登記を得てお
り，ZのYに対する請求は，仮登記に基づく本登記手続請求でした。この場合，
XY間の訴訟でXのYに対する所有権移転登記請求が認められたとしても，Z
が別訴でXに対する本登記手続の承諾請求（不登109条）をすれば，これが認
められる関係にあります。そのため，Xの請求とZの請求が両立しないとはい
えず，また，ZがXの勝訴を阻止するために独立当事者参加をする必要性に乏
しかったといわれています[1]。[1]判決は，真正な二重譲渡事例における権利

---

　1)　高橋宏志・百選〔5版〕220頁。

主張参加の可否についての先例とはいえず，この問題の解決は今後の判例に委ねられています。

独立当事者参加訴訟における 40 条 1 項〜 3 項の準用

　独立当事者参加がされた訴訟（独立当事者参加訴訟）の審理・判決については，必要的共同訴訟の審理・判決に関する 40 条 1 項〜 3 項が準用されます（47 条 4 項）。原告・被告・参加人の三者間で矛盾のない統一的な判決がされることを保障するためです。たとえば，被告が原告に対して自白をしても，参加人が争う限り，原告・被告間でも効力を生じません（40 条 1 項の準用）。二当事者間では自白の拘束力が認められる一方，自白を争う他の 1 人との関係では自白の拘束力が否定されて証拠調べが行われるとすると，三者間で証拠資料を統一することができず，統一的な判決が保障されないからです。

　それでは，二当事者間で行われた請求の放棄・認諾や訴訟上の和解の効力を残る 1 人が争った場合には，これらの処分行為の効力も否定されるべきでしょうか。以下では，訴訟上の和解について学説・判例を検討していきましょう。

二当事者間の訴訟上の和解の効力

(1) 学　説

　学説は，①和解の内容を問わず，効力を否定する見解，②和解の内容を問わず，効力を認める見解，③和解の内容が残る 1 人にとって不利でなければその効力を認める見解に分かれています。①説によれば，二当事者間の訴訟が終了することはなく，その後も，訴訟手続は三者間の独立当事者参加訴訟であり続けます。他方，②説によれば常に，③説によれば和解の内容により，二当事者間で訴訟が終了し，独立当事者参加訴訟ではなくなります。たとえば，原告 X・被告 Y の間の訴訟が訴訟上の和解により終了した場合，参加人 Z が X のみ，または Y のみに対して請求を定立していたならば，Z を原告，X または Y を被告とする訴訟になります。Z が X・Y 双方に対して請求を定立していたならば，Z を原告，X・Y を被告とする共同訴訟になります。この共同訴訟に 40 条 1 項〜 3 項が準用されるのかどうかについては，後ほど検討します。

(2) 旧法下の下級審裁判例

下級審裁判例には，①説を採ったものがあります。次の判決はその1つです。

[2] 仙台高判昭和55・5・30下民集33巻9～12号1546頁［百選〔5版〕
107］

X（原告）がY₁・Y₂（被告）に対して提起した，土地（本件土地）の所有権移転登記の抹消登記手続請求訴訟に，Z（参加人）が，X・Y₁・Y₂に対して，本件土地の所有権がZに属することの確認を求めて独立当事者参加をしました。

第一審では，XとY₁・Y₂の間で，本件土地の所有権がXに属することなどを内容とする訴訟上の和解が成立し，第一審裁判所は，XとY₁・Y₂の間の訴訟は終了したことを前提に，ZのX・Y₁・Y₂に対する請求のみについて終局判決をしました。この判決（原判決）に対してZが控訴しました。

控訴審は，以下のように判示して原判決を取り消し，事件を第一審に差し戻しました。

「〔独立〕当事者参加がなされたのちは，既存訴訟の二当事者間で訴訟の目的を処分する訴訟行為（請求の認諾，放棄もしくは訴訟上の和解）をしても，当事者参加人に対して効力を生じないものである。もとより，当該請求の放棄，認諾もしくは訴訟上の和解の内容が，必ずしも当事者参加人にとって不利益とはいえない場合もありえようが，請求の放棄，認諾もしくは訴訟上の和解が調書に記載されれば，その限度で当該訴訟は終了するとともに，その記載は確定判決と同一の効力を有することになり，三当事者間の紛争を矛盾なく解決すべき当事者参加訴訟の構造を無に帰せしめるからである。〔中略〕Zは前記既存訴訟の二当事者間での訴訟上の和解成立に同意していないのであるから，右訴訟上の和解は訴訟の目的に関する部分について効力を生ぜず，これについて訴訟終了の効力も生じえないものといわなければならない。」

XとY₁・Y₂の間の訴訟上の和解は，本件土地の所有権を主張するZにとっては不利な内容です。したがって，③説にしたがって訴訟上の和解の効力を否定することもできたといえます。しかし本判決は，訴訟上の和解により原告・被告間の訴訟が終了すると，独立当事者参加訴訟の構造が失われ，三当事者間の紛争を矛盾なく解決することができなくなるという理由で，訴訟上の和解に

よる訴訟終了の効力は生じないとします。同様の見解は，東京高判平成 3・12・17（判時 1413 号 62 頁）および名古屋高判平成 6・2・24（平成 4 年（ネ）第 867 号 LEX/DB 28032134）においても採られています。

　これらの下級審裁判例は，平成 8 年改正前民事訴訟法下のものです。この時期には，参加人は，原告および被告に対して請求を定立しなければならず，三者間で請求が定立されてはじめて，独立当事者参加訴訟が成立すると解されていました。独立当事者参加訴訟は，三者が請求によってつながれた三面訴訟だとされていたのです（最大判昭和 42・9・27 民集 21 巻 7 号 1925 頁［百選 II〔補正版〕174］参照）。この考え方によれば，二当事者間の訴訟上の和解により両者間の訴訟が終了し，三者間の請求の 1 つが失われれば，独立当事者参加訴訟ではなくなることになります。

(3)　平成 8 年民事訴訟法改正による変化

　平成 8 年改正後民事訴訟法の下では，参加人は，原告・被告の双方または一方に対して請求を定立すればよいことになりました（47 条 1 項）。独立当事者参加訴訟における審理・判決に 40 条 1 項～ 3 項が準用される根拠も，三面訴訟だということにではなく，原告・被告・参加人の三者が相互に牽制し合って三者間で矛盾のない判決を求めるという独立当事者参加訴訟の制度趣旨に求められるようになりました。

　そうだとすると，［2］判決をはじめとする旧法下の下級審裁判例の考え方が現行法の下でも妥当するのかについては，疑問が生じることになります。③説のように，二当事者間の訴訟上の和解の内容が残る 1 人に不利なものであれば，この当事者が牽制権を行使して，訴訟上の和解の効力を否定することができるけれども，不利でなければ牽制の必要はないし，二当事者間で争われなくなった請求についてさらに訴訟を続ける必要もない，という考え方も成り立ちうるように思われます。

(4)　残存する共同訴訟に 40 条 1 項～ 3 項は準用されるか

　［2］判決の事例で X と Y_1・Y_2 の間の訴訟は終了するとした場合，その後に残る共同訴訟（Z を原告，X・Y_1・Y_2 を共同被告とする訴訟）に，40 条 1 項～ 3 項は準用されるでしょうか。

　独立当事者参加訴訟において原告が被告に対する訴えを取り下げた場合については，残存する共同訴訟は通常共同訴訟であるとする見解が有力です[2]。[2]判決も，そのように解しています[3]。訴えの取下げも訴訟上の和解も，訴訟を終了させる効果がある点は共通ですから，XとY₁・Y₂の間の訴訟上の和解の効力が認められる場合にも，残る共同訴訟は通常共同訴訟であり，40条1項〜3項は準用されないことになりそうです。

　他方でZは，本件土地がZの所有に属することについてX・Y₁・Y₂全員との間での合一確定を求めて，独立当事者参加をしていました。残存する共同訴訟が通常共同訴訟になるとすると，統一的な判決に対するZの期待を保護することができません[4]。残存する共同訴訟に40条1項〜3項を準用するべきか否かは，Zの立場にどの程度配慮するべきかという問題であるように思われます[5]。

敗訴者の1人のみが上訴した場合に，上訴裁判所が原判決を変更することができる範囲

　上訴裁判所が原判決の取消し・変更をすることができる範囲は，**不利益変更禁止の原則**（⇒第19講）により，上訴または附帯上訴によってされた不服申立ての限度内に限られます（304条・313条）。上訴人は，被上訴人が上訴も附帯上訴もしていなければ，原判決よりも不利な判決を受けることはなく，また，上訴も附帯上訴もしていない被上訴人が原判決よりも有利な判決を受けることもありません。

　独立当事者参加訴訟においては不利益変更禁止の原則がどのように適用されるのか，次の判決を素材に検討しましょう。

2）　高橋（下）540頁，秋山ほかⅠ〔3版〕628頁。
3）　先例として，大阪地判昭和38・6・15下民集14巻6号1136頁があります。
4）　訴えの取下げについては，その要件である「相手方の同意」（261条2項）として，被告の同意のほか，参加人の同意も必要であるとするのが，通説・判例（最判昭和60・3・15判時1168号66頁）です。三者間での矛盾のない判決を求める参加人の利益に配慮したものです。
5）　山本克己・百選〔5版〕225頁参照。

[3] 最判昭和48・7・20民集27巻7号863頁［百選〔5版〕106］

　本件の事案を簡略化して示すと，以下のようになります。

　X（原告）が，Aから譲渡を受けた金銭債権の債務者Y（被告）に対して，その支払を求める訴えを提起したところ，Z（参加人）が，Aから譲渡を受けたのは自分であると主張して，Xに対しては，XのYに対する当該債権の不存在確認を，Yに対しては，自己への支払を求めて独立当事者参加をしました。

　第一審判決は，XのYに対する請求を棄却し，ZのYに対する請求を認容し，ZのXに対する訴えは訴えの利益を欠くとして却下しました。この判決に対してはXが控訴し，YおよびZを被控訴人として，XのYに対する請求の認容とZのYに対する請求の棄却を求めましたが，YとZは控訴も附帯控訴もしませんでした。

　控訴審判決は，XのYに対する請求を認容し，ZのYに対する請求を棄却しました。これに対しては，ZがXおよびYを被上告人として上告し，Yが控訴していない以上，ZのYに対する請求を認容した第一審判決はすでに確定しているから，この判決を棄却判決に変更することはできないと主張しました。

　最高裁は，Zの上告を棄却し，Yが控訴していなくても，ZのYに対する請求を認容した第一審判決を棄却判決に変更することができるとしました。その理由は，以下のとおりです。

　「本件は，訴訟の目的が原告，被告および参加人の三者間において合一にのみ確定すべき場合（民訴法71条［現行47条1項・4項］，62条［現行40条1項～3項］）に当たることが明らかであるから，一審判決中ZのYに対する請求を認容した部分は，Xのみの控訴によっても確定を遮断され，かつ，控訴審においては，Yの控訴または附帯控訴の有無にかかわらず，合一確定のため必要な限度で一審判決中前記部分をZに不利に変更することができると解するのが相当である〔先例省略〕。」

　Yが控訴も附帯控訴もしていないのに，ZのYに対する請求を認容した判決をZに不利に変更することは，通常であれば不利益変更禁止の原則に違反します。本判決は，不利益変更禁止の原則には触れずに，こうした変更も「合一確定のため必要な限度」であれば許されると解しています。学説は，「合一確定のため必要な限度」というような不明確な基準で不利益変更禁止の原則の例

外を認めるべきではないとしています。

　もっとも，Zに不利な変更を認めないと，ZのYに対する請求も，XのYに対する請求も認容される事態となり，第一審判決に対して控訴したXの目的を達することができません。そのため，Yの不服申立てを擬制する見解もありますが，現在有力な見解は，Xは，XのYに対する請求を棄却した第一審判決に対して不服を有するだけでなく，ZのYに対する請求を認容した第一審判決に対しても実質的不服を有していると説明します[6]。この見解によれば，第一審判決に対して控訴したXは，ZのYに対する請求が認容されていることに対しても不服申立てをしているので，控訴していないYの不服申立てを擬制しなくても，不利益変更禁止の原則との抵触はないことになります。

---

6)　井上治典「多数当事者訴訟における一部の者のみの上訴」法理 214 頁以下（初出 1975 年），新堂幸司「民事訴訟法をめぐる学説と判例の交錯」新堂・基礎 228 頁以下（初出 1981 年），高橋（下）536-537 頁。

第28講

訴訟承継

——訴訟の係属中に当事者の変更が必要になった場合への対応

最判昭和 41・3・22 民集 20 巻 3 号 484 頁［百選〔5 版〕109］

▶キーワード　訴訟承継の制度趣旨，当然承継，参加承継・引受承継，
訴訟承継主義

訴訟の係属中に生じた訴訟物たる権利関係の変動が訴訟に及ぼす影響

　訴訟の係属中でも，訴訟物たる実体法上の権利関係には変動が生じることがあります。たとえば，X が Y に対して債務の履行を求めた訴訟の係属中に，[例 1] Y が死亡し，Y の権利義務を相続人 Z が包括的に承継した場合には，訴訟物たる債務の実体法上の主体は Y から Z に変わります。また，[例 2] この訴訟の係属中に X が Y に対する債権を W に譲渡した場合には，X は訴訟物たる権利の実体法上の主体ではなくなります。

　これらの場合に，XY 間で訴訟を続行し判決をすることには，さまざまな問題があります。

　[例 1] においては，Y はもはや実在していないため，訴えは訴訟要件（⇒第0 講）を欠くものとして却下されます。X が本案判決を得るためには，Z に対して新たに訴えを提起しなければなりません。X は，Y との間で本案判決が得られるものと信頼していたのに，もっぱら Y 側の事情である Y の死亡（これ自体はしかたのないことではありますが）によりその信頼が損なわれることになります。また，XY 間の訴訟で訴訟物たる債務の存否について審理がされていた場合に，その結果を XZ 間の訴訟で利用できず，審理をやり直さなければならないのは不経済です。

　[例 2] においては，X の請求は実体法上理由がないものとして棄却されます。この判決の既判力は W には及ばないので[1]，W が Y に対して訴えを提起し，

---

1)　この場合の W は，訴訟の当事者，訴訟担当における被担当者，口頭弁論終結後の承継人（115 条 1 項 1 号〜3 号）のいずれにもあたりません。

請求認容判決を得ることは可能ですが，XY 間の訴訟における審理の結果とは無関係に新たな訴訟で審理をしなければならないのはやはり不経済であり，Y に対して不公平でもあります。

訴訟承継の制度趣旨

[例1]においては，XY 間の訴訟で被告を Y から Z に変更し，XY 間の訴訟状態を XZ 間に引き継がせることができれば，手続が二度手間になることもなく，効率的です。また，X の手続に対する信頼を保護することもできます。

[例2]においては，原告を X から W に変更したうえ，XY 間の訴訟状態を WY 間に引き継がせることになります。

以上を可能にするために設けられているのが，**訴訟承継**です。すなわち，訴訟承継とは，訴訟の係属中に，訴訟物たる権利関係またはそれと関連する権利関係の主体となった者（**承継人**と呼ばれます）を新たな当事者として，従前の訴訟手続を続行することを認め，それまでの訴訟状態を承継人に引き継がせる制度です。

訴訟承継の種類

訴訟承継には，**当然承継**と**参加承継・引受承継**の区別があります。

① **当然承継**は，承継人への当事者の変更が，**承継原因**（訴訟承継の原因となる事由）が生じれば直ちに行われるものです。これにあたるのは，承継原因が**当事者の死亡**や**法人である当事者の合併による消滅**である場合などです。もっとも，承継人が直ちに新当事者になったからといって，訴訟追行が直ちにできるとは限りません（[例1]で，Y の相続人 Z は，Y の死亡直後から訴訟追行ができる状態かどうか，考えてみてください）。そこで，承継原因の発生により原則として訴訟手続は中断し（124条1項前段⇒第21講注1）。例外124条2項），承継人もしくは相手方が**受継の申立て**をするか，または裁判所が**続行命令**をすることにより，訴訟手続が続行されることになっています（124条1項後段・126条・129条）。

② **参加承継・引受承継**の承継原因は，**係争物の譲渡**と呼ばれるものです。これには，訴訟物たる権利関係についての実体法上の処分（例，[例2]における債権譲渡）のほか，訴訟物たる権利関係の目的物についての実体法上の処分（例，建物収去土地明渡請求訴訟の係属中に被告が行った，第三者への建物の譲渡）が

含まれます。

　参加承継・引受承継においては，承継人は，承継原因が生じても直ちに新当事者になるわけではありません。参加承継においては，承継人が**訴訟への参加を申し出る**必要があり（49条・51条），引受承継においては，承継人の前主の相手方が**訴訟引受けの申立て**をする必要があります（50条・51条）[2]。

　係争物譲渡がされても参加承継も引受承継も行われず，従前の当事者と相手方の間で判決がされて確定した場合には，その判決の効力は承継人には及びません〔［例2］参照〕。承継人に判決の効力を及ぼすためには，参加承継または引受承継により，承継人を当事者とする必要があるのです。このような建前は，**訴訟承継主義**と呼ばれています。

訴訟承継の効果

　当然承継においても参加承継・引受承継においても，承継人は，承継原因が生じた時までに形成された従前の当事者（前主）と相手方の間の訴訟状態を，全面的に（有利・不利を問わず）引き継ぎます。たとえば，承継人は前主がした自白に反する主張をすることができず，時機に後れたものとして前主がすでに提出できなくなっている攻撃防御方法を提出することもできません。従前の弁論や証拠調べの結果は，承継人と相手方の間に引き継がれます。前主が受けた中間的な裁判にも，承継人は拘束されます。

　承継原因が生じた時と参加承継・引受承継により承継人が当事者の地位についた時の間にタイムラグがある場合に，その間に前主と相手方の間で形成された訴訟状態は，承継人と相手方の間には引き継がれません。承継人が援用した場合にのみ，引き継がれることになります。

　承継人のみが有する攻撃防御方法（＝前主は提出することができない，承継人に固有のもの）を承継人が提出することは妨げられません。この点は，口頭弁論終結後の承継人（⇒第16講）の地位と同様です。

　このほか，承継原因発生前に前主が相手方と馴れ合って自白をしており，承継人がそのことを知らずに前主から係争物の譲渡を受けた場合にも，前主のし

　2）　前主の相手方だけでなく，前主も訴訟引受けの申立てをすることができるかについては議論がありますが，多数説および東京高決昭和54・9・28下民集30巻9～12号443頁［百選〔5版〕A36］は，前主による引受申立てを否定しています。

た自白の拘束力は承継人には及ばないとされています。

係争物の譲渡がされた場合の承継人の範囲

　係争物の譲渡を承継原因とする参加承継・引受承継においては，承継人が前主からどのような地位を承継しているのかをめぐって議論があります。

　古くは，当事者適格を承継しているといわれていましたが，この見解では，たとえば，建物収去土地明渡請求訴訟の係属中に被告から建物を賃借した第三者を承継人と説明することが困難です。この場合には，前主と相手方の間の訴訟物が建物収去義務であるのに対し，承継人と相手方の間の訴訟物は建物退去義務であって，同一ではありません。当事者適格は，特定の訴訟物について当事者として訴訟追行し本案判決を求めることができる資格ですから，前主と承継人とで訴訟物が異なる場合に，前主の当事者適格が承継人に移転したということには無理があるのです。

　そこで，承継人は紛争の主体たる地位を前主から承継したといわれるようになりました。次の判決も，そうした説明をしています。事案は，土地の所有者であり賃貸人であるＸが土地の賃借人であり土地上に建物を有するＹに対して，賃貸借契約の終了を理由として建物収去土地明渡請求訴訟を提起したところ，その訴訟の係属中に，ＺがＹから建物を賃借したというものです。Ｘは，Ｚに対して建物退去土地明渡しを求めて訴訟引受けの申立てをしましたが，Ｚは，自分は現行法50条の承継人にはあたらないと主張しました。

最判昭和41・3・22民集20巻3号484頁［百選〔5版〕109］

「賃貸人が，土地賃貸借契約の終了を理由に，賃借人に対して地上建物の収去，土地の明渡を求める訴訟が係属中に，土地賃借人からその所有の前記建物の一部を賃借し，これに基づき，当該建物部分および建物敷地の占有を承継した者は，民訴法74条［現行50条。以下同じ］にいう『其ノ訴訟ノ目的タル債務ヲ承継シタル』者に該当すると解するのが相当である。けだし，土地賃借人が契約の終了に基づいて土地賃貸人に対して負担する地上建物の収去義務は，右建物から立ち退く義務を包含するものであり，当該建物収去義務の存否に関する紛争のうち建物からの退去にかかる部分は，第三者が土地賃借人から係争建物の一部および建物敷地の占有を承継することによって，第三者の土地賃貸

人に対する退去義務の存否に関する紛争という型態をとって，右両者間に移行
し，第三者は当該紛争の主体たる地位を土地賃借人から承継したものと解され
るからである。これを実質的に考察しても，第三者の占有の適否ないし土地賃
貸人に対する退去義務の存否は，帰するところ，土地賃貸借契約が終了してい
ないとする土地賃借人の主張とこれを支える証拠関係（訴訟資料）に依存する
とともに，他面において，土地賃貸人側の反対の訴訟資料によって否定されう
る関係にあるのが通常であるから，かかる場合，土地賃貸人が，第三者を相手
どって新たに訴訟を提起する代わりに，土地賃借人との間の既存の訴訟を第三
者に承継させて，従前の訴訟資料を利用し，争いの実効的な解決を計ろうとす
る要請は，民訴法74条の法意に鑑み，正当なものとしてこれを是認すべきで
あるし，これにより第三者の利益を損うものとは考えられないのである。そし
て，たとえ，土地賃貸人の第三者に対する請求が土地所有権に基づく物上請求
であり，土地賃借人に対する請求が債権的請求であって，前者と後者とが権利
としての性質を異にするからといって，叙上の理は左右されないというべきで
ある。」

　本判決は，XのYに対する請求が債権的請求であるのに対し，XのZに対す
る請求が物権的請求であるというように，両請求が権利の性質を異にしていて
も，Zは50条にいう承継人であるとしています。その理由づけとして，Zは
Yから「紛争の主体たる地位」を承継したと述べていますが，注目してほしい
のは，「これを実質的に考察しても」以下の部分です。

　本判決によれば，Zの退去義務の存否は，土地賃貸借契約が終了していない
とするYの主張およびこれを支える証拠資料と，これに反対するXの主張お
よび証拠資料のどちらが認められるかにかかっています。このような場合には，
XY間の訴訟で提出されたこれらの訴訟資料（事実の主張および証拠資料）を，
XZ間でZの退去義務の存否を審理するために利用する必要があるとともに，
そうしたからといってZの利益が損なわれることにはならない，と本判決は
判示しています。そのことが，Zを承継人と認めて，XY間の従前の訴訟資料
をXZ間に引き継がせるべきとした実質的な理由です。

◁◁◁ 訴訟承継主義の限界とその対策

【訴訟承継の効果】で述べたように，承継人は前主と相手方の間の訴訟状態を引き継ぎますが，承継原因が生じてから参加承継・引受承継の手続が行われるまでの間に前主と相手方の間で形成された訴訟状態は，当然には引き継ぎません。承継原因が生じても，承継人が直ちに参加承継をするとは限りませんし，相手方も，承継人の存在に気づいて引受承継のために訴訟引受けの申立てをするまでに時間がかかることがあります。その間に前主と相手方の間で訴訟行為が行われた場合に，その効果を承継人が援用しなければ，相手方は承継人との間であらためてその訴訟行為をしなければなりません。また，相手方が前主に対して勝訴判決を得てそれが確定していても，承継原因が生じたのが事実審の口頭弁論終結前である限り，承継人は判決の効力を受ける「口頭弁論終結後の承継人」（115条1項3号）ではありません。相手方は，承継人に対してあらためて訴えを提起することになります。

このように，訴訟承継主義の下では，承継原因の発生後にその事実を知らない相手方が前主との間で無駄な訴訟手続を行ってしまうという問題があります。これを防ぐ方法の1つは，**当事者恒定のための占有移転禁止・処分禁止の仮処分**（民保25条の2・53条・55条・58条・62条・64条）を利用することです。詳細は，民事保全法の授業で聴いてもらいたいのですが，たとえば，建物収去土地明渡請求訴訟の原告が，建物の処分禁止の仮処分命令を得て処分禁止の登記をしておけば，訴訟の係属中に被告が仮処分に違反して第三者に建物を譲渡しても，原告は，第三者に対して訴訟引受けの申立てをする必要がありません。被告が処分禁止の仮処分に違反して行った建物の譲渡は，原告との関係では無効とされるので，原告はそのまま被告との間で訴訟を続けて勝訴判決を得れば，これに基づいて第三者に対して建物収去土地明渡しの強制執行をすることができるのです（民保55条1項・64条）。

◁◁◁ 承継人が当事者として加入した後の訴訟手続

参加承継は，承継人が独立当事者参加（47条。⇒第27講）の形式で参加することによって行われます（49条1項・51条）。承継人は，係属中の訴訟の当事者の双方または一方に請求を定立して参加し，その後の訴訟手続には，**必要的共同訴訟に関する40条1項〜3項が準用されます**（47条4項・51条）。

　引受承継は，訴訟引受けの申立てに基づき，裁判所が引受決定をすることによって行われます。その後の訴訟手続には，41条1項・3項が準用されます（50条3項・51条）。つまり，通常共同訴訟の一種である**同時審判申出共同訴訟**（⇒第21講）になります。

　承継人が当事者として加入したため，もはや訴訟追行の必要がなくなった前主（例，〔例2〕におけるX）は，相手方の承諾を得て訴訟から脱退することができます（参加承継につき，48条・51条。引受承継につき，50条3項が準用する48条・51条）。前主の脱退後は，相手方と承継人を当事者とする訴訟になります。

判例索引

＊太字は，講の表題で挙げられている判例を示す。

高等裁判所

地方裁判所

簡易裁判所

事項索引

ま行・や行

ら行・わ行

著者紹介

長谷部 由起子（はせべ・ゆきこ）

1957 年生まれ
1980 年東京大学法学部卒業
現在　学習院大学大学院法務研究科教授

〈主要著作〉

『変革の中の民事裁判』（東京大学出版会，1998）
『民事訴訟法 Visual Materials』（共著，有斐閣，2010）
『破産法・民事再生法概論』（共著，商事法務，2012）
『民事手続原則の限界』（有斐閣，2016）
『新民事訴訟法講義　第 3 版』（共著，有斐閣，2018）
『民事訴訟法　第 3 版』（共著，有斐閣，2018）
『民事訴訟法　第 3 版』（岩波書店，2020）
『民事執行・保全法 第 6 版』（共著，有斐閣，2020）

基本判例から民事訴訟法を学ぶ
Basic Cases on Civil Procedure An Introduction

2022 年 9 月 30 日　初版第 1 刷発行

著　者　　長谷部由起子

発行者　　江　草　貞　治

発行所　株式会社　有　斐　閣
郵便番号 101-0051
東京都千代田区神田神保町 2-17
http://www.yuhikaku.co.jp/

印刷・萩原印刷株式会社／製本・牧製本印刷株式会社

ISBN 978-4-641-13883-4